한일협정 50년사의 재조명 IV

– 일제식민지배 피해자의 구제를 위한 법정책적 과제 –

한일협정 50년사의 재조명 IV

– 일제식민지배 피해자의 구제를 위한 법정책적 과제 –

도시환 · 장박진 · 장세윤 외 지음

동북아역사재단
NORTHEAST ASIAN HISTORY FOUNDATION

우리 재단은 2010년 한일강제병합 100년사를 성공적으로 재조명한 데 이어 역사적 후속과제로서 한일협정 50년사를 재조명해 왔습니다. 한일협정 50년사 연구는 2011년부터 5개년에 걸쳐 한일 간 역사갈등의 본질을 규명하고 그에 대한 극복방안을 모색하는 중심축으로서 선도적인 국제학술회의의 개최를 통해 연구성과를 축적해 오고 있습니다.

아울러 지난 2011년부터 2013년까지 국제 공동연구 수행을 통해 일본군 '위안부', 일제강제징용 등 일본의 국가권력이 관여한 반인도적 불법행위 및 식민지배와 직결된 불법행위에 대한 일제식민지책임과 한일협정체제를 재조명하고, 2011년 헌법재판소의 결정과 2012년 대법원 판결의 향후 과제에 대해서도 검토해 왔습니다.

그러한 가운데 지난 2013년 11월, 주일 한국대사관에서 대거 발견된 일제식민지배 피해자들의 명부와 관련하여 일본 정부는 지금까지 전혀 논의조차 안 된 사안에 대해서도 '한일협정완결론'을 주장하고 있습니다. 더욱이 2014년 6월 20일 일본 정부는 고노 담화[河野談話]에 대한 검증 결과를 발표했고, 8월 5일 『아사히[朝日]신문』의 요시다[吉田] 증언 철회를 계기로 일본군'위안부' 동원의 강제성을 전면적으로 부정하고 있습니다.

그러나 일본 정부가 일제식민지배 피해 역사의 진실과 정의를 부정하고 역사수정주의의 난폭한 역주행을 하는 등 역사왜곡의 파고가 높아진 이상으로 일본 내 역사학연구회를 비롯한 세계 역사학계의 공동 대응이 확산되고 있고,

유엔인권기구와 풀뿌리 시민사회의 국제연대 등 국제사회의 역사왜곡 반대 목소리도 고조되고 있다는 점을 주목하지 않을 수 없습니다.

이 책은 한일협정 50년사를 재조명하는 네 번째 기획연구서로서, '일제식민지배 피해자의 구제를 위한 법정책적 과제'를 주제로 논의를 전개하고 있습니다. 시리즈 I~III권의 주제인 '한일협정의 국제법적 문제점', '한일협정체제와 식민지책임' 및 '일제식민지책임 판결과 한일협정체제'에 대한 검토 위에서, V권의 주제인 '한일협정 50년의 성찰과 평화공동체'의 선결과제를 견인하고 미래지향적인 전망을 모색하고 있습니다.

이 책에서는 특히 중국-일본, 영국-케냐, 네덜란드-인도네시아 간 식민지배 및 침략전쟁 피해 배상 판결 사례를 검토하여 일제식민지배 피해자들의 구제를 위한 법정책적 과제에 대해 실무적 시각에서 재조명하고, 일본의 국가책임을 규명하였습니다. 이번 연구성과를 통해 한일 양국이 올바른 역사인식의 공유에서 나아가 진정한 역사화해와 평화공동체의 토대를 구축하는 데 보탬이 되기를 기대합니다.

끝으로 『한일협정 50년사의 재조명 IV』가 나오기까지 어려운 주제에 대해 옥고를 집필해 주신 필자 여러분의 노고에 깊이 감사드립니다. 그리고 이 책의 기획에서 출간까지 애써주신 재단의 도시환 연구위원과 출판 관계자의 노고를 치하합니다.

2015년 10월 8일

동북아역사재단 이사장 김호섭

| 차례 |

3·1운동과 관동대지진 때 한인 학살 피해의 재검토 장세윤

마우마우 소송 캐비타 모우디

– 영국의 식민지 시대 국가배상

• 일본의 불법적 식민지배와 반인도적 범죄행위에 대한 국가책임 최철영

일본군'위안부' 문제의 해결을 위한 국제법적 과제

동북아역사재단 연구위원 **도시환**

※ 이 글은 2014년 6월 20일 '일제식민지배 피해자의 구제를 위한 법정책적 과제'를 주제로 동북아역사재단과 세계국제법협회 한국본부가 공동으로 개최한 '한일협정 50년사의 재조명 국제학술회의'에서 발표한 논문의 수정본으로 『외법논집』 제39권 제1호에 게재되었음.

일본군'위안부' 문제의 해결을 위한 국제법적 과제

동북아역사재단 연구위원 **도시환**

I. 머리말

2014년 8월, 6년간에 걸쳐 유엔 인권 수장을 역임했던 나비 필레이(Navi Pillay) 유엔 인권최고대표가 퇴임을 앞두고 이례적인 성명과 인터뷰를 통해 "일본 정부는 즉각 일본군'위안부' 문제를 철저히 조사하고 책임자를 처벌해야 한다"고 강력히 촉구했다. 일본군'위안부' 문제에 대한 필레이 대표의 인식과 관심은 국제사회의 인권 척도와 요청을 그대로 함축한 것이어서 주목된다.[1)]

그는 8월 6일자 성명에서, "일본은 전시 성노예 문제에 대해 포괄적이고 영구적인 해결책을 마련하는 데 실패함으로써, '위안부'로 알려진 피해자들은 제2차 세계대전이 끝나고 수십 년이 지난 지금까지도 여전히 인권을 유린당하고 있다"고 지적했다. 이것은 역사로 이관되는 문제가 아니라, 여성의 인권에 대

1) See-hwan Doh(2014. 9. 22), "'Comfort women' abuses were crimes against humanity", *Korea herald*.

한 침해가 정의와 배상에 대한 권리로 실현되지 않은 만큼 지속적으로 발생하는 현재의 문제이며, 피해자들이 정의는커녕 일본의 공적 인물에 의해 한층 완강해진 부정과 굴욕적인 발언에 직면했음을 강조했다. 더욱이 2014년 6월 20일 일본 정부가 임명한 검토팀에 의해 "여성들이 강제로 모집된 것을 확인할 수 없었다"라는 진술의 고노 담화[河野談話] 검증 결과 보고서 발행에 이어, 도쿄에서 일부 단체가 공개적으로 "위안부는 성노예가 아니라 전시 매춘부"라고 매도하는데도 "일본 정부에 의한 공식적인 반박을 볼 수 없었다"[2]고 비판했다.

아울러 언론과의 퇴임 인터뷰에서, "일본군'위안부' 문제 해결에 전혀 진전이 없는 상황에서 일본 일부 단체들이 피해 여성들의 진실성에 대해서까지 의문을 제기하는 걸 보고 큰 충격을 받았다"며 일본 정부와 극우세력[3]의 태도를 비판했다. 더하여 일본군'위안부' 문제의 해결 방안과 관련하여 유엔인

2) Navi Pillay(2014. 8. 6), "Japan's approach to the issue of 'comfort women' causing further violations of victims' human rights–Pillay", Office of the High Commissioner for Human Rights, UN Human Rights.

3) Shiro Takahashi(2015. 1. 15), "Japan Must Enhance Public Relations to Win Information War", Japan Institute for National Fundamentals. 일본 정부와 극우단체가 미국 교과서의 위안부 기술 내용을 왜곡하기 위해 조직적으로 움직였던 것으로 확인됐다. '새로운 역사교과서를 만드는 모임' 소속의 다카하시 시로[高橋史朗] 메이세이 대학 교수는 최근 국가기본문제연구소(JINF)에 게재한 영문 기고문에서 2014년 말 미국을 방문해 위안부 문제와 관련한 실사(實査)작업을 벌인 후 그 결과를 뉴욕주재 일본 총영사에게 보고하고 향후 대책을 협의했다고 공개했다. 그는 미 공립 고등학교 교과서 가운데 맥그로힐(McGraw-Hill)출판사의 세계사 교과서(Traditions & Encounters)가 "일본군 위안부는 일왕의 선물"이라고 묘사하고 있다며 난징 대학살 현장을 보여주는 사진 삭제와 함께 이를 수정할 것을 요청했다. 이는 지난달 주뉴욕 일본총영사관이 출판사와 교과서를 집필한 허버트 지글러(Herbert F. Ziegler) 하와이대 교수에게 위안부 관련 기술을 수정해 달라고 요청한 행보와 일치한다. 그러나 출판사와 지글러 교수는 일본 측의 수정 요구를 거부했다. "日, 美교과서 위안부 왜곡 로비", 『서울신문』(2015. 1. 19), 9면. 이와 관련하여 알렉시스 더든(Alexis Dudden) 교수 등 미국 역사학자 19명의 규탄 성명에 대해서는 이 글의 4장에서 논의한다.

권이사회의 정례인권검토(Universal Periodic Review : UPR)와 유엔인권위원회 등 여러 유엔협약기구, 그리고 유엔 인권 전문가들이 일본 정부에 사죄와 배상을 수없이 권고해왔음을 거듭 강조했다.[4)]

나비 필레이 대표의 이러한 강도 높은 비판과 촉구는 유엔 인권 수장으로 재임하는 동안 일본군'위안부' 문제의 해결을 위해 모든 노력을 경주했음에도 불구하고, 일본 정부가 피해자들에게 사죄와 배상을 통한 법적 정의의 실현이라는 국제사회의 요청에 대한 화답은커녕, 오히려 극우세력들과 합작하여 피해자에 대한 극단적인 매도와 더불어 역사 왜곡을 첨예화하는 행태로 나아간 맥락에서 비롯된 것임을 알 수 있다. 왜냐하면 일본군'위안부' 문제와 관련하여 첫째, 일본 아베 신조[安倍晋三] 총리의 주도하에 일본 정부가 '위안부의 강제 동원 사실을 인정하고 사죄한 고노 담화'의 신뢰성을 부정하기 위한 검증 결과 보고서를 발표(2014. 6. 20)했을 뿐만 아니라, 둘째, 제주도 지역에서의 일본군'위안부' 피해자의 강제 동원 관련 요시다 세이지[吉田清治] 증언에 대한 『아사히신문』의 오보 인정(2014. 8. 5)을 계기로 일본군'위안부' 문제의 본질에 대해 호도하는 등 파행적인 역사 왜곡을 심화하고 있기 때문이다.

이것은 곧 한일 양국 간에 일본군'위안부' 피해 문제의 해결을 단독의제로 한 국장급 회의가 2014년 4월 16일 처음 개최된 이래 2015년 1월 19일까지 총 6차례에 걸쳐 진행되는 동안 우리 정부는 일본군'위안부' 피해자 문제를 비롯한 과거사와 관련하여 일본의 진정성 있는 조치가 있어야 함을 촉구해왔음에도 불구하고 양국 간 성과의 도출을 위한 문제인식의 공유 자체가 일본 정부에 의해 파행적일 수밖에 없었던 본질적 한계를 그대로 노정한 과정과 다

4) "Retiring U.N. rights chief urges Japan to address wartime sex slavery issue", *Yonhap News*(2014. 9. 1).

름없던 것이다.

요컨대 역사수정주의에 입각하여 "전후 레짐(regime)으로부터의 탈각(脫却)"을 주창했던 제1기 아베 정권의 몰락이 궁극적으로 일본군'위안부' 문제에 대한 극단적인 부정과 맞닿아 있었던 점에서,[5] 재집권 전 고노 담화를 비롯한 과거사 관련 일본 정부의 사죄를 부정하겠다는 정책을 공언해온 아베 총리가 재집권 이래 이를 더욱 강화하고 있다는 점에서 결코 간과할 수 없는 부분인 것이다.

그러나 주목하게 되는 것은 아베 정권의 역사의 진실과 정의에 대한 부정과 역사수정주의의 난폭한 역주행의 파고가 높아진 이상으로 일본 국내의 양심적인 학자와 학술단체를 비롯하여 미국 조야와 유엔인권기구 그리고 풀뿌리 시민사회의 국제연대 등 국제사회의 목소리는 더욱 고조되어 거대한 조류로 확산되고 있다는 점으로 고무적이지 않을 수 없다.

따라서 이 글에서는 실패로 끝난 제1기 아베 정권의 집권 당시 국내외적인 비판에 직면하자 극단적인 부정에서 미봉됐던 일본군'위안부' 문제와 관련하여 재집권 이래 본격적인 부정의 일환으로 제기한 '고노 담화'에 대한 검증과 '요시다 증언'에 대한 취소 등을 통해 일본 정부의 왜곡된 역사인식을 검토한다. 이를 토대로 일본 역사학연구회를 비롯한 일본 역사학계의 아베 정권의 문제인식에 대한 공동 대응 결정 및 유엔과 미국 언론·학계 등 국제사회의 비판과 대응에 대해 분석하고자 한다. 그러한 전제에서 일본 정부가 회피하고자 하는 일본군'위안부' 문제의 본질로서의 국제법 위반과 반인도적 범죄를 중심으로 국제법적 과제와 해결 방안에 대해 논의해보고자 한다.

5) "首相の歴史認識, 米が懸念「東アジア混乱」「米国益害する」", 『東京新聞』(2013. 5. 9); "일본 관방장관 "침략사실 부정한 적 없다"", 『연합뉴스』(2013. 5. 10).

II. 일본군'위안부' 문제에 대한 아베 정권의 인식과 현황

1. 고노 담화 검증 결과 보고서의 공개(2014. 6. 20)

재집권 전 과거사 관련 일본 정부의 사죄를 부정하겠다는 정책을 공언해온[6)] 아베 총리가 고노 담화에 대한 검증 배경으로 제시하고 있는 것은 이시하라 노부오[石原信雄] 전 관방장관의 증언이다. 2014년 2월 20일 중의원 예산위원회에서의 증언으로, 첫째, 고노 담화에 근거한 '위안부'의 증언청취 조사결과에 대해 보강조사를 하지 않았고, 둘째, 고노 담화 작성 과정에서 한국 측과의 의견조정이 있었을 가능성이 있으며, 셋째, 고노 담화 발표로 일단 마무리된 한일 간의 과거사 문제가 최근 다시 한국 정부로부터 제기되는 상황을 보고, 당시 일본 정부의 선의가 수용되지 않았다는 것이다. 이를 토대로 스가 요시히데[菅義偉] 관방장관은 일본유신회의 야마다 히로시[山田宏][7)] 의원이 제기한 대정부 질의에서 고노 담화 작성 과정에 대해 실태를 파악하고, 그것을 적당한 형태로 분명히 해야 한다고 답변하고 있다.[8)]

그러나 이시하라 전 관방장관은 "고노 담화에 관여한 사람으로서 '위안부' 동원의 강제성을 인정하고 있다"고 밝혀왔다는 점에서,[9)] 그의 증언이 고노

6) 도시환(2012), 「한일조약체제와 식민지책임의 국제법적 재조명」, 『국제법학회논총』, 제57권 제3호, 20쪽.

7) "安倍首相「維新·山田氏のおかげ」=河野談話の世論調査受け", 『時事通信』(2014. 2. 24).

8) 河野談話作成過程等チームに関する検討チーム(2014. 6. 20), "慰安婦問題を巡る日韓間のやりとりの経緯~河野談話作成からアジア女性基金まで~", 内閣官房, 外務省 事務局, 1쪽.

9) "否定できぬ慰安婦強制", 『毎日新聞』(2013. 6. 19), 5면.

담화 검증의 배경이라는 점은 의문이 아닐 수 없다. 그렇다면 고노 담화 검증의 배경은 취임 전부터 고노 담화 수정 의사를 밝혀온 아베 총리의 의중과, 고노 담화 검증 의사를 제기해온 야마다 의원 소속 일본유신회, 아베 정권 재출범 이후 '고노 담화 작성 과정에서 한일 간 물밑 협의가 있었다'는 내용의 보도와 사설 게재로 담화 수정에 대한 '여론몰이'에 나섰던 『산케이신문』의 합작품이라는 분석이 타당할 것이다.[10]

이러한 검증 배경하에서 구성된 검토팀으로는, 좌장인 다다키 게이이치[但木敬一] 전 검찰총장을 포함하여 5인이지만, 하시모토 도루[橋下徹] 오사카 시장의 일본군'위안부' 망언을 옹호해온[11] 현대사학자이자 '위안부' 문제에 대한 극단적인 부정론자인 하타 이쿠히코[秦郁彦] 교수가 포함되어 있다는 점에서 적절성에 관한 지적을 피하기 어려워 보인다.[12]

아울러 '위안부' 문제에 대한 고노 담화 작성 과정에서 한국과의 조정을 중심으로 그 후속조치인 아시아여성기금까지 일련의 과정을 파악하고 있으나, 본질적인 내용이라 할 수 있는 '위안부' 문제의 역사적 사실 자체를 파악하기 위한 조사·검토는 전혀 하지 않았다.[13]

일본 정부는 2014년 4월 25일 준비회의를 개최한 후 2개월 만인 6월 20일 중위원 예산위원회에서 '고노 담화'의 작성 과정과 아시아여성기금의 활동 경

10) "日고노담화 검증, 아베 정권·유신회·산케이 합작품", 『연합뉴스』(2014. 6. 20).
11) "歴史問題(上)橋下氏 正しいが舌足らず 秦郁彦氏", 『読売新聞社』(2013. 6. 19).
12) "고노담화 검증팀에 軍위안부 강제성 부정론자 포함", 『연합뉴스』(2014. 6. 20).
13) Study Team on the Details Leading to the Drafting of the Kono Statement etc. (2014. 6. 20), "Details of Exchanges Between Japan and the Republic of Korea (ROK) Regarding the Comfort Women Issue ~ From the Drafting of the Kono Statement to the Asian Women's Fund ~", Secretariat(Cabinet Secretariat, Ministry of Foreign Affairs), p. 1.

위[14] 등을 검증한 결과 보고서를 제출하고 그 내용을 공개했다.[15] 가토 가쓰노부[加藤勝信] 일본 관방장관을 통해 발표한 고노 담화에 대한 검증위원회의 조사 결과의 핵심 요지는 일본군'위안부' 강제 동원에 대한 일본의 사죄와 반성을 표명한 1993년 8월 4일의 고노 담화가 한일 양국 정부 간 문구 조정과 이에 대한 대외적 비공개 합의 등 정치외교적 타협의 산물이라는 점을 부각시키고 있다.[16]

그것은 일본 정부의 요청으로 당시 문안 조정 사실을 대외 공표하지 않기로 한 외교협의 내용에 대해 검증을 명분으로 일방적으로 공개함으로써 외교적 파탄행위일 뿐만 아니라, 고노 담화 작성 과정에서 당시 한일 정부 당국자 간 수차 협의를 통한 문안 조정 사례를 밝힘으로써 고노 담화가 역사적 사실에 근거하지 않았다는 일본 우익의 주장을 그대로 노정한 것이다.

요컨대 고노 담화를 계승한다면서 이를 검증한다는 것 자체가 모순된 행위이며, 검증 목적을 담화 작성 경위만 조사하는 것으로 한정하여 역사적 사실 자체를 제외했으면서도, 실제 검증 결과는 역사적 사실관계의 근거 여부를 호도함으로써 고노 담화의 신뢰성을 훼손하고자 하는 의도와 다름없었던 것이다.

---

14) 고노 담화 및 아시아여성기금 관련 UN 자료로는 E/CN.4/1996/137, annex I 참조.

15) Study Team on the Details Leading to the Drafting of the Kono Statement etc., supra note 13, p. 1.

16) 일본 정부가 주장하는 고노 담화 작성 시 한일 간 문안 조정 사례로는 첫째, 위안소 설치에 관한 군의 관여, 위안부 '모집' 시 군의 관여, 위안부 '모집' 시의 강제성 등 3가지 문안 조정의 문제점 제시, 둘째, 위안부 모집 시 군의 관여는 '군 또는 군의 지시를 받은 업자'로 표기하자는 한국과, '군이 아닌 군의 의향을 수용한 업자'로 하자는 일본의 의견이 대립했으나, 결국 '군의 요청을 받은 업자'를 모집 주체로 표현하는 것으로 낙착, 셋째, 위안부 모집의 강제성을 명시하라는 한국의 의향을 바탕으로 담화에 "감언, 강압에 의하는 등 전체적으로 본인들의 의사에 반해"라는 표현으로 최종 정리되었다.

이에 우리 외교부는 6월 20일 대변인 성명을 통해, 고노 담화는 일본 정부가 자체적인 조사 판단을 기초로 일본 정부의 입장을 담아 발표한 일본 정부의 문서일 뿐 양국 간 교섭의 대상이 아니었으며, 그러한 전제에서 당시 '위안부' 문제의 강제성을 입증하는 분명한 증거로서 피해자 증언에 기초하여 담화를 발표하겠다는 일본 정부의 입장을 우리 정부가 수용한 것임을 밝혔다.

아울러 아시아여성기금과 관련하여 1997년 1월 11일 발표한 바와 같이 우리 정부는 "일본 정부의 진정한 사죄와 책임 인정이 있어야 한다는 대다수 피해자들의 요구를 외면하고 위로금 명목으로 아시아여성기금의 일시금 지급을 강행하는 데 대해 분명히 반대했음"을 표명했다.[17)]

특히 외교부 대변인의 성명에서 주목할 부분은 일본군'위안부' 피해자 문제가 1965년 한일청구권협정으로 해결되지 않았다는 변함없는 인식을 강조한 점이다. 이는 2011년 일본군'위안부' 피해자들의 헌법소원에서 헌법재판소가 내린 부작위위헌 결정과 동일한 맥락일 뿐만 아니라, "1965년 한일청구권협정 완결론"을 주장하고 있는 일본 정부와 대비하여 일본군'위안부' 문제에서 해결해야 할 본질적 과제임이 분명해진 것이다.

2. 요시다 세이지 증언의 철회

『아사히신문』은 2014년 8월 5일 일본군'위안부' 강제 동원과 관련한 요시다 세이지의 증언을 오보로 인정함으로써 일본군'위안부' 동원의 강제성 부정 등 일본 내 역사 왜곡이 심화되는 계기가 되었다.

요컨대 1982년 『아사히신문』이 태평양전쟁 당시 야마구치[山口] 현 동원부

17) 외교부 대변인(2014. 6. 20), "고노담화 검증결과에 대한 외교부 대변인 성명", 외교부.

장이던 요시다의 증언을 토대로 제주도에서 200여명의 한국 여성이 '위안부'로 강제 동원된 내용을 16회에 걸쳐 보도했으나, 사실을 뒷받침할 수 없다며 2014년 8월 5일 요시다의 발언을 다룬 과거 기사를 결국 취소하게 된 것이다.[18)]

이에 대해 1992년 1월 일본방위청 방위연구소에 보관돼 있는 일본군'위안부' 관련 자료를 발표했던[19)] 요시미 요시아키[吉見義明] 교수는 요시다의 증언은 1993년 이후 신빙성이 없다는 사실이 이미 확인됐으며, 고노 담화가 이 증언을 근거로 작성한 것이 아니라는 것은 작성 당시 담당자나 현 정부도 인정한 문제라고 설명했다. 더욱이 『아사히신문』이 '요시다 증언'을 바탕으로 쓴 위안부 관련 일부 기사의 오보를 인정했다고 해도 '위안부' 동원의 강제성을 포함한 위안부 문제의 본질은 변하지 않는다고 강조했다.[20)]

한편, 아베 총리는 『아사히신문』의 오보로 많은 사람이 고통받고 있으며 국제사회에서 일본의 명예와 신뢰가 훼손된 만큼 객관적인 사실에 근거한 올바른 역사 인식을 형성해 이를 회복해야 한다"고 주장했다.[21)] 또한 아베 총리

---

18) "「済州島で連行」5言 裏付け得られず虚偽と判断", 『朝日新聞』(2014. 8. 5). http://www.asahi.com/articles/ASG7L71S2G7LUTIL05N.html

19) "慰安婦募集に関する日本軍の関与についての新資料が発見された", 『朝日新聞』(1992. 1. 11), 1쪽; 요시미 요시아키[吉見義明] 교수가 당시 육군성과 중국에 파견돼 있던 부대와의 사이에 교환된 극비문서철 '陸支密大日誌'에서 발견한 6점의 공문 자료이며, 중일전쟁 및 태평양전쟁 당시 일본군이 '위안소'의 설치와 일본군'위안부'의 모집 등을 지시·감독·통제했다는 사실을 보여주는 '통첩'과 '진중일지' 등 당시 자료가 일본방위청방위연구소 도서관에 소장돼 있었던 것으로 밝혀졌다. 吉見義明 編(1992), 『従軍慰安婦資料集』, 東京 : 大月書店; 吉見義明(1995), 『従軍慰安婦』, 東京 : 岩波書店 참조.

20) "被害者に寄り添う報道必要 吉見義明さん(日本 中央大教授)", 『朝日新聞』(2014. 8. 6). http://www.asahi.com/articles/ASG795JCYG79UTIL02F.html

21) "安倍首相, 朝日報道に苦言「慰安婦問題の誤報で日本の名誉が傷つけられた」", 『産經

는 공영방송 NHK에 출연해 "일본 병사가 남의 집에 들어가 납치하듯이 어린 아이들을 데려다 위안부로 삼았다는 기사를 보면 모두 분노하게 된다"며 '위안부' 동원의 강제성을 부정했다.[22)]

이러한 아베 총리의 태도에 대해 국회 여성가족위원회 유승희 위원장은 "피해자와 전 세계가 진실을 은폐하는 일본 정부의 태도를 바로잡기 위해 공조하고 있는 상황에도 불구하고 아베 총리의 '일본 명예실추' 운운은 반여성·반역사·반평화적 '적반하장' 망언"이라고 비판했다.[23)]

3. 일본 정부의 문제인식과 반응

아베 총리와 스가 요시히데 관방장관은 일본군'위안부' 문제와 관련하여 국회 답변과 언론 인터뷰 등을 통해 수차례에 걸쳐 "위안부 문제는 역사학자들의 연구에 맡겨야 한다"며 역사학계에 책임을 전가해왔다. 이에 대해 스다쓰토무[須田努] 메이지[明治]대학 정보커뮤니케이션학부 교수는 "'위안부' 문제에 대한 비판을 희석하기 위해 사용하는 상투적 문구로 그들은 '위안부' 문제를 역사학자에게 맡길 생각이 전혀 없으며, 혹시 역사학자들을 불러 연구를 한다고 해도 역사학회 위원이 아니라 자기 입맛에 맞는 역사학자들만 불러 자문기구를 꾸릴 것"이라고 비판했다. 고노 담화 검증팀의 구성원으로 '위안부' 문제에 대한 극단적인 부정론자인 하타 이쿠히코 교수를 임명한 것을 그런 예로 볼 수 있을 것이다.[24)]

新聞』(2014. 9. 12).

22) "朝日新聞誤報問題 負の歴史は否定できない", 『琉球新報』(2014. 9. 13).

23) "유승희 위원장 "아베, 위안부 망언망동 사과해야"", 뉴스1(2014. 11. 20).

24) "日本の歴史学4団体「慰安婦強制連行がなかったという認識は恥ずかしい」", 『東亞日

일본의 집권 여당인 자민당은 2014년 10월 30일 일본군'위안부' 문제에 대한 국제적 비난 여론을 반박하기 위해 재개한 특위 활동인, '일본의 명예와 신뢰를 회복하기 위한 특명위원회'의 첫 회의에서 일본군'위안부' 문제와 관련한 자신들의 주장을 국제사회에 전파하는 방안 등을 논의했다고 한다. 보도에 의하면, 이나다 도모미[稲田朋美] 자민당 정조회장은 회의에서 "일본에 대한 비난에 단호하게 반박해 국내외에서 명예를 회복해야 한다"며 강변한 것으로 전해진다.[25] 그러나 일본군'위안부' 피해자들에 대한 진정한 명예회복이 곧 일본의 명예와 신뢰 회복을 위한 선결 과제임을 인식해야 할 것이다.

일본군'위안부' 동원의 강제성을 부정하는 일본 단체인 '사실(史實)을 세계에 발신(發信)하는 모임'은 2014년 12월 26일 일본군'위안부' 피해자를 "매춘부"로 표현한 책자를 미국 의회에 발송했다. 이 단체는 미군이 1944년 미얀마에서 한반도 출신 '위안부' 피해자를 신문한 결과는 '단순 매춘부'로서, 일본의 식민지 정책이 한국인을 차별하지 않았으며, 한국전쟁 이후 미군과 한국정부가 관리한 위안부가 한국에 존재했다고 주장했다.[26] 일본의 역사학연구회가 지난 10월 15일 성명에서 표명하고 있는 바와 같이 '위안부'로의 강제동원에는 가택 난입 후 연행한 경우를 비롯하여 감언과 사기, 협박, 인신매매가 동반된, 본인의 의사에 반해 이뤄진 모든 연행이 포함되며, 일제 식민지배가 합법이라는 전제하에 일본의 국가권력이 관여하여 자행한 반인도적 범죄이자 고노 담화에서도 한국인이 가장 큰 피해자로 명시되어 있는 것은 제도화

報』(2014. 12. 12), 18면.

25) "「クマラスワミ報告書」反論文書公開を 自民の慰安婦検証特命委が初会合 年内に意見集約", 『産經新聞』(2014. 10. 31).

26) "「慰安婦は売春婦だったのです」‥日本の歴史団体が米国議会, グレンデール市などに冊子を送付", 『産經新聞』(2014. 12. 26).

된 차별 속의 식민지 여성에 대한 전쟁범죄였음을 주지해야 할 것이다.[27)]

한편, 일본 정부와 정계 및 극우단체 등의 왜곡된 '위안부' 문제인식에 맞서 일본 역사학연구회의 성명을 계기로 일본 내 역사학계가 공동 대응의 목소리를 내기 시작했음에도 불구하고, 일본 언론의 침묵으로 인해 일본 내 역사학계의 목소리가 일본 사회에 제대로 반영되지 않을 우려가 될 정도로 증폭된 상황이라고 한다.[28)] 그러한 배경 속에 『아사히신문』이 8월 초 요시다 증언 관련 기사를 "오보"라고 인정하자, 아베 총리를 포함한 일본 정치권과 극우단체들이 '아사히신문 때리기'에 집중한 이후 일본 언론에서 일본군'위안부' 관련 기사는 거의 잠적한 상태다. 이에 대해 후쿠토 사나에[服藤早苗] 사이타마가쿠엔[埼玉學園]대학 인간학부 특임교수는 "마치 제2차 세계대전 전과 비슷한 느낌이다. 언론이 아베 총리의 역사 왜곡을 전면에 내걸어 문제점을 지적해야 하는데 모두 입을 다물고 있다. 무서운 생각마저 들 정도의 상황"이라고 지적하고 있다.[29)]

27) 일본 역사학연구회의 10월 15일자 성명은 일본군'위안부'에 대한 일제의 직접적인 폭력뿐만 아니라 '위안부' 제도와 일상적인 식민지지배라는 제도화된 구조적 차별의 연관성을 인식해야 '위안부' 피해 문제의 극복이 가능하다는 것으로, 3장에서 구체적으로 논의하기로 한다.

28) 일본 사회가 전반적으로 보수화되면서 일본 정부의 입장을 무비판적으로 전재하는 일본 언론의 편협한 내셔널리즘 고조 현상의 심각성에 대해 우려하는 견해가 제기되고 있다. 高橋哲哉(2013), "右傾化する日本への歷史認識と憲法認識", 『東北亞の歷史和解と平和構b築の課題』, 国際学術会議資料集(2013. 10. 17), 128쪽.

29) "日역사학계 "아베, 위안부 피해자 존엄훼손… 용납 못해"", 『동아일보』(2014. 12. 12), 18면.

III. 일본군'위안부' 문제에 대한 일본 학계와 국제사회의 대응

1. 일본 역사학연구회의 일본군'위안부' 성명

역사학연구회는 2014년 10월 15일 『아사히신문』의 요시다 증언 관련 일본군'위안부' 강제 연행 기사의 취소 이후, 아베 총리를 비롯한 일부 정치인과 언론이 '위안부' 강제 연행 사실의 근거 상실로 '위안부'에 대한 폭력 사실 전체가 부정된 듯한 언행을 일삼는 상황을 우려하여 역사 연구자의 입장에서 검토한 내용[30)]을 토대로 5가지 문제를 지적했다.[31)]

첫째, 『아사히신문』의 "오보"를 전제로 "일본의 이미지는 크게 훼손됐으며, 일본이 국가적으로 성노예를 삼았다는 근거 없는 중상이 세계에서 이뤄지고 있다"는 아베 총리의 인식은 '위안부' 강제 연행에 대해 일본군의 관여를 인정한 고노 담화를 계승하도록 한 정책 방침과 모순이다. 또 이미 총리 자신도 인정하듯이, 고노 담화는 요시다 증언을 근거로 작성된 것이 아닌 것이 분명하므로 이번 『아사히신문』의 기사 취소로 인해 고노 담화의 근거가 무너질 수는 없다. 고노 담화를 내세우면서 그 실질을 무효화하려는 행태는 국내외의 사람들을 우롱하는 처사이자, 가해 사실에 진지하게 대면할 것을 요구하고 있는 동아시아 국가들과의 긴장을 더욱 고조시키는 것이다.

둘째, 요시다 증언의 진위와 관계없이 일본군의 관여하에 강제 연행된 '위

30) 2013年12月15日に, 日本史研究会との合同シンポジウム「「慰安婦」問題を/から考える－軍事性暴力の世界史と日常世界」を開催.

31) 歴史学研究会委員会(2014. 10. 15), "声明 政府首脳と一部マスメディアによる日本軍「慰安婦」問題についての不当な見解を批判する", 歴史学研究会.

안부'가 존재한 것은 분명하다. 요시다 증언의 내용에 대해서는 1990년대에 이미 역사 연구자 사이에서 모순이 지적되었으며 일본군이 관여한 '위안부'를 강제 연행한 사례에 대해서는 이 증언 이외의 사료에 기초한 연구가 폭넓게 진행되어왔다. 여기서 말하는 강제 연행은 아베 총리가 말하는 "집에 난입하여 강제로 연행해 갔던"(2006년 10월 6일 중의원 예산위원회) 사례(①)에 한정되어서는 안 된다. 감언과 사기, 협박, 인신매매 등 본인의 뜻에 반한 연행(②)도 포함해 강제 연행으로 간주해야 한다. ①에 대해서는 인도네시아 스마랑[32]이나 중국의 산시[山西]성[33]의 사례 등이 이미 드러났으며, 한반도에서도 피해자 증언이 다수 존재한다. ②에 대해서는 한반도를 비롯해 광범위한 지역에 걸쳐 이뤄진 것으로 밝혀졌고, 그 폭력성에 대해 의심할 여지가 없다. 이들 연구 성과에 비추어보면 요시다 증언의 진위와 무관하게 일본군이 '위안부' 강제 연행에 깊이 관여하고 실행했던 것은 확고한 사실이다.

셋째, 일본군'위안부' 문제에서 잊어서는 안 되는 것은 강제 연행 사실뿐만

32) "'軍強制' 詳細開示 慰安婦記録で公文書館 河野談話から20年", 『共同通信』(2013. 10. 7). 1944년 2월 일본군 점령중의 인도네시아 자바 섬 스마랑에서 네덜란드인 여성 약 35명을 강제 연행해 위안부로 만든 사건과 관련된 공적인 자료로 군의 관여를 인정한 고노 담화의 기초가 되는 것으로, 존재와 내용의 골자는 알려졌지만, 상세한 기술이 처음 밝혀졌다. 법무부에 따르면 자료 이름은 "BC급 자카르타 재판 제106호 사건"이며, 1949년까지 네덜란드의 바타비아임시군법회의에서 일본군의 전 중장(유기형 12년)과 소령(사형) 등 장교 5명과 민간인 4명을 강간혐의 등으로 유죄 판결했다. 法務省資料, 「BC級(オランダ裁判関係)バタビア裁判·第106号事件」.

33) "山西省性暴力被害者損害賠償請求訴訟", 東京地裁判決(2003. 4. 24). "원고들에게 가해진 일본군에 의한 강간 등과 같은 소행은 그것이 중일전쟁이라는 전시상황에서 일어났던 것이라 할지라도, 현저히 지켜야 할 도리를 벗어난 비열한 만행이라 하지 않을 수 없다. 피해자 할머니들이 입은 정신적 피해는 막대하며, 원고들의 주장대로 참기 어려운 것이었음이 추론하기 어렵지 않고, 또 그런 피해를 계기로 동포들로부터 까닭 없는 모멸, 차별 등을 받았던 것에 대해서도, 국적, 민족의 차이를 초월하여 본 법원에서도 충분히 인정하지 않을 수 없다."

아니라 '위안부'로 알려진 여성들이 성노예로서 필설로 다할 수 없는 폭력을 당한 점이다. 최근의 역사 연구에서는, 동원 과정이 강제적이었다는 사실뿐만 아니라, 동원된 뒤 거주·외출 및 폐업의 어느 자유도 주어지지 않았고, 성 상대를 거부할 자유도 주어지지 않았으며, 바로 성노예 상태에 놓여 있던 점도 밝혀지고 있다. '위안부' 동원 과정의 강제성이 문제인 것은 물론이고, 성노예로 인권을 유린당한 사실 또한 문제임을 거듭 강조해야 한다. 강제 연행에 관한 증언 하나의 신빙성에 대한 부정으로 문제 전체를 부인하는 일은 절대로 있어서는 안 된다.

넷째, 최근의 역사 연구에서 밝혀진 것은 그러한 일본군'위안부'에 대한 직접적인 폭력뿐만 아니라 '위안부' 제도와 일상적인 식민지지배의 구조화된 차별과의 연관성이다. 성매매 계약에 "합의"하는 경우가 있었다고 하더라도 그 "합의"의 배후에 있는 불평등하고 불공정한 구조의 문제를 묻지 않으면 안 된다. 일상적으로 계급 차별이나 민족 차별, 젠더 불평등을 재생산하는 정치적·사회적 배경 없이 직접적인 폭력의 유무에만 초점을 맞추는 것은 문제의 전체상을 외면하는 것이나 다름없다.

다섯째, 일부 언론에 의한 『아사히신문』 기사의 보도와 그 악영향도 간과할 수 없다. 즉 "오보"라는 점만을 새삼스럽게 강조한 보도에 따라 『아사히신문』 때리기 선동이 더욱 확대되고 있다. 그러한 가운데 '위안부' 문제와 관련된 대학 교원에게도 부당한 공격이 가해지고 있다. 호쿠세이가쿠인[北星学園]대학이나 테즈카야마가쿠인[帝塚山学院]대학의 사례에서[34] 보듯, 개인에 대한 비

34) 호쿠세이가쿠인대학과 테즈카야마가쿠인대학은 1991년 일본군 위안부 한국인 피해자의 증언을 기사화했던 우에무라 다카시[植村隆] 전 아사히신문 기자 등을 비상근 강사로 고용하고 있었으나, 일본 우익에 의한 '학교를 폭파하겠다', '당장 해고하지 않으면 학생을 괴롭히겠다'는 등의 협박과 가족에 대한 비방이 인터넷 등에서 자행되

방·중상은 물론 소속 기관을 협박하여 해고시키려는 폭거가 발생하고 있다. 이것은 학문의 자유에 대한 명백한 침해로 단호히 대항해야 함을 강조하고자 한다.

이상과 같이 일본군'위안부' 문제에 관한 일본 정부 수뇌부와 일부 언론의 문제는 다양하다. "객관적 사실에 근거한 올바른 역사 인식이 형성되고, 일본의 대처가 국제사회에서 정당한 평가를 받도록 추구할 것"(2014년 10월 3일 중의원 예산위원회)이라는 아베 총리의 견해대로 "객관적 사실"이나 "올바른 역사 인식"을 이해한다면 진상 규명을 외면하는 일본 정부의 무책임한 자세를 국제적으로 발신하는 우를 범하게 될 것이다. 또 무엇보다 이런 자세가 가혹한 피해를 당한 일본군 성노예 제도의 피해자의 존엄을 더욱 유린하는 것임에 유의해야 한다. 아베 정권은 과거의 가해 사실과 진지하게 마주보고, 피해자에 대한 성실한 대응을 다해야 할 것이다.

2. 일본 역사학계의 공동 대응 결정

일본의 4개 역사학 학술단체로 구성된 '4자 협의회'가 2014년 12월 13일 아베 정권의 일본군'위안부' 문제 왜곡에 대해 공동 대응하기로 결정했다. 역사학연구회가 "정부 수뇌와 일부 언론에 따른 일본군'위안부' 문제의 부당한 견해를 비판한다"는 제목으로 2014년 10월 15일 발표한 성명 취지에 일본사연구회, 역사과학협의회, 역사교육자협의회 등 다양한 성향의 4자 협의회 멤버들도 동의를 표하며 다음 세 가지 내용을 중심으로 공동 대응하기로 한 것

고 있는 것으로 알려졌다. "問われる大学の自治 北星学園大脅迫 元朝日記者「暴力に屈しない」", 『東京新聞』(2014. 12. 8).

이다.

첫째, 일본군'위안부'에 대한 강제 동원 사실을 인정할 것을 촉구한다.

후쿠토 사나에 역사과학협의회 대표 겸 사이타마가쿠엔대학 인간학부 특임교수는 "역사학 연구자 중에 '위안부' 강제 연행이 없었다고 주장하는 사람은 없다. 아베 총리는 역사수정주의자로 그가 말하는 것은 역사적 근거 자료가 전혀 없다. 역사학 연구자로서 아베 총리의 역사 인식이 정말 부끄럽다"며,[35] "아베 총리는 역사적 사실에 기초해 또 세계인이 인식하는 '강제연행'이란 정의에 맞춰 '위안부' 문제를 이해하고 발언하길 바란다"고 강조했다.[36] 지바 이사오[千葉功] 사무국장 겸 가쿠슈인[學習院]대학 문학부 사학과 교수는 "1991년 김학순 할머니의 '위안부' 증언 이래 연구를 통해, 인도네시아 스마랑, 중국 산시성에서의 민가 여성 '강제 연행'과 조선과 대만 등의 기망 사례 역시 강제 연행의 일환이라는 점은 학문 연구 세계에서는 상식"이라고 강조했다. 도쿄역사과학연구회 스다 쓰토무[須田努] 메이지[明治]대학 정보커뮤니케이션학부 교수는, "요시다 증언이 허위라고 해도 '위안부'가 일본군에 의해 강제 연행되었고 '위안부'의 실태가 성노예였다는 사실은 분명하다"며, "연구회의 총의로서, 일본군의 관여 아래 강제 연행된 '위안부'가 존재한 것은 명백하며, '위안부'의 피해를 부정하는 것은 피해자의 존엄을 짓밟는 것으로 절대 용서할 수 없다"고 강조했다.[37]

둘째, 아베 총리의 역사수정주의에 입각한 역사 왜곡을 비판한다.

스다 쓰도무 교수는 "아베 총리는 '일본은 빛나는 국가이지 않으면 안 된

---

35) "日 4大 역사학단체들 '아베 협공'", 『동아일보』(2014. 12. 12), 1면.
36) "日역사학계 "아베, 위안부 피해자 존엄훼손… 용납 못해"", 『동아일보』(2014. 12. 12), 18면.
37) "日 4大 역사학단체들 '아베 협공'", 『동아일보』(2014. 12. 12), 1면.

다'는 의식을 강하게 하고 있다. '위안부' 문제로 일본의 명예가 떨어지면 안 되기 때문에 역사수정주의 입장을 취하면서 '위안부' 진실을 왜곡하려 하고 있다"고 설명했다.[38] 지바 이사오 교수도 "가해 책임을 직시하는 것이 고통스럽기 때문에 먼저 '위안부는 없었다'라고 결론을 내리고 거기에 맞춰 '강제 연행은 없었다'라고 주장하고 있는 것"이라고 비판했다.

셋째, 일본군'위안부' 문제 관련 국제사회에 호소하기로 한다.

일본 역사학계는 일본 언론의 침묵이 장기화하자 2014년 10월 15일에 발표한 성명을 영문으로 번역해 해외 언론에 호소하기로 했다.[39] '위안부' 문제 관련 최근 해외 주요 언론사의 도쿄 사무실과 일본에 거주하는 외국언론사 협회(FPIJ)에 발신하자, 외신 기자들은 "주류 일본 학회의 아베 총리 압박은 흥미로운 이야기가 될 것"이라며 호응했다.[40]

3. UN과 미국 언론 등 국제사회의 대응

나비 필레이 유엔 인권대표는 일본군'위안부' 관련 성명(2014. 8. 6)과 인터뷰(2014. 8. 31)를 통해, "전시나 평시에 관계없이 민간인에 대한 강간이 조직적이고 광범위하게 일어났다면 이는 반인도적 범죄에 해당한다. 그런 범죄의 책임

38) "日역사학계 "아베, 위안부 피해자 존엄훼손… 용납 못해"", 『동아일보』(2014. 12. 12), 18면.

39) Committee of the Historical Science Society of Japan(Dec. 5, 2014), "Public Statement: A Critique of the Japanese Government's Stance on the Wartime "Comfort Women" Issue and Its Coverage in the Media", the Historical Science Society of Japan.

40) "日역사학계 "아베, 위안부 피해자 존엄훼손… 용납 못해"", 『동아일보』(2014. 12. 12), 18면.

자들에 대한 처벌은 매우 중요하며 책임자 처벌이 뒤따르지 않는다면 이런 끔찍한 인권 침해를 더욱 조장할 뿐"이라고 강조했다. 아울러 "일본군'위안부' 문제가 과거사가 아니라 당면한 현재의 문제"라고 지적하며 "일본 정부에 이 문제에 대해 포괄적이고 공평하며 영구적인 해결책을 마련하라"고 촉구했다. 또한 "일본 정부는 즉각 모든 일본군 '위안부'에 대한 철저한 조사가 이뤄질 수 있도록 효과적인 행정적·입법적 조치를 해야만 하며, 조사를 통해 드러나는 책임자는 반드시 처벌해야 한다. 피해자와 가족들이 사법 정의를 실현할 수 있도록 하고 보상을 받도록 하는 것은 매우 중요하며, 가능한 한 모든 증거는 공개되어야 한다"고 강조했다.[41)]

조지프 나이(Joseph S. Nye) 하버드대 교수는 지난 2014년 10월 30일 도쿄심포지엄 강연에서, "일본군'위안부'의 강제성을 인정하고 사죄한 고노 담화를 다시 문제 삼거나 야스쿠니[靖國] 신사에 총리가 참배하는 것 등은 1930년대의 일본을 방불케 하며 마치 일본이 민주주의를 답습하지 않는 것 같은 이미지"라며, "일본은 1930년대라는 시대를 과거의 것으로 결별하지 않으면 안 되며 한국과 관계 개선에 나설 것"을 촉구하고, "야스쿠니 신사를 대체하는 국립추도시설의 건설 구상"에 찬동했다.[42)]

민디 코틀러(Mindy Koyler) 아시아폴리시포인트(APP) 소장은 11월 16일자 『뉴욕타임스(*New York Times*)』 칼럼에서 '위안부와 진실에 대한 일본의 전쟁'이라는 글을 통해 "아베 정권이 진행 중인 '위안부' 관련 역사 왜곡 작업을 국제사

41) Office of the High Commissioner for Human Rights(2014. 8. 6), "Japan's approach to the issue of "comfort women" causing further violations of victims' human rights–Pillay", UN Human Rights.

42) Taketsugu Sato(2014. 10. 31), "Joseph Nye: Revising Kono statement will hurt Japan's interests", *The Asahi Shimbun*.

회가 중단시켜야 한다"고 촉구하고, "특히 1982~1987년 재임했던 나카소네 야스히로[中曾根康弘] 전 일본 총리가 1978년 회고록에서 1942년 일본군 해군 장교로 보르네오 섬에 주둔할 당시 병사들의 사기를 높이기 위해 군 위안소 제도를 만든 장본인"이라고 지적했다. 따라서 "유엔 안보리는 아베 정권의 역사수정주의에 대해 명확하게 반대해야 하며, 미국은 여성의 인권 보장이 미국 외교정책의 근간이라는 점을 일본에 주지시켜야 한다"고 주장했다.[43]

『뉴욕타임스(*New York Times*)』는 12월 4일자 "일본의 역사 세탁"이라는 주제의 사설에서, "일본군이 제2차 세계대전 당시 수많은 여성을 강제로 동원해 광범한 성적 학대를 저질렀다는 것은 일본 주류 학계도 인정하는 역사적 진실임에도, 이를 부정하려는 일본 우파들의 행보와 영합하는 아베 총리의 불장난"을 강도 높게 비판하고, "아베 정권에 의해 고무된 일본 우익세력이 불명예스러운 역사를 부정하기 위해 가하는 위협을 통해 최근 일본에서는 '위안부'와 같은 사실들을 당시 일본의 적들에 의해 날조된 거짓말로 취급하는 정치세력이 득세하고 있다"고 질타했다.[44]

『워싱턴포스트(*Washington Post*)』의 리처드 코언(Richard Cohen)은 12월 9일자 "일본의 역사 다시 쓰기 버릇이 자신의 미래에 영향을 주는가"라는 주제의 칼럼에서, "일본은 역사의 과오를 잊어버리기 위해 노력한다"고 일침을 가했다. 그는 "일본 주류 언론이 정부의 눈짓 한 번만으로 전쟁 시기 성노예 동원을 세탁하려 노력한다"며 "다른 사람들이 왜 일본을 친구로 대해야 할지에 대해 잊어버릴지도 모른다"고 경고했다.[45]

---

43) Mindy Kotler(2014. 11. 16), "The Comfort Women and Japan's War on Truth", *New York Times*.

44) Editorial(2014. 12. 4), "Whitewashing History in Japan", *New York Times*.

45) Richard Cohen(2014. 12. 9), "Will Japan's habit of rewriting its history affect

『로스앤젤레스타임스(*Los Angeles Times*)』는 12월 12일자 "역사를 부정하는 일본"이라는 주제의 사설에서, "일본이 제2차 세계대전 당시 저지른 전쟁범죄 중에서 가장 경악스러운 일본군'위안부' 범죄가 역사적 사실로 엄존하고 있는데도, 일본 극우세력들은 진실을 외면하고 역사에서 삭제하려고 시도하고 있다"고 비판하고, "일본 극우세력의 이 같은 작태는 지독한 자기기만이자 터무니없는 허튼 수작으로, 역사 부정의 핵심으로서 재무장화를 꾀하는 아베 총리는 국제사회에서 냉소적 반응을 얻고 있다"고 일갈했다.[46)]

나비 필레이 유엔 인권대표를 필두로 미국 내 주요 인사 및 주류 언론들이 일본 정부의 역사수정주의적 왜곡을 비판하고 일본군'위안부' 해결을 촉구하는 것은 침묵하는 일본 언론을 대신하여 국제사회의 우려와 요청을 그대로 담아내는 것이다. 따라서 일본 정부는 이를 경청하고 즉각 수용하여 문제 해결에 나서야 할 것이다.

4. 미국 의회조사국(CRS)의 일본 역사수정주의 비판

미국 의회조사국은 2015년 1월 20일 펴낸 '미·일 관계' 보고서에서, "제2차 세계대전 일본군'위안부' 문제, 야스쿠니 신사 참배, 동해와 동중국해 영토 분쟁과 관련한 아베 총리의 접근 태도는 모두 역내 긴장을 촉발하는 요인들"이라며 아베 총리가 역사 문제로 한국과 중국 등 주변국들을 자극하는 것은 미국의 국익을 저해할 수 있다고 지적했다. 미국 의회에 판단 자료를 제공하는 의회조사국의 이러한 지적은 아베 정권의 역사수정주의 행보에 대한 워싱

its future?", *Washington Post*.

46) Editorial(2014. 12. 12), "Japanese nationalists attempt to revise history on 'comfort women'", *Los Angeles Times*.

턴 내부의 우려와 불안감을 반영하는 것이어서 주목된다.

의회조사국은 2014년 9월 보고서에서도 "역사적 상처를 헤집는 아베 정권의 행태는 한국과 건설적 관계를 만들고 중국과 잠재적으로 민감한 사안을 관리해 나가는 일본의 역량을 저해해 동아시아에서의 미국 이익에 손해를 입히고 있다"고 비판한 바 있다.[47] 또 2014년 한-일 관계가 계속해서 악화됐다며, 양국의 관계 경색은 북한 문제 등 역내 도전 과제에 대한 협력에 걸림돌이 되고, 특히 미국과 한국, 일본 세 나라 간 미사일 방어체계 구축과 같은 계획의 추진도 어려워진다고 강조했다.

보고서는 한일 관계 악화 요인으로 일본군'위안부'와 역사 교과서, 독도 영유권 문제 등이 있으며, 한국 정부가 일본군'위안부'를 운영한 사실을 희석시키려는 아베 정권의 움직임을 비판하고 있다고 전했다. 이어 최근 한국계 미국인 단체들에 의해 '위안부' 문제가 미국 내에서 더 잘 알려지고 있다며, 희생자 추모비 건립과 뉴욕 주 상원의 위안부 결의안 채택 등을 언급하고 있다.

의회조사국은 "다가오는 8월에 맞이하는 제2차 세계대전 전후 70주년은 아시아에 민감하다"면서 "일본과 주변국들의 관계를 훼손하는 과거사 문제에 대한 관심이 늘어나고 있으며, 국제사회는 아베 총리가 어떤 식으로 이 문제를 다룰지 긴밀하게 주시할 것"이라고 강조했다. 이어 "아베 총리는 올해 첫 기자회견에서 1995년 무라야마 담화를 지지한다고 말하면서 전쟁에 대한 '반성'을 담은 담화를 내놓겠다고 밝혔다"며 "이는 아베 총리의 담화가 솔직한 사과에 미치지 못할 것이라는 관측을 촉발시키고 있다"고 지적했다.

의회조사국은 "한국은 아베 정권이 일제 때 위안부를 운영한 사실을 축소

47) "Japan-U.S. Relations: Issues for Congress", Congressional Research Service, RL33436(2014. 9. 13), p. 1.

하려는 움직임을 비판하고 있다"며 "전문가들도 아베 정부가 '일본이 '위안부'를 강제 동원했다'는 인식을 바꾸려 한다고 지적하고 있다"고 밝혔다.[48] 의회조사국의 미일 관계에 관한 CRS보고서 역시 지속적인 갱신을 통해 일본 정부의 '위안부' 문제와 역사수정주의가 미국의 국익을 저해할 뿐만 아니라 미일관계에도 부정적이라는 관점을 견지한다는 점에서 비판 기능 외에도 주요한 견제 기능의 한 축을 담당하고 있는 것으로 평가할 수 있을 것이다.

5. 미국 역사학계의 성명과 일본군'위안부' 문제의 재조명

알렉시스 더든(Alexis Dudden) 교수 등 전미역사학회(AHA) 소속 역사학자 19명은 2015년 2월 5일 연대 서명한 '일본의 역사가들과 함께 서서(Standing with Historian of Japan)'[49]라는 제목의 성명을 통해 아베 총리의 미국 역사교과서 왜곡 시도를 규탄했다. 역사학자이자 미국역사협회의 회원들의 성명은 2014년 11월 7일 일본 외무성이 뉴욕 총영사에게 맥그로힐 출판사의 세계사 교과서에 나오는 '위안부' 기술을 수정해달라고 요구한 데서 촉발되었다.[50] 이에 대해 저자인 허버트 지글러(Herbert F. Ziegler) 하와이대 교수와 출판사는 "어떤 정부도 역사를 검열할 권리가 없다"며 일본 정부의 요청을 거절했고, 학자들은 위안부 문제에 대한 역사적 사실은 확립됐다고 진술하고 있다.

그러한 전제에서 최근 일본 정부가 제2차 세계대전 당시 일제의 야만적 성

48) "Japan–U.S. Relations: Issues for Congress", Congressional Research Service, RL33436(2015. 1. 13), p. 7.

49) Alexis Dudden(2015. 2. 5), "Standing with Historian of Japan", *Yonhap News*; "위안부 제도는 일본 국가 차원의 '성노예'가 분명", 『경향신문』(2015. 2. 6), 8면.

50) Shiro Takahashi, supra note 3.

착취 시스템하에서 고통을 겪은 일본군'위안부'에 대해 일본과 다른 국가의 역사교과서 기술을 억압하려는 기도에 경악하면서 다음과 같이 비판했다.

아베 정권은 애국심 고취의 일환으로 일본군'위안부'에 대한 확립된 역사에 대해 의문 제기를 비롯하여, 학교 교과서에서 관련된 내용의 배제, 일본의 국가책임을 부정하기 위해 법적인 논쟁 제기, 생존자들에 대한 비방을 자행하고 있다. 나아가 '위안부' 문제를 기록하고 기사화한 학자와 언론인들을 위협까지 하고 있다. 이에 대해 역사는 과거로부터 배우기 위해 가르치고 만들어 가는 것으로, 국가나 특정 이익단체가 정치적 목적 아래 출판사나 역사학자들에게 자신들의 연구 결과를 변경하도록 압력을 가하는 것은 있을 수 없는 일이라면서 거부를 천명하고 있다.

미국의 언론, 의회에 이은 역사학계의 성명이 갖는 의미는 학문적 진실과 역사적 정의의 정립이라는 차원에서 자못 크다. 더하여 주목하게 되는 것은 일본군'위안부'에 대한 미국 역사학계의 성명을 주도한 알렉시스 더든 교수가 일본군'위안부' 문제에 앞서 천착해온 연구로서, 제국주의 일본이 한반도를 식민지화하는 과정에서 국제법을 어떻게 이용했는가 하는 문제다.[51] 이는 그 문제가 일본군'위안부' 문제의 본질이 한일청구권협정의 체결로 완결되었다는 일본 정부의 주장과 대비하여 일제식민지책임의 역사적 맥락과 청산이라는 여전히 미해결의 국제법적 현안 과제와의 공동의 인식으로 귀결되기 때문일 것이다.

51) 알렉시스 더든(Alexis Dudden) 저, 홍지수 역(2013), 『일본의 한국식민지화』, 늘품플러스.

IV. 일본군'위안부' 문제 해결의 본질로서의 국제법적 과제

1. 일본 정부의 '위안부' 문제 해결 주장과 검토

2007년 7월 미국 하원을 시작으로 네덜란드, 캐나다, 유럽 의회 등에서 일본군'위안부' 결의안이 채택된 가운데 열린 2008년 6월 유엔인권이사회 국가별 정례인권검토(UPR)회의 이래 일본 정부는 각국의 권고와 질의에 맞서, 자국에 가장 유리한 논거로 고노 담화를 통한 사과, 아시아여성기금을 통한 보상, 조약을 통한 법적 문제의 해결 등을 주장하며 '위안부' 문제가 완결되었음을 강변해오고 있다.

그러나 일본 정부의 주장은 다음과 같은 비판을 받고 있다. 첫째, 고노 담화는 1990년 모토오카 쇼지[本岡昭次] 사회당 의원이 제기한 일본군'위안부' 존재 여부에 관한 대정부 질문에서 일본 정부가 이를 부정하자, 1991년 김학순 할머니의 공개증언, 1992년 요시미 요시아키 교수의 증거자료 발굴이 이어지는 가운데, 20개월의 조사를 거쳐 1993년 일본군'위안부'의 강제 연행을 인정했던 것이다. 그러나 2007년 1차 집권 이래 아베 내각은 협의의 강제성을 부정하며 '위안부'의 강제 동원을 부인함으로써 고노 담화를 정치적 수사에 불과한 것으로 퇴행시켰다. 둘째, 아시아여성기금의 경우 일본 정부의 공식 사죄와 배상이라는 피해자들의 요구를 외면한 채[52] 여성 인권을 침해한 대표

52) 외교부 대변인의 고노 담화 검증 발표 관련 6월 20일 성명에 의하면, 우리 정부는 1997년 1월 11일 아시아여성기금과 관련하여 일본 정부가 진정한 사죄와 책임 인정이 있어야 한다는 대다수 피해자들의 요구를 외면한 채 위로금 명목으로 아시아여성기금의 일시금 지급을 강행하는 데 대해 분명히 반대한다는 입장을 재천명했다. 외교부 대

적인 반인도적 전쟁범죄에 대한 일본의 국가책임을 회피하기 위한 수단에 불과한 것으로, 이미 1998년 유엔특별조사관인 맥두걸 보고서는 적절한 국제적 대표자로 구성된 새로운 행정기금의 설치를 주장했다. 셋째, 조약을 통한 법적 문제의 해결과 관련해 일본이 주장하는 1951년 샌프란시스코강화조약은 일본의 주도하에 한국의 당사국 지위를 배제했을 뿐만 아니라, 1965년 한일청구권협정 역시 일본의 국가권력이 관여한 반인도적 불법행위를 비롯하여 식민지배와 직결된 불법행위에 대한 책임 문제를 전혀 다루지 않았다.[53] 이와 관련하여 "1910년 한일병합조약은 원천무효"라는 2010년 한일지식인 공동성명을 기점으로 2011년 헌법재판소의 결정[54]과 2012년 대법원 판결[55]은 역사적 진실에 대한 국제법적 정의를 재천명한 것으로 평가할 수 있다.[56]

2. 고노 담화가 인정한 일본군'위안부' 문제의 본질

고노 담화는 1991년 12월부터 실시되었던 일본 정부 조사의 결론으로서, 다음의 다섯 가지 사실을 인정하고 있다.

첫째, '위안소'와 '위안부'의 존재: 장기간·광범위한 지역에 걸쳐 위안소가 설치되고, 수많은 위안부가 존재했던 것이 인정되었다.

둘째, '위안소'의 설치, 관리 등에 대한 군의 관여: '위안소'는 당시 군 당국의 요청에 따라 설치되었고, 위안소 설치·관리 및 위안부의 이송 등에 일본군

변인(2014. 6. 20), "고노담화 검증결과에 대한 외교부 대변인 성명", 외교부 참조.

53) 도시환(2012. 11. 12), "日, 위안부 문제 해결로 인권 존중을", 『서울신문』, 30면.

54) 헌재 2011.08.30. 2006헌마788; 2008헌마648 결정.

55) 대법원 2012.5.24. 선고 2009다22549 판결, 선고 2009다68620 판결.

56) 도시환(2012), 「한일조약체제와 식민지책임의 국제법적 재조명」, 『국제법학회논총』, 제57권 제3호, 36~38쪽.

이 직·간접적으로 관여했다.

셋째, '위안부'가 된 과정의 강제성: '위안부' 모집은 군으로부터 요청을 받은 업자들이 주도했는데, 감언, 강압 등 모집된 본인들의 의사에 반하여 이루어진 경우가 많았고, 경우에 따라 관헌 등이 직접 이에 가담하기도 했다.

넷째, '위안소'의 강제성: 위안소에서의 생활은 강제적 상황하에서의 사역 등 참혹한 것이었다.

다섯째, '일제 강점하 한반도 출신자가 다수': 전쟁터로 이송된 위안부의 출신지는 일본을 제외하면 한반도가 큰 비중을 차지하고 있었는데, 당시 한반도는 일제의 통치하에 있었으며, 그 모집·이송·관리 등도 감언·강압에 의하는 등 대체로 본인들의 의사에 반하여 이루어졌다.[57)]

일본군'위안부' 피해의 본질을 인정한 '고노 담화'는 "당시 군의 관여 하에 많은 여성의 명예와 존엄성에 큰 상처를 주었던 문제이므로, 일본 정부는 이 기회에 다시금 출신지의 여하를 불문하고, 이른바 일본군'위안부'로서 수많은

57) '식민지책임'이라는 관점이 소홀해지면, 한국인·대만인의 피해 사실이 정확하게 인정되지 않는 결과를 낳게 된다. 예를 들면, 일본군'위안부' 문제의 경우 조선·대만의 피해자 대부분이 감언이나 기망(欺罔)에 의해 성노예가 되었던 데 반해, 중국·필리핀, 인도네시아(네덜란드인을 포함한다)의 피해자는 일상생활을 하던 곳에서 납치·강간, 수용소에서의 연행 등, 노골적인 폭력으로 인해 성노예가 된 경우가 대다수여서, 언뜻 한국·대만 피해자의 피해는 비교적 '경도(輕度)'인 것처럼 보인다. 그러나 '식민지책임'이라는 관점에서 보면, 그때까지 자유로운 국민이었던 적국인이나 점령지의 주민을 성노예의 처지로 전락시키기 위해서는 노골적인 폭력이 필요했던 데 비하여, 이미 반은 자유를 상실하고 생활이 파괴된 식민지의 국민을 성노예의 처지로 전락시키는 데는 노골적인 폭력까지 필요하지는 않았고, 감언이나 기망으로 충분했으므로, 어느 쪽이 중도(重度)인가를 변별할 수 있는 문제가 아니라는 것이 분명해진다. 山本晴太(2014), 「法的概念としての「植民地責任」-日韓請求権協定に関する日韓両国政府の解釈の変遷と大法院判決の意義」, 『植民地責任の清算の世界的動向と課題』, 東北亞歴史財团·世界国際法協会韓国本部の国際学術会議(2014. 11. 28), 21~22쪽.

고통을 겪고 심신에 치유하기 힘든 상처를 입은 모든 분들께 진심으로 사죄와 반성의 말씀을 전하는 바이다"라고 말했다.

또한 "우리는 이러한 역사적 진실을 회피하지 않고, 오히려 역사의 교훈으로서 직시하고자 한다. 우리는 역사 연구, 역사 교육을 통해 이와 같은 문제를 오래도록 기억하여, 같은 실수를 결코 반복하지 않겠다는 굳은 결의를 거듭 표명한다"고 까지 서술하고 있다.[58)]

이러한 고노 담화를 기점으로, 일본군'위안부' 피해의 특수성은 국제사회는 물론이고 일본의 재판소에 의해서도 확인되어왔다. 1994년 9월 2일 발표된 유엔의 NGO 국제법률가위원회의 보고서와 1996년 2월 6일 공표된 유엔인권위원회 '여성에 대한 폭력 특별보고자' 쿠마라스와미의 보고서[59)]는 이를 "군사적 성노예"라고 정의하고 있으며, 1998년 8월 12일 공표된 유엔 인권소위원회 '전시 성노예제 특별보고자' 게이 맥두걸의 보고서[60)]는 일본군위안부를 강요한 행위는 '인도에 대한 죄'에 해당하는 범죄행위라고 천명했다. 2007년 7월 미국 하원이 채택한 일본군'위안부' 결의안도 일본군'위안부'를 "일본 정

58) Shii Kazuo(2014. 3. 14), "Falsification of history impermissible, Truth about Kono Statement and Japanese military comfort women issue", Japanese Communist Party.

59) UN Doc. E/CN. 4/1996/53/Add. 1; Radhika Coomaraswamy(Jan. 4, 1996), "Report on the mission to the Democratic People's Republic of Korea, the Republic of Korea and Japan on the issue of military sexual slavery in wartime", COMMISSION ON HUMAN RIGHTS, Fifty-second session Item 9 (a) of the provisional agenda, Economic and Social Council.

60) UN Doc. E/CN.4/Sub.2/1998/13; Gay J. McDougall(June 22, 1998), "Systematic rape, sexual slavery and slavery-like practices during armed conflict", COMMISSION ON HUMAN RIGHTS, Sub-Commission on Prevention of Discrimination and Protection of Minorities, Fifty session Item 6 of the provisional agenda, Economic and Social Council.

부에 의한 강제 군대 매춘 제도이자 잔학성과 규모 면에서 20세기 최대의 인신매매 범죄"로 규정했다. 그리고 1998년 4월 27일 일본군'위안부' 문제에 관한 입법부작위책임을 인정하여 손해배상을 명한 일본의 야마구치 지방재판소 시모노세키[下關] 지부 판결[61]은, 그 피해를 "철저한 여성차별·민족차별사상의 표현이며, 여성의 인격의 존엄을 근저에서부터 침해하고, 민족의 긍지를 유린하는 것"이라고 판단했다. 이러한 전제에서 일본군'위안부' 피해와 관련하여, 2011년 헌법재판소는 "일본국과 일본군에 의해 강제로 동원되고 그 감시 아래 일본군의 성노예를 강요당한 것에 기인하는 특수한 피해"로 규명하고 있다.[62]

결국 일본군'위안부' 피해 문제의 본질과 관련하여 고노 담화가 처음으로 인정하고 사죄했음에도 불구하고 아베 정권은 고노 담화에 대한 검증 과정 등을 통해 신뢰성을 훼손하려 했다. 이는 궁극적으로는 담화 자체를 폐기하려는 의도와 다름없는 것이다.

3. 일본군'위안부' 문제의 본질은 국제법상 반인도적 범죄

고노 담화가 인정하고 있는 바와 같이 일제 강점기 한반도 지배가 국제법상 합법이라는 전제하에 식민지 여성을 일본군'위안부'로 강제 동원하여 성노예로 삼은 일본 정부의 행위는 구체적으로 다음과 같은 국제법을 위반하고 있다. 일본 정부는 '반인도적 범죄'로서의 국제법 위반에 대한 사실 부인과 법적

61) 釜山「従軍慰安婦」·女子勤労挺身隊公式謝罪等請求訴訟(1998. 4. 27); 山口地裁下関支部で一部勝訴(2001. 3. 29); 広島高裁で全面敗訴(2003. 3. 25); 最高裁で上告棄却·不受理決定(http://wam-peace.org/ianfu-mondai/lawsuit).

62) 헌재 2011.08.30. 2006헌마788.

책임 회피의 태도로 일관할 뿐만 아니라 '인도적 견지'의 문제라는 인식을 표명해왔으나, 일본군'위안부' 문제는 엄연히 도덕이 아닌 불법의 문제인 것이다.[63]

첫째, 반인도적 범죄이다. "반인도적 범죄(Crimes against Humanity)"란 '전쟁 전 또는 전쟁 중 민간인에 대한 살해, 절멸(絕滅), 노예적 혹사, 추방 기타의 비인도적 행위 또는 범행지의 국내법 위반 여부와 관계없이, 이 재판소의 관할권 내에 있는 어떤 범죄를 수행했거나, 그와 관련하여 행해진 정치적·인종적·종교적 이유에 근거한 박해 행위'이다. 따라서 반인도적 범죄는 범행지의 국내법 위반 여부를 불문하므로 위안소 설치행위가 설사 일본 국내법에 근거한다 하더라도 반인도적 범죄의 구성요건을 조각하지 않는다.[64]

개인에 대한 광범위하거나 조직적인 노예화도 역사적으로[65] '반인도적 범죄'로 인식되어왔다.[66] 물론 무력분쟁과의 연관성이 더 이상 반인도 범죄의

63) International Commission of Jurists(1994), COMFORT WOMEN: AN UNFINISHED ORDEAL(Report of a Mission: 이하 ICJ Report), at 141–147 참조; 홍성필(2012), 「일본군 성적 노예제의 문제」, 『Global Legal Issues 2012–인권』, 한국법제연구원, 163쪽.

64) 일본의 행위는 인권과 기본적 자유에 대한 중대한 침해 행위로서 1949년 8월 12일자 전쟁 희생자의 보호에 관한 제네바협약을 위반하고 있다. Theo van Boven(1993), "Reparation for Victims of Gross Violations of Human Rights", *Freedom Digest Quarterly*, Vol. 27, No. 1(Spring), pp. 48~49.

65) 1915년 프랑스, 영국, 러시아정부간 3국 공동성명을 통해 터기에 의한 아르메니아인 학살에 대해 "문명과 인도에 반하는 죄"로 규정했다. 홍성필(2012), 「일본군 성적 노예제의 문제」, 163쪽.

66) Gay J. McDougall(2012), "Addressing State Responsibility for The Crime of Military Sexual Slavery during The Second World War: Further Attempts for Justice for The 'Comfort Women'", *The 'Comfort Women' Issue and Future–Oriented Relations between Korea and Japan*, The 2012 KSIL International Conference, Lotte Hotel Seoul(2012. 2. 17), p. 17.

핵심요소로 간주되지는 않는다. 그러나 특히 무력분쟁 시에 그러한 범죄가 행해져온 것도 사실이다. 뉘른베르크 국제군사재판소(1945. 8. 8) 조례 제6조 C항, 그리고 제2차 세계대전 이후 독일 전범에 대한 추가적인 국내 기소를 용이하게 할 목적으로 제정된 연합국 통제위원회법(Control Council Law) 제10호에서 "노예화, 추방 및 여하한 민간인을 대상으로 자행된 기타 비인간적 행위"를 반인도적 범죄로 적시하고 있기 때문이다. 마찬가지로 도쿄 극동국제군사재판소(1946. 1. 19) 조례 제5조에서도 노예화, 강제노동을 위한 추방 및 여하한 비인간적 행위를 반인도적 범죄로 규정하고 있다.

노예화 이외에도 광범위하거나 조직적인 강간 행위 역시 뉘른베르크 국제군사재판소 조례 및 도쿄 극동국제군사재판소 조례에 포함된 반인도적 범죄의 전통적 규정에서 "비인간적 행위"에 대한 일반적 금지를 명시하고 있다. 반인도적 범죄에 대한 최근 규정에서는 "기타 비인간적 행위"라는 잔여조항에 의존하는 대신, 국내 또는 국제적 무력분쟁 과정에서 여하한 민간인을 대상으로 강간이 자행된 경우 이러한 강간을 반인도적 범죄로 명문화하고 있다. 반인도적 범죄에 대한 이 같은 최근 규정으로는 구(舊)유고슬라비아 국제형사재판소 규정 제5조와 르완다 국제형사재판소 규정 제3조가 있다. 두 조항 모두 노예화와 강간을 반인도적 범죄를 구성하는 행위로 명문화했다. 반인도적 범죄의 책임 추궁과 관련하여 기획, 정책 또는 설계의 증거는 일반적으로 반인도적 범죄에 대한 기소에서 필수요건으로 간주되고 있으나, 광범위한 위반에 대해 조치를 취하지 않은 것만으로도 이러한 필수요건을 구성하는 것이 충분하며, 군 관계자와 특정 직책을 점유한 민간인 모두에 대해 반인도적 범죄의 책임을 물을 수 있다.[67]

67) Gay J. McDougall(2012), "Addressing State Responsibility for The Crime of

둘째, 일본 정부는 자국이 1932년 11월 21일에 비준한 국제노동기구(ILO) 협약 제29호, 즉 강제노동금지규약(1930. 6. 28)[68]의 위반인 성노예에 해당하는 범죄이다. 동 협약 제4조는 가입국의 의무에 대하여 첫째로, 규약 당사국이 개인이나, 회사 기타 단체를 위해 강제노역을 허용하거나 부과해서는 안 되며, 둘째로, 그러한 관행이 존재하는 경우에는 협약의 효력 발생과 함께 완전히 철폐할 것을 규정하고 있다. 동 협약 제25조에서 규약 당사국들은 강제노역 실시의 범죄화에 합의했다. 동 조항은 "강제노역의 불법한 실시는 형법 위반으로 처벌되어야 하며, 모든 규약 당사국들은 법에 의하여 부과된 형벌이 실제에 있어 적절하며 엄격히 적용되도록 보장해야 할 의무를 진다"고 규정하고 있다. 따라서 일본 정부는 일본군'위안부' 피해자에게 행해진 성적 노예화 행위로 인한 법적 책임과 관련 범법자들의 처벌 의무를 부담하며, 이에 대한 의무불이행 시 국가책임이 발생한다.

한 가지 주목할 만한 것은 1995년 한국의 노총과 일본의 오사카 영어교사 노조를 통해 일본의 강제노동금지조약 위반 사례로 일본군'위안부' 문제가 제기된 이래, ILO 협약권고적용전문가위원회가 일본 정부의 해결 조치를 권고하는 내용을 1996년부터 보고서에 지속적으로 수록해왔음에도 일본 정부의 극심한 반대와 로비로 인해 위원회의 정식 의제 채택에는 실패했는데, 한국 정부가 2014년 5월 28일 국제노동기구 제103차 총회 강제노동위원회에서 일본군'위안부' 문제 해결에 나서줄 것을 정식으로 요구했다는 점은 시사하는

Military Sexual Slavery during The Second World War: Further Attempts for Justice for The 'Comfort Women'", p. 18.

68) Convention concerning Forced or Compulsory Labour, Geneva, 14th ILC session(Jun. 28, 1930).

바가 크다.[69]

셋째, 일본이 1912년에 비준한 1907년 헤이그협약의 부속서에 따라 여성은 전시에서의 강간 및 강제매음으로부터 보호받을 권리가 있음에도 이를 침해했다. 1863년 리버규칙(Lieber Code) 등 전쟁법과 관련된 여러 건의 권위 있는 출처에서 전쟁 중 강간 또는 여성에 대한 학대를 명시적으로 금지한 바 있다.[70] 또한 제2차 세계대전 후 부분적으로 강제매춘 및 강간혐의를 바탕으로 다수의 전범이 기소되면서 이러한 행위가 불법이라는 인식이 더욱 확고해졌다. 이와 더불어 1907년 헤이그협약 규정에는 "가족의 명예와 권리는 …… 반드시 존중되어야 한다"는 조항이 포함되었다. 실제로 제4차 제네바협약 제27조는 국제관습법에서 선언적 지위를 차지하는 것으로 간주되고 있으며 헤이그협약에서 앞서 제시한 "가족의 명예"라는 문구를 포함하고 있다.[71] 동 조약은 "여성의 명예에 대한 여하한 공격, 특히 강간, 강제매춘 등 여하한 형태의 외설적 공격으로부터 여성을 특별히 보호해야 한다"고 명시하고 있다.

---

69) Report of the Committee on Forced Labour, Fourth item on the agenda: Supplementing the Forced Labour Convention, 1930 (No. 29), to address implementation gaps to advance prevention, protection and compensation measures, to effectively achieve the elimination of forced labour International Labour Conference 103rd Session, Geneva, May–June 2014.

70) Frits Kalshoven, article 3 of the Convention (IV) concerning the Laws and Custom of War on Land, signed at The Hague, Oct. 18, 1907, in "Remembering what we have tried to forget", ASCENT, 1997, pp. 16~30; Gay J. McDougall, Gay J. McDougall(2012), "Addressing State Responsibility for The Crime of Military Sexual Slavery during The Second World War: Further Attempts for Justice for The 'Comfort Women'", p. 16.

71) Theodor Meron(1989), *Human Rights and Humanitarian Norms as Customary Law*, Oxford: Clarendon Press, p. 47; Gay J. McDougall(2012), "Addressing State Responsibility for The Crime of Military Sexual Slavery during The Second World War: Further Attempts for Justice for The 'Comfort Women'", p. 16.

폭력죄가 아닌 여성의 명예에 반하는 범죄로 강간을 분류한 것은 유감스럽고 부정확한 분류이기는 하나, 적어도 최초의 '위안소'가 설립되었을 당시에 강간 및 강제매춘이 국제관습법 하에서 금지되어 있었다는 점은 분명하다.[72)]

넷째, 일본은 1925년에 비준한 1904년의 '추업(醜業)을 행하기 위한 여성매매규제협정', 1910년 '추업을 행하기 위한 부녀매매금지조약'과 1921년의 '여성과 아동의 매매금지조약'을 위반했다.[73)] 일본 정부는 추업과 관련된 3개의 국제조약 비준 시 설정한 유보를 근거로, 조약 위반에 해당하는 미성년의 기준으로 21세를 적용받지 않으며, 1910년 조약의 경우, 협약의 효력이 발생하는 장소적 범위를 명확히 하지 않았고, 1921년 조약의 경우 한국을 명시적으로 효력 범위에서 제외했으므로 조약 적용 대상이 아니라고 해석한다.[74)] 그러나 미성년 기준에 대한 유보조항은 일본 정부가 1927년에 철폐했으며,[75)] '위안부' 피해자들은 동아시아 전역에서 차출되었을 뿐만 아니라, 식민지 여성으로서의 한국인 피해자들은 강제 동원, 이동, 노예화가 한국 외의 지역에서 발생하여 조약상의 범죄를 구성하게 되면 본 조약의 적용대상으로 조약 위반에 따른 책임이 부과된다.

다섯째, 일본군'위안부' 범죄행위는 1968년 유엔총회가 채택한 '전쟁범죄와 인도에 반하는 범죄의 시효부적용협약'[76)]에 적용되므로 일본의 전쟁책임

---

72) Yvonne P. Hsu(1993), "'Comfort women' from Korea: Japan's sex slaves and the legitimacy of their claims for reparations", *Pacific Rim Law and Policy Journal*, vol. 2, p. 111; Gay J. McDougall(2012), "Addressing State Responsibility for The Crime of Military Sexual Slavery during The Second World War: Further Attempts for Justice for The 'Comfort Women'", p. 16.

73) 홍성필(2012), 「일본군 성적 노예제의 문제」, 163쪽.

74) UN Doc. E/CN.4/1996/53/Add.1 Para. 102.

75) 吉見義明(1995), 『従軍慰安婦』, 164~165쪽.

76) Convention on the Non-Applicability of Statutory Limitations to War Crimes and

은 여전히 존재한다.[77] 일본군'위안부'라는 전쟁범죄이자 반인도적 범죄에 따른 중대한 인권 침해에 관해서 가해자에 의한 시효의 원용은 권리 남용과 다름없기 때문이다. 실제 1953년 범죄에 대한 국제관할권 관련 UN 보고서 (A/2645)는 현행 국제법에 공소시효 개념이 존재하지 않는다고 적시하고 있다.[78] 그것은 시효의 적용이 종종 중대한 인권 침해에 대해 당연히 주어져야 할 배상을 피해자로부터 박탈하는 것으로 중대한 인권 침해에 대한 피해 회복에 관련한 청구는 시효에 따르지 않아도 된다는 원칙이 널리 수용되어야 한다는 것이다.[79] UN은 1968년 '시효부적용협약'을 채택하여 '국제법상 전쟁범죄 및 인도에 대한 죄에 대해서는 시효가 존재하지 않는다는 원칙을 확인하고 이 원칙의 보편적 적용을 확보하는 것이 필요'함을 역설하고 있다.[80]

4. 일본군'위안부' 피해자의 구제를 위한 과제

아베 정권이 유엔인권이사회 UPR회의에서 일본군'위안부' 문제의 완결을 주장하며 제시했던 세 가지 논거 가운데 '고노 담화'와 아시아여성기금의 두 가지에 대해 검증을 시도한 것은 고노 담화의 신뢰성을 훼손함과 동시에 인도

Crimes Against Humanity, G.A. res. 2391 (XXIII), annex, 23 U.N. GAOR Supp. (No. 18) at 40, U.N. Doc. A/7218 (1968), entered into force Nov. 11, 1970.

77) See–hwan Doh, supra note 1.

78) Friedl Weiss, "Time limits for the prosecution of crimes against international law", *British Yearbook of International Law*, vol. 53, 1982, pp. 163, 185; Gay J. McDougall(2012), "Addressing State Responsibility for The Crime of Military Sexual Slavery during The Second World War: Further Attempts for Justice for The 'Comfort Women'", p. 28.

79) E/CN.4/Sub.2/1993/8, para.135.

80) E/CN.4/Sub.2/1993/13, Appendix, paras.39~40.

주의에 입각한 사실상의 조치를 다했다는 것으로, 이것은 세 번째 논거인 조약을 통한 법적 문제의 해결 곧 한일청구권협정의 체결로 모든 문제가 완전히 최종적으로 종결되었다는 주장을 확보하기 위한 선결요건인 것으로 보인다.

'식민주의의 역사적 종식'을 담은 2001년 더반선언의 동아시아 버전으로서 2010년 한일 양국 지식인이 천명한 원천무효로서의 1910년 한일강제병합조약 체결 이래 불법적인 강제징용령에 근거한 일본군'위안부' 제도 및 일제강제노동 제도로 인해 희생된 피해자들이 21세기 현 시점에서도 동아시아 냉전체제 수립을 위한 샌프란시스코강화조약[81]과 그 연장선상에서 불법 식민지배책임을 회피한 한일청구권협정을 통해 조약이라는 법규범으로부터 보호받지 못하고 있다. 오히려 그러한 한일조약체제로부터 심각하고 중대하며 지속적인 인권 침해를 받고 있다면 제도라는 이름의 또 하나의 구조적 폭력과 다름없으며,[82] 인류 보편적 가치로서의 인간존엄성 구현을 통한 적극적 평화의 추구이자 침해된 인권 구제의 문제로 재조명되어야 한다.

일본군'위안부' 피해자의 구제를 위한 국제법적 과제에 대한 논의의 출발은 일본 정부가 주장하는 한일협정 체결 완결론의 극복에서 나아가 일제식민지책임의 규명과 청산이 되어야 할 것이다. 그것은 관련 연구에 천착해온 한

81) 1951년 샌프란시스코강화조약은 유례를 찾기 어려울 정도로 일본에 관대한 평화조약이었다. 이근관(2009), 「샌프란시스코강화조약 및 대이탈리아강화조약의 비교연구」, 『한일간 역사현안의 국제법적 연구』, 동북아역사재단, 369쪽. 식민지책임을 부정한 한일재산청구권협정으로는 과거의 문제는 해결되지 않은 것이며, 오늘날 식민지지배부당론이라는 새로운 입장에서 과거 문제와 마주해야 한다. 오타 오사무(2012), 「두 개의 강화조약에서의 식민지주의와 한일'청구권'」, 『한일협정 50년사의 재조명 II－한일협정체제와 '식민지'책임의 재조명』, 동북아역사재단, 34쪽.

82) 오타 오사무[太田修](2014), 「식민지 지배와 전쟁을 둘러싼 또 하나의 폭력에 대하여」, 『일제식민지배 피해자의 구제를 위한 법정책적 과제』, 동북아역사재단·세계국제법협회 한국본부 한일협정 50년사의 재조명 국제학술회의(2014. 6. 20), 198~203쪽.

국, 미국, 일본 학자의 개별적인 연구가 동일한 맥락으로 귀결되고 있다는 점에서도 확인되고 있다.

스나이더 스탠포드대학 교수는 냉전이 역사 화해의 걸림돌이 되어 역사적 불의에 따른 상흔과 국가주의가 재등장하는 것을 경계해야 한다고 말한다. 또한 일본 정부가 미국의 지원하에 1951년 샌프란시스코강화조약 및 1965년 한일협정체제하에서 배상을 완결했다고 주장하고 있으나, 성노예를 강요당한 '위안부'를 비롯하여 전시 일제 강제노동 시스템에 의해 희생된 개인들의 피해에 대한 배상이 필요함을 촉구하고 있다.[83] 오타 오사무 도시샤대학 교수는 일본 정부가 '시혜'론과 '근대화'론에 입각하여 식민지지배는 정당하다고 생각하고 있었기 때문에 식민지책임을 청산할 의사가 애초에 없었으며,[84] 샌프란시스코강화조약 제4조 a항에 규정되었던 '재산' 및 '청구권'에 입각하여 시작된 한일청구권협상은 식민지지배의 책임을 묻지 않았던 것으로, 역설적으로 한일조약체제에는 '식민지책임'이 그대로 남겨지게 되었음을 강조한다.[85] 이종원 와세다대학 교수는 1951년부터 시작된 한일국교정상화협상은 본래 일본의 식민지 통치라는 과거 역사를 총괄하고 새로운 관계를 구축하는 계기가 되어야 했으나, 한일협정 문서에 일본의 식민지지배에 관한 언급 자체가 전무하다고 밝힌다. 아울러 기본관계조약 전문(前文)에 "양 국민 관계의 역사적 배경과 선린관계"라고 한 것이 "역사"라는 단어를 사용한 거의 유일한

83) Daniel Sneider(Nov. 1, 2013), "A dangerous stalemate between Japan and South Korea", *Washington Post*.

84) 太田修(2013), 「もはや"日韓請求権協定で解決済み"ではすまされない : 朝鮮人強制動員被害者への戦後補償をめぐって」, 『世界』, 岩波書店(2013. 10), 192쪽.

85) 太田修(2008), 「財産請求權問題の再考－脫植民地主義の視角から」, 笹川紀勝·李泰鎭編, 『國際共同研究韓國併合と現代－歷史と国際法からの再檢討』, 明石書店, 696~717쪽.

예에 불과할 정도로, 식민지배책임에 대한 청산의 과제를 뒤로 미룬 것이 오늘날까지 한일관계를 불안정하게 하는 큰 요인이 되고 있다고 지적한다.[86)]

그러한 전제에서 1965년 한일청구권협정의 본문을 보면, 동 협정이 양국 간의 재산·권리·이익에 대한 청구권을 해결하는 경제협정으로 인권 문제는 다루지 않았다는 점을 분명하게 알 수 있다. 동 협정과 샌프란시스코강화조약에서 규정하고 있는 조약의 범위는 분쟁 지역의 부동산과 재무 및 상업 관련 사안에 대한 주권 문제로 제한되었다는 결론이 도출된다. 따라서 한일청구권 협정하에서 일본이 제공한 청구권자금이 재산권에 관한 것인지 아니면 일본의 인권 유린으로 피해를 입은 개인에 대한 배상청구권을 배제할 목적이었는지를 검토해야 한다. 더욱이 당사국의 의도가 '위안부' 피해 여성의 청구권을 소멸시키는 것을 전제로 했다면 이는 명백하게 효력을 갖지 못한다. 그것은 국제법 하에서 '위안부'로 침해당한 인권 피해 여성의 청구권은 한일청구권협정 당사국이 재량에 따라 결정할 수 있는 권리가 아니기 때문이다.[87)]

요컨대, 1965년 한일청구권협정 제2조 제1항에 의거하여 성노예로 동원된 일본군'위안부' 피해 여성의 청구권이 소멸되었다는 일본 정부의 주장은 다음과 같은 근거에 입각하여 비판할 수 있다. 첫째, 일본군'위안소' 설립에 관한 일본의 직접적 개입은 조약 협상 당시 은폐되었으며, 이는 책임 회피를 위해 이들 조약에 의존하려는 일본의 여하한 시도로서의 형평한 고려를 금지하는 결정적 사실이다. 둘째, 이들 조약의 규정은 명백히 동 조약이 인권 및 인도법을 위

---

86) 이종원(2013), "역사적 전환의 조류 속에 있는 동북아, 역사화해의 큰 틀을 모색해야", 『동북아역사재단 뉴스』(2013년 9월호), 7면.

87) Gay J. McDougall(2012), "Addressing State Responsibility for The Crime of Military Sexual Slavery during The Second World War: Further Attempts for Justice for The 'Comfort Women'", pp. 35~36.

반한 일본군에 의한 피해와 관련하여 개인의 손해배상 청구권을 배제할 의도로 체결되었다는 주장이 사실임을 보여준다. 셋째, 이러한 양자조약은 본질적으로 이처럼 중대한 성노예 동원에 대한 일반국제법의 강행규범(*jus cogens*)에 대한 심각한 위반으로부터 발생하는 권리 및 의무를 소멸시킬 수 없는 것이다.[88]

이와 관련하여 일본군'위안부' 피해자들이 제기한 소송[89]은 일본 내 다른 전후 배상 소송과 마찬가지로, '전승자의 면책(impunity by war victors)'을 통해 오랫동안 봉인된 과거의 불의와 고위 정책결정자들의 담합 문제를 현대 사법계에 다시 제기하기 위한 것으로, 전례 없는 법적 도전 과제로 평가된다. 전승자의 면책이란 식민주의, 인종주의, 성차별로 얼룩진 특정 범죄행위에 대해 극동국제군사재판이 적용한 면죄를 의미하며, 고위 정책결정자들의 담합에는 1951년 샌프란시스코강화조약과 이후에 체결된 여러 건의 손해배상 및 경제협력 관련 양자조약이 포함되는 것이다.[90]

그러한 전제에서 일본군'위안부' 문제와 관련하여 국제인권법의 핵심조약이라고 할 '시민적·정치적 권리에 관한 국제규약'(자유권 규약)의 이행을 감시하

88) Gay J. McDougall(2012), "Addressing State Responsibility for The Crime of Military Sexual Slavery during The Second World War: Further Attempts for Justice for The 'Comfort Women'", p. 34.

89) 일본군'위안부' 피해자들에 의한 소송은 총 10건이며, 그 중 3건이 한국인 '위안부' 피해자들이 제기한 소송이었다. 일본군'위안부' 피해자 소송과 관련하여 마지막으로 제기된 2001년 7월 16일 제기된 하이난섬 전시 성폭력 피해 배상 청구소송 역시 2010년 3월 2일 최고재판소에 의해 최종적으로 기각되었다. WAM(여성들의 전쟁과 평화 자료관) 웹사이트(http://wam-peace.org/ianfu-mondai/lawsuit) 내 일본군 성폭력 피해자 재판 관련 자료 참조.

90) Kohki Abe(2012), "International Law as Memorial Sites: 'Comfort Women' Suits Revisited", *The 'Comfort Women' Issue and Future-Oriented Relations between Korea and Japan*, The 2012 KSIL International Conference, Lotte Hotel Seoul(2012. 2. 17). pp. 78~105.

는 UN B규약인권위원회가 2008년 일본의 제5회 정기보고 심사 시에 내놓은 권고를 주목할 필요가 있다.

"체약국은 피해자의 대부분이 받아들일 수 있고 그들의 존엄을 회복시킬 수 있는 방법으로 '위안부' 제도에 대한 법적인 책임을 인정하고, 솔직하게 사죄하고, 생존해 있는 가해자를 소추하고, 모든 생존자의 권리로서 적절한 배상을 행하기 위해 신속하고 효과적인 입법부 및 행정부를 통한 조치를 취하고, 본 문제에 대해 학생 및 일반 공중을 교육하며, 그와 함께 피해자를 중상하고 혹은 사건을 부정하는 모든 기도에 대해 반론 및 제재 조치를 취해야 한다."[91]

일본 정부가 주장하는 한일청구권협정에 의해 일본군'위안부' 문제가 완결됐다는 해석을 채용할 경우에는 B규약인권위원회의 이러한 인식과 정면으로 충돌하게 되며, 일본의 규약 위반이라는 상태가 증폭될 수도 있다. 그러한 사태를 발생시킬 수 있는 조약 해석은 원칙적으로 채용해서는 안 되는 것이다.[92]

일제 식민지배 여성에 대한 전쟁범죄로서 일본군'위안부' 피해라는 중대한 인권 침해의 구제를 위한 국제법적 과제로는 한국 사법부가 역사적인 판결을 통해 천명하고 있는 바와 같이, 일제 식민권력이 관여한 반인도적 범죄로부터 인권, 정의, 그리고 평화의 세 가지 시대정신을 정립하는 것이다.

첫째, 일제 식민지배의 토대이자 제국주의 침략노선의 근간이 되었던 국가주의 철학으로부터 인권 중심 사고로 법리를 재정립해야 한다. 일본과 독일의 침략과 잔학행위가 인간존엄성에 대한 극단적인 경시와 침해로 인해 형성된

91) CCPR/C/JPN/CO/5(30 October 2008), HUMAN RIGHTS COMMITTEE(UN International Covenant on Civil and political rights), Ninety–fourth session, Geneva, Consideration of Reports Submitted by States Parties under Article 40 of the Covenant, p. 7, para. 22.

92) 아베 고키[阿部浩己](2014), 「한일청구권협정과 일본군'위안부' 문제」, 『한일협정 50년사의 재조명 III』, 동북아역사재단, 218~219쪽.

것이 국제인권법으로,[93] 인권에 대한 침해를 국제법상 소속국가에 대한 침해로 보던 시각 자체가 허구 또는 의제에 불과하며, 국가 간의 우호를 위해 개인의 희생을 강요해서는 안 된다는 것이다.

둘째, 역사가 말하고자 하는 정의의 의미가 카(E. H. Carr)가 설파한 바와 같이 '과거와 현재의 끊임없는 대화' 속에서의 진실의 재발견이라고 할 때, 국제사회 공동규범으로서의 국제법의 법리 역시 정의구현을 향한 소명으로 지속적인 발전을 담보하고 정립해나가는 것이어야 한다. 아렌트(Hannah Arendt)가 설파한 바와 같이 무엇이 "부정의"한가에 대한 기본적인 합의가 없는 곳에서는 평화스러운 사회생활을 영위하기 어렵다. "정의"가 "인간의 사회적 조건의 본질"이기 때문이다. 일제 식민지배하의 일본군'위안부' 피해자들의 침해당한 인권은 '응답 가능성으로서의 정의'에 대해 묻고 있는 것이다.[94]

셋째, '합법적인 식민지배로의 미화'와 '침략의 정의에 대한 부정'과 '평화헌법의 개정을 위한 적극적 평화주의'[95]가 아닌 식민지배와 침략전쟁에 대한 사죄와 배상을 전제로 하는 국제법상의 기본적인 소극적 평화(negative peace), 나아가 오늘날 인류 보편적 가치로서의 인간의 존엄성과 존중을 전제로 하는 적극적 평화주의(positive peace)[96]의 정립을 통한 진정한 평화공동체의 구축을 모색해나가야 한다는 것이다.

93) 김대순(2013), 『국제법론』 제17판, 삼영사, 866쪽.

94) 高橋哲哉(2005), 『戰爭責任論』, 講談社, 23~39쪽.

95) 도시환(2013), 「아베 총리의 '침략'부정과 식민지책임」, 『일본 아베 정권의 역사인식과 한일관계』, 동북아역사재단, 145~193쪽.

96) Johan Galtung(1969), "Violence, Peace, and Peace Research," *Journal of Peace Research*, 6, pp. 170~171; B. V. A. Röling(1972), *Economic Development, Peace, And International Law*, Van Gorcum Comp. N. V., pp. V~XIV; 요한 갈퉁(Johan Galtung) 저, 이재봉 외 역(2000), 『평화적 수단에 의한 평화(Peace by peaceful means)』, 들녘, 4~11쪽.

V. 맺음말

아베 총리의 재집권 이래 일본군'위안부' 문제에 대한 본격적인 부정과 관련하여 제기된 '고노 담화 검증'과 '요시다 증언 취소' 등이 갖는 의미와 이에 대한 일본 역사학연구회를 비롯한 4대 역사학계의 공동 대응 결정 및 유엔과 미국 의회·언론·학계 등 국제사회의 동향을 분석했다. 그런 다음 일본 정부가 회피하고자 하는 일본군'위안부' 피해에 대한 구제의 본질로서의 반인도적 범죄의 극복과 국제법적 과제에 대한 검토를 통해 다음과 같은 정책 방안을 제시하고자 한다.

첫째, 일본 정부의 일본군'위안부' 문제의 본질에 대한 훼손에 엄정한 대처가 필요하다. 일본 정부의 「고노 담화 검증 결과 보고서」 공개와 『아사히신문』의 '요시다 증언' 관련 일부 기사의 오보에도 불구하고 일본군'위안부' 동원의 강제성이라는 '위안부' 문제의 본질은 불변이라는 점에서 향후 국제사회의 공조를 통한 엄정한 대응 기조를 유지해나가야 한다.

둘째, 일본 우익의 선전과 침묵하는 언론에 대한 대응 조치가 필요하다.

일본군'위안부' 문제의 진실을 왜곡하는 일본 우익들의 선전과 침묵하는 일본 언론에 맞서 최대 피해국인 한국이 중심이 되어 국제공조를 통해 일본군'위안부' 제도의 강제성을 입증하는 국내외 자료를 모아 공개하고 세계에 발신함으로써 국제사회의 지지를 확보하는 노력을 지속해나가야 한다.[97)]

셋째, 유엔 및 각종 국제인권기구를 통한 국제여론의 확산이 긴요하다. 최

97) 일본군'위안부' 피해에 대한 국제공조의 최근 사례로는 동북아역사재단과 중국 길림성 당안관과의 일본군'위안부' 관련 자료 공유를 위한 양해각서(MOU) 체결(2014. 12. 15)을 들 수 있다.

근 일본 법무성의 '위안부' 부정 등의 '헤이트 스피치(hate speech)' 행위에 대한 불용 계도활동 착수(2014. 11. 25)와 일본 최고재판소의 '헤이트 스피치' 배상확정 판결(2014. 12. 10)의 배경으로, 유엔 인종차별철폐위원회의 일본 정부의 대처에 대한 권고(2014. 8. 29) 사례들을 벤치마킹하여 유엔인권기구를 통한 여론 조성을 해나가야 한다.[98)]

넷째, 국제인권조약 등 국제법 위반에 대한 추궁의 필요성 검토가 긴요하다. 도쓰카 에츠로[戸塚悦朗] 변호사의 지적과 같이, 일본이 제국주의 전쟁부터 최근 아베 정권의 역사수정주의까지 일본 사회를 관통하는 "보편적 인권의식 결여"와 관련, 1930년대 일본법원의 '성노예'에 대한 형사범죄 판결의 노예금지협약 위반 추궁 등 국제법적 검토를 준비해야 한다. 2011년 8월 30일 헌법재판소의 일본군'위안부' 헌법소원 관련 부작위 위헌 결정은 '위안부' 최대 피해국으로서 전 세계적인 주목과 호응을 받았던 전제에서, 예고된 아베 담화가 고노 담화를 부정한다면 재교섭 외에 중재재판을 제기하는 등 국제법적 해결 방안에 대해서도 면밀하게 검토해야 할 것이다.

다섯째, 풀뿌리 시민사회의 역량에 기반한 국제연대의 강화가 필요하다. 일본군'위안부' 문제에 공동 대응을 결정한 일본과 미국의 역사학계를 비롯하여 NGO 및 전후 배상 관련 국제인권연대와의 협력·지원을 통해 일본군'위안부' 문제의 해결을 위한 국제여론을 지속적으로 환기함으로써 일본 정부의 국제여론 수렴을 통한 전향적인 사죄 및 배상 조치를 촉구해나가야 할 것이다.

여섯째, 한일 국교정상화 50주년을 맞아 양국관계의 개선을 위한 모색이

98) 마에다 아키라[前田朗](2014), 「동아시아 역사부정범죄법 제창」, 『식민지책임 청산의 세계적 동향과 과제』, 동북아역사재단·세계국제법협회 한국본부 주최 국제학술회의(2014. 11. 28), 69~93쪽 참조.

필요하다. 2015년 한일기본조약 체결 50주년에 즈음하여, 한일협정 체결로 일본군'위안부' 피해 문제가 완결되었다는 일본 정부의 주장에 대해, 일본군 '위안부' 피해를 비롯하여 일본의 국가권력이 관여한 반인도적 범죄의 사죄와 배상을 통한 진정한 역사 화해와 평화공동체의 모색을 위해 학술 및 법정책적 차원의 심화된 논의의 장을 공유하고 확대를 추진해나가야 할 것이다.

오늘날 국제인권법이 일본과 독일의 침략과 잔학행위가 인간존엄성에 대한 극단적인 경시와 침해를 기초로 한 전통적인 국가우선주의 철학의 산물이라는 점에서, 식민지 여성에 대한 전쟁범죄의 피해자로서 일본군'위안부'에 대한 필레이 유엔인권대표의 문제인식이 르완다 국제형사재판소 재판관으로 근무할 당시 "전쟁 중 강간과 성폭행은 전리품이 아닌 전쟁범죄로 간주한다"는 원칙의 수립과 맥락을 같이하고 있다.

따라서 일본 정부는 인류 보편적 가치로서의 인권에 대한 침해이자 반인도적 범죄로서의 일본군'위안부' 피해 할머니에 대한 사죄와 배상을 통한 명예회복뿐만 아니라 재발 방지를 위한 책임자의 처벌 및 교육을 조속히 시행해야 할 것이다. 일본 정부는 2015년 광복 70주년, 한일협정 체결 반세기인 현 시점에서 고령의 일본군'위안부' 피해 할머니들의 마지막 소망이자 국제사회의 요청에 화답하지 못한다면 인류사에서 치유 불가능한 가장 큰 오점을 남기게 될 것임을 인식해야 할 것이다.

김대순(2013), 『국제법론』 제17판, 삼영사.

도시환(2008), 「일본군'위안부' 문제의 현황과 국제인권법적 재조명」, 『국제법학회논총』 제53권 제3호, 2008. 12.

도시환(2012), 「한일조약체제와 식민지책임의 국제법적 재조명」, 『국제법학회논총』 제57권 제3호, 2012. 9.

도시환(2013), 「아베 총리의 '침략'부정과 식민지책임」, 『일본 아베 정권의 역사인식과 한일관계』, 동북아역사재단.

도시환(2014), 「일제식민지책임판결과 한일협정체제의 국제법적 검토」, 『한일협정 50년사의 재조명 III』, 동북아역사재단.

도시환(2012. 11. 12), "日, 위안부 문제 해결로 인권 존중을", 『서울신문』.

마에다 아키라[前田朗](2014), 「동아시아 역사부정범죄법 제창」, 『식민지책임 청산의 세계적 동향과 과제』, 동북아역사재단·세계국제법협회 한국본부 주최 국제학술회의, 2014. 11. 28.

아베 고키[阿部浩己](2014), 「한일청구권협정과 일본군'위안부' 문제」, 『한일협정 50년사의 재조명 III』, 동북아역사재단.

알렉시스 더든(Alexis Dudden) 저, 홍지수 역(2013), 『일본의 한국식민지화』, 늘품플러스.

오타 오사무[太田修](2012), 「두 개의 강화조약에서의 식민지주의와 한일'청구권'」, 『한일협정 50년사의 재조명 Ⅱ—한일협정체제와 '식민지'책임의 재조명』, 동북아역사재단.

오타 오사무[太田修](2014), 「식민지 지배와 전쟁을 둘러싼 또 하나의 폭력에 대하여」, 『일제식민지배 피해자의 구제를 위한 법정책적 과제』, 동북아역사재단·세계국제법협회 한국본부 한일협정 50년사의 재조명 국제학술회의, 2014. 6. 20.

요한 갈퉁(Johan Galtung) 저, 이재봉 외 역(2000), 『평화적 수단에 의한 평화(Peace by peaceful means)』, 들녘.

외교부 대변인(2014. 6. 20), "고노담화 검증결과에 대한 외교부 대변인 성명", 외교부.

이근관(2009), 「샌프란시스코강화조약 및 대이탈리아강화조약의 비교연구」, 『한일

간 역사현안의 국제법적 연구』, 동북아역사재단.
이장희(2006), 『한일간 국제법적 현안문제』, 아시아사회과학연구원.
이종원(2013), "역사적 전환의 조류 속에 있는 동북아, 역사화해의 큰 틀을 모색해야", 『동북아역사재단 뉴스』(2013년 9월호).
홍성필(2012), 「일본군 성적 노예제의 문제」, 『Global Legal Issues 2012-인권』, 한국법제연구원.
"일본 관방장관 "침략사실 부정한 적 없다"", 『연합뉴스』(2013. 5. 10).
"日고노담화 검증, 아베 정권·유신회·산케이 합작품", 『연합뉴스』(2014. 6. 20).
"고노담화 검증팀에 軍위안부 강제성 부정론자 포함", 『연합뉴스』(2014. 6. 20).
"위안부 제도는 일본 국가 차원의 '성노예'가 분명", 『경향신문』(2015. 2. 6).
"유승희 위원장 "아베, 위안부 망언망동 사과해야"", 뉴스1(2014. 11. 20).
"日 4大 역사학단체들 '아베 협공'", 『동아일보』(2014. 12. 12).
"日, 美교과서 위안부 왜곡 로비", 『서울신문』(2015. 1. 19).
"日역사학계 "아베, 위안부 피해자 존엄훼손… 용납 못해"", 『동아일보』(2014. 12. 12).
헌재 2011.08.30. 2006헌마788; 2008헌마648 결정.
대법원 2012.5.24. 선고 2009다22549 판결; 선고 2009다68620 판결.

高橋哲哉(2005), 『戰爭責任論』, 講談社, 2005.
高橋哲哉(2013), 「右傾化する日本への歴史認識と憲法認識」, 『東北亞の歴史和解と平和構b築の課題』, 国際学術会議資料集, 2013. 10. 17.
吉見義明(1995), 『従軍慰安婦』, 東京：岩波書店.
吉見義明編(1992), 『従軍慰安婦資料集』, 東京：大月書店.
歴史学研究会委員会(2014), 「声明 政府首脳と一部マスメディアによる日本軍「慰安婦」問題についての不当な見解を批判する」, 歴史学研究会, 2014. 10. 15.
山本晴太(2014), 「法的概念としての「植民地責任」-日韓請求権協定に関する日韓両国政府の解釈の変遷と大法院判決の意義」, 『植民地責任の清算の世界的動向と課題』, 東北亞歴史財団·世界国際法協会韓国本部の国際学術会議(2014. 11. 28).
太田修(2008), 「財産請求權問題の再考-脱植民地主義の視角から」, 笹川紀勝·李泰鎭 編, 『國際共同研究韓國併合と現代-歴史と国際法からの再検討』, 明石書店.

太田修(2013),「もはや"日韓請求権協定で解決済み"ではすまされない: 朝鮮人強制動員被害者への戦後補償をめぐって」,『世界』, 岩波書店, 2013. 10.
河野談話作成過程等チームに関する検討チーム, "慰安婦問題を巡る日韓間のやりとりの経緯~河野談話作成からアジア女性基金まで~", 内閣官房, 外務省 事務局, 2014. 6. 20.
"「クマラスワミ報告書」反論文書公開を 自民の慰安婦検証特命委が初会合 年内に意見集約",『産經新聞』(2014. 10. 31).
"「慰安婦は売春婦だったのです」‥日本の歴史団体が米国議会, グレンデール市などに册子を送付",『産經新聞』(2014. 12. 26).
"歴史問題(上)橋下氏 正しいが舌足らず 秦郁彦氏",『読売新聞社』(2013. 6. 19).
"否定できぬ慰安婦強制",『毎日新聞』(2013. 6. 19).
"首相の歴史認識, 米が懸念「東アジア混乱」「米国益害する」",『東京新聞』(2013. 5. 9).
"安倍首相, 朝日報道に苦言「慰安婦問題の誤報で日本の名誉が傷つけられた」",『産經新聞』(2014. 9. 12).
"安倍首相「維新·山田氏のおかげ」=河野談話の世論調査受け",『時事通信』(2014. 2. 24).
"慰安婦募集に関する日本軍の関与についての新資料が発見された",『朝日新聞』(1992. 1. 11).
"日本の歴史学4団体「慰安婦強制連行がなかったという認識は恥ずかしい」",『東亞日報』(2014. 12. 12).
"朝日新聞誤報問題 負の歴史は否定できない",『琉球新報』(2014. 9. 13).
"被害者に寄り添う報道必要 吉見義明さん(日本 中央大教授)",『朝日新聞』(2014. 8. 6).
"「済州島で連行」証言 裏付け得られず虚偽と判断",『朝日新聞』(2014. 8. 5).
法務省資料,「BC級(オランダ裁判関係)バタビア裁判·第106号事件」.
釜山「従軍慰安婦」·女子勤労挺身隊公式謝罪等請求訴訟, 山口地裁下関支部判決(1998. 4. 27).
「山西省性暴力被害者損害賠償請求訴訟」, 東京地裁判決(2003. 4. 24).
http://wam-peace.org/ianfu-mondai/lawsuit.

Cohen, Richard(2014. 12. 9), "Will Japan's habit of rewriting its history affect its future?", *Washington Post*.

Coomaraswamy, Radhika(1996), "Report on the mission to the Democratic People's Republic of Korea, the Republic of Korea and Japan on the issue of military sexual slavery in wartime", COMMISSION ON HUMAN RIGHTS, Fifty-second session Item 9 (a) of the provisional agenda, Economic and Social Council, Jan. 4, 1996.

Doh, See-hwan(2014), "Japan's Colonial Responsibility under International Law: The Korean Supreme Court Decision of May 24, 2012", *Journal of East Asia and International Law*, 2014. 6.

Doh, See-hwan(2014), "International Legal Challenges in Liquidating Colonial Responsibility", *New Challenges in East Asia and the Role of International Law*, 2014 International Conference of Korean Society of International Law(2014. 12. 12).

Doh, See-hwan(2014. 9. 22), "'Comfort women' abuses were crimes against humanity", *Korea herald*.

Dudden, Alexis(2015. 2. 5), "Standing with Historian of Japan", *Yonhap News*.

Galtung, Johan(1969), "Violence, Peace, and Peace Research," *Journal of Peace Research*, 6.

Hsu, Yvonne P.(1993), "'Comfort women' from Korea: Japan's sex slaves and the legitimacy of their claims for reparations", *Pacific Rim Law and Policy Journal*, vol. 2.

Kalshoven, Frits(1997), Article 3 of the Convention (IV) concerning the Laws and Custom of War on Land, signed at The Hague, Oct. 18, 1907, in "Remembering what we have tried to forget", ASCENT.

Kazuo, Shii(2014. 3. 14), "Falsification of history impermissible, Truth about Kono Statement and Japanese military comfort women issue", Japanese Communist Party.

Kohki, Abe(2012), "International Law as Memorial Sites: 'Comfort Women' Suits Revisited", *The 'Comfort Women' Issue and Future-Oriented Relations between Korea and Japan*, The 2012 KSIL International Conference, Lotte Hotel Seoul(2012. 2. 17).

Kotler, Mindy(2014. 11. 16), "The Comfort Women and Japan's War on Truth", *New York Times*.

McDougall, Gay J.(June 22, 1998), "Systematic rape, sexual slavery and slavery-like practices during armed conflict", COMMISSION ON HUMAN RIGHTS, Sub-Commission on Prevention of Discrimination and Protection of Minorities, Fifty session Item 6 of the provisional agenda, Economic and Social Council.

McDougall, Gay J.(2012), "Addressing State Responsibility for The Crime of Military Sexual Slavery during The Second World War: Further Attempts for Justice for The 'Comfort Women'", *The 'Comfort Women' Issue and Future-Oriented Relations between Korea and Japan*, The 2012 KSIL International Conference, Lotte Hotel Seoul(2012. 2. 17).

Meron, Theodor(1989), *Human Rights and Humanitarian Norms as Customary Law*, Oxford: Clarendon Press.

Pillay, Navi(2014. 8. 6), "Japan's approach to the issue of 'comfort women' causing further violations of victims' human rights-Pillay", Office of the High Commissioner for Human Rights, UN Human Rights.

Sato, Taketsugu(2014. 10. 31), "Joseph Nye: Revising Kono statement will hurt Japan's interests", *The Asahi Shimbun*.

Sneider, Daniel(Nov. 1, 2013), "A dangerous stalemate between Japan and South Korea", *Washington Post*.

Takahashi, Shiro(2015. 1. 15), "Japan Must Enhance Public Relations to Win Information War", Japan Institute for National Fundamentals.

Van Boven, Theo(1993), "Reparation for Victims of Gross Violations of Human Rights", *Freedom Digest Quarterly*, Vol. 27, No. 1, Spring.

Weiss, Friedl(1982), "Time limits for the prosecution of crimes against international law", *British Yearbook of International Law*, vol. 53.

CCPR/C/JPN/CO/5(30 October 2008), HUMAN RIGHTS COMMITTEE(UN International Covenant on Civil and political rights), Ninety-fourth session, Geneva, Consideration of Reports Submitted by States Parties under Article 40 of the Covenant.

Committee of the Historical Science Society of Japan(Dec. 5, 2014), "Public Statement: A Critique of the Japanese Government's Stance on the Wartime "Comfort Women" Issue and Its Coverage in the Media", *the Historical Science Society of Japan*.

Convention concerning Forced or Compulsory Labour, Geneva, 14th ILC session(Jun. 28, 1930).

Convention on the Non-Applicability of Statutory Limitations to War Crimes and Crimes Against Humanity, G.A. res. 2391 (XXIII), annex, 23 U.N. GAOR Supp. (No. 18) at 40, U.N. Doc. A/7218 (1968), entered into force Nov. 11, 1970.

International Commission of Jurists(1994), COMFORT WOMEN: AN UNFINISHED ORDEAL(Report of a Mission).

Office of the High Commissioner for Human Rights(2014. 8. 6), "Japan's approach to the issue of "comfort women" causing further violations of victims' human rights-Pillay", UN Human Rights.

Study Team on the Details Leading to the Drafting of the Kono Statement etc(2014. 6. 20). "Details of Exchanges Between Japan and the Republic of Korea (ROK) Regarding the Comfort Women Issue ~ From the Drafting of the Kono Statement to the Asian Women"s Fund ~", Secretariat(Cabinet Secretariat, Ministry of Foreign Affairs).

"Japanese nationalists attempt to revise history on 'comfort women'", *Los Angeles Times*(2014. 12. 12).

"Retiring U.N. rights chief urges Japan to address wartime sex slavery issue", *Yonhap News*(2014. 9. 1).

"Whitewashing History in Japan", *New York Times*(2014. 12. 4).

"Japan-U.S. Relations: Issues for Congress", Congressional Research Service,

RL33436(2014. 9. 13).
"Japan-U.S. Relations: Issues for Congress", Congressional Research Service, RL33436(2015. 1. 13).
Study Team on the Details Leading to the Drafting of the Kono Statement etc. (2014. 6. 20).
Report of the Committee on Forced Labour, Fourth item on the agenda: Supplementing the Forced Labour Convention, 1930 (No. 29), to address implementation gaps to advance prevention, protection and compensation measures, to effectively achieve the elimination of forced labour International Labour Conference 103rd Session, Geneva, May-June 2014.
UN Doc. E/CN.4/1996/137.
UN Doc. E/CN.4/1996/53/Add.1.
UN Doc. E/CN.4/Sub.2/1993/13.
UN Doc. E/CN.4/Sub.2/1993/8.
UN Doc. E/CN.4/1996/53/Add.1.

일본 정부의 한일회담 인식과 교섭 대응

개인청구권 문제를 염두에 두면서

국민대학교 일본학연구소 연구원 **장박진**

※ 이 글은 2014년 6월 20일 동북아역사재단 주최 학술회의 "일제식민지 피해자의 구제를 위한 법정책적 과제"에서 발표한 「한일 청구권 교섭과 개인 피해 보상 문제: '미해결'의 기원과 해법을 위한 함의」의 일부다. 한일 청구권 교섭에서 드러난 일본 정부 측의 문제점을 짚어보기 위해 해당 논의를 중심으로 수정, 보완했다. 또한 이 글을 발표한 후 저자는 청구권 교섭에 관한 보다 포괄적인 연구 성과를 『미완의 청산: 한일회담 청구권 교섭의 세부과정』(2014)으로 발표했다. 이 글에서 다루지 못한 보다 체계적인 일본 측 대응에 관해서는 이 책을 참고하기 바란다.

일본 정부의 한일회담 인식과 교섭 대응

개인청구권 문제를 염두에 두면서

국민대학교 일본학연구소 연구원 **장박진**

I. 머리말

국교정상화 50주년을 맞이한 오늘날에 이르러서도 식민지지배에서 연유하는 한국인 개인의 청구권 문제[1])를 둘러싼 한일 양국 간의 갈등은 좀처럼 해소될 기미가 보이지 않는다. 양국 간의 과거사 문제가 '해결'되었다고 하는 법적 기반인 한일협정이 1965년에 체결되었음에도 왜 문제가 이처럼 해소되지 않는 것인가?

물론 이 문제에 대한 직접적인 원인이 한일협정의 내용에서 유래함은 말할 필요도 없다. 이에 따라 지금까지 동 협정에 대한 비판은 하나하나 거론하는 것이 불가능할 만큼 많이 축적되어왔다. 그러나 말할 필요도 없이 협정은 65년에 급히 작성된 것이 아니다. 주지하는 바와 같이 한일협정은 전후 대일

1) 이하 이 글이 말하는 '개인청구권' 문제는 '위안부', 강제징용자 등 한국인 개인들에게 직접 가해진 폭력적인 피해에 따른 '청구권'을 염두에 둔 것이며, 우체국 예금 등 재산권에 근거한 '청구권'은 포함되지 않은 것임을 밝힌다.

평화조약과 그에 기초해 1951년 가을부터 시작된 직접 교섭의 결과로서 체결된 것이다. 따라서 최종 협정의 문제점들을 정확히 이해하기 위해서는 그것을 낳은 교섭 전체의 파악과 교섭 전개 과정 속에서의 판단이 필요하다.

이 작업을 진행하는 데 필요한 것은 한일 청구권 교섭의 성격과 그 세부 과정을 세밀하게 밝혀내는 일이다. 물론 이 과제에 대한 연구 성과는 지금까지 어느 정도 축적되어왔다. 그러나 핵심 자료인 한일 양국의 공식 자료 공개가 지연되면서, 지금까지의 주된 연구 성과는 공식 문서 공개 이전에 발표된 것이 대부분이었다.[2] 공식 문서가 공개된 후의 연구 성과 역시 한국 측의 문서에만 크게 의거한 탓에 한계가 있었다.[3] 이에 따라 한일협정 교섭에 임하고 있던 일본 측 내부 인식, 대응 등이 충분히 밝혀지지 못했다. 2008년 이후 일본 측 공식 문서 공개가 본격화되면서 이를 활용한 성과도 나타나기 시작했지만[4] 이들 역시 개인청구권 문제를 염두에 두면서 심층적으로 다룬 연구 성과는 아니다. 그러나 오늘날 현안으로 남은 한국인 개인의 청구권 문제를 고찰하고 그 해법을 모색하는 데에는 한일회담 당시 일본 정부가 한국과의 과거 처리 문제에 대해 어떻게 인식하고 대응해왔는가를 정확히 파악하는 것이 무엇보다 필요하다. 한일 양국은 가해–피해 관계이면서도 전후 미국의 극동 정책 등이 작용해 평화조약 4조 (a)항에 따라 법적으로는 대등한 관계로 임하게 되었다. 그에 따라 한국인 개인의 피해 청산 문제 역시 그 실현 여부는 가해국 일본의 피해국 한국에 대한 일방적인 법적 의무가 아니라 일본 정부의 과거사를 둘러싼 인식과 한일 교섭에 임하는 대응 방식에 크게 의존할 수밖에 없었다.

2) 이 시기의 대표적 성과는 예를 들어 太田修(2003), 『日韓交渉 請求権問題の研究』, クレイン.
3) 장박진(2009), 『식민지 관계 청산은 왜 이루어질 수 없었는가: 한일회담이라는 역설』, 논형.
4) 李鍾元·木宮正史·浅野豊美 編(2011), 『歴史としての日韓国交正常化(I)東アジア冷戦編』, 『歴史としての日韓国交正常化(II)脱植民地化編』, 法政大学出版局.

이 글은 바로 이와 같은 문제의식을 배경으로 아직 충분히 논의되지 않은 일본 측 공식 외교 문서들을 주로 활용함으로써 해방 전후 일본이 한국과의 과거사 처리 문제를 어떻게 인식하고 대응해왔는가를 분석하고자 한다.[5] 그것을 통해, 식민지지배로 인해 발생한 한국인 개인의 피해 문제가 오늘날까지 현안으로 남게 된 기원과 그에 대한 일본 측의 책임 소재를 조금이나마 밝히고자 한다.

II. '오산'으로서의 한일회담

식민지지배에서 연유하는 책임 처리 문제로서는 물론, 단순한 경제적 처리 문제로서도 일본에게 한일회담은 원래 개최되지 않아야 하는 장이었다.

패전 직후인 1945년 10월, 일본은 이미 애매하게나마 향후 한반도 문제도 포함되는 전후 처리 문제에 관한 예상을 하고 있었다. 일 외무성은 10월 22일자로 작성된 "평화조약 체결의 방식 및 시기에 관한 고찰"에서 배상 문제와 관련해 대일평화조약(이하 평화조약)에서 규정될 중요한 문제가 "대동아 제국(諸國)에 대한 제국(帝國)의 채무액 결정 및 그 지불 문제, 또한 할양지역 내에 있는 제국(帝國)의 적극재산의 귀속"[6] 문제라고 적고 있다. 물론 이 인식은 아직 지극히 추상적인 전망으로서 구체적인 내용을 일절 결여하고 있다. 그러나 적어

---

5) 평화조약으로부터 한일회담 초기까지 한국에 대한 일본 측의 대응 인식을 부각시킨 선구적인 연구로서 太田修(2011), 「二つの講和条約束と初期日韓交渉における植民地主義」, 李鍾元·木宮正史·浅野豊美 編, 『歴史としての日韓国交正常化(II)脱植民地化編』, 法政大学出版局, 21~54쪽.

6) 「平和条約締結の方式および時期に関する考察」, 『日本外交文書 サンフランシスコ平和条約準備対策』(2006), 5쪽.

도 이 예상에서 배상 문제와 관련해 '할양지역'을 따로 명시하고 있는 점에는 주의가 필요하다. 즉 일본은 연합국은 물론이고 할양지역과의 과거 처리 문제도 평화조약에서 매듭짓게 될 것임을 패전 직후부터 예상하고 있었던 것이다.[7] 그만큼 평화조약은 교전국인 연합국과의 전후 처리뿐만 아니라 한국과의 처리의 내용을 좌우하는 중요한 과제였다.

할양지역과의 문제 처리에 관한 일본 측의 구체적인 움직임이 감지되는 것은 1949년 말에 접어든 후였다. 일 외무성은 1949년 12월 3일 작성된 "할양지의 경제적 재정적 사항의 처리에 관한 진술"에서 한반도를 비롯해 전쟁 결과로서 포기하게 될 영역에 관한 문제가 평화조약에서는 "할양지에 관한 경제적 재정적 규정"으로서 규율될 것이라고 예상하면서, 그에 관한 대응 논리를 구체적으로 다음과 같이 정리했다.[8]

일 외무성은 할양지역에 대한 시정(施政)이 이른바 식민지에 대한 착취 정치가 아니며 오히려 일본으로부터 '초과 반출[持ち出し]'되어 있었으므로 일본에 의한 식민지 착취를 운운하는 것은 정치적 선전에 불과하다는 점, 이들 지역에 있던 재외일본인 재산은 공유재산뿐만 아니라 사유재산까지 사실상 박탈되었으며 이와 같은 조치는 국제관례상 이례에 속하지만 평화조약에서 그것이 확인될 것이라 생각된다는 점, 그리고 이들 지역의 취득은 국제법상 당시 인정된 방식을 통해 이루어진 것이며 세계 각국 모두 일본 영토로 인정하고 있었으므로 이들 지역의 보유를 범죄시하고 징벌적인 의도를 문제 해결의 원칙으로 삼는 것은 납득하기 어렵다는 점들을 주장하고 있다.

7) 물론 이에는 직접 한반도라는 기술이 있는 것이 아니지만 당시 일본이 한반도를 교전국가로서 인정하는 상황도 아니었으므로 동 '할양지역'에 한반도가 포함되는 것은 틀림없을 것이다.
8) 「割譲地の経済的財政的事項の処理に関する陳述」, 『日本外交文書 サンフランシスコ平和条約準備対策』(2006), 443~445쪽에서 정리.

즉 일본은 평화조약에서 할양지역과의 처리 문제가 식민지지배의 책임을 추궁하는 성격의 문제로서 진행되지 못하도록 못을 박으려고 한 것이다. 이와 더불어 일본이 이 시점에 이미 할양지역 내 일본인의 재산이 사유재산까지 포함해 '박탈'되어 있으며 이 사실에 관해 평화조약에서는 단지 '확인'만 하게 될 것이라고 예상하고 있던 점은 주목할 만하다. 즉 후술하는 이른바 '역청구권' 주장과 달리 일본은 일찍부터 한반도에서의 일본인 재산 역시 '박탈'된 것으로서, 원(原)소유권이 일본에 남을 일은 없다고 예상하고 있었던 것이다.

그러한 일본에게 실제 중요한 문제는 이미 불가능해진 일본인 재산의 반환이 아니라 재외일본인 재산의 몰수라는 사실을 역으로 이용하면서 할양지역과의 경제적 처리 문제가 일괄 최종(once and for all)적으로 해결된 것으로 만드는 일이었다. 실제 일 외무성은 같은 문서에서 할양지역 소재의 공유·사유재산을 전면적으로 포기하는 규정을 둔다면 그것이 할양지역의 대일 청구를 넘을 수 있다는 점을 지적하면서 일본 정부에게 그 이상의 공사(公私)의 채무(공채, 사채, 은급, 보험, 사인 간 채무, 통화 기타) 부담이 부가되지 않도록 구체적으로 당부했다. 즉 이미 기정사실로 되어 있던 한국 소재의 일본인 재산 몰수로 인해 한국이 식민지 피해국으로서 그 이상의 것을 일본에게 추가적으로 청구하려는 가능성을 차단하려 한 것이었다.

그 후에도 이와 같은 일본 정부의 입장은 기본적으로 변함이 없었다. 1950년 5월 31일 작성된 "대일평화조약의 경제적 의의(意義)에 대하여"에서도 일 외무성은 재외일본인 재산의 몰수 문제를 들어, 기정 부담 이상의 추가적인 배상을 일본이 지불하지 않도록 거듭 요청하고 있다.[9]

9) 「対日平和条約の経済的意義について」, 『日本外交文書 サンフランシスコ平和条約準備対策』(2006), 493~497쪽.

1950년 9월 14일 트루먼(Harry S. Truman) 대통령이 극동위원회 참가국들과 향후 대일 강화 논의 진행 방법에 관해 비공식적인 토의를 개시하겠다고 발표하면서[10] 평화조약의 기초가 현실적으로 가시화되었다. 그 무렵 일 외무성은 "대일평화조약 상정 대강"을 작성, 연합국이 제출할 것이라 예상되는 평화조약의 내용을 정리하고 있었다. 거기서 일 외무성은 할양지역 문제를 일단 연합국에 대한 배상 문제와 구별해 설정했다. 그러나 할양지역 문제에 관해서도 국유·사유재산은 무상으로 해당 지역 당국에 상속되며 사유재산은 '배상'이라는 명의로 처분될 것, 또 처분된 사유재산 소유자에 대해서는 일본 정부가 보상할 의무를 지게 될 것 등을 예상했다.[11] 즉 연합국이 아닌 할양지역에 관해서도 사유재산이 연합국과 같이 처리될 것을 예상한 셈이었다. 그 문서에서 일 외무성은 "한국이 대일평화조약의 서명국이 될 것을 주장할지도 모르나 이것은 실현되지 않을 것"[12]이라는 인식을 분명히 드러내고 있다. 결국 일본 정부는 한국 소재의 일본인 사유재산 역시 '배상'으로서 최종 처리되며 일방적으로 박탈될 것을 예상하고 있었던 것이다.

'할양지역'으로 일괄 논의되던 한국과의 문제가 직접 거론된 것은 본격적인 조문 교섭이 시작된 1951년 봄 무렵부터이다. 아직 한국을 연합국으로 참가시키려는 미국의 방침을 몰랐던 일본은 1951년 1월 말부터 개시된 제1차 미일교섭의 결과 합의된 2월 9일자의 가(假)각서에 대한 의견 교환 과정에서 처음으로 한국과의 문제를 직접 언급하고 있다. 일 외무성은 3월 16일 미국에 제출할 "가조인된 문서에 대한 의견 및 요청" 가운데 일본으로부터 분리될 영

10) 「対日講和問題に関する情勢判断」, 『日本外交文書 サンフランシスコ平和条約対米交渉』(2007), 3쪽.
11) 「対日平和条約想定大綱」, 『日本外交文書 サンフランシスコ平和条約準備対策』, 522쪽.
12) 「対日平和条約想定大綱」, 523쪽.

역 조항과 관련하여 한반도(및 대만)의 재산 상속 문제를 미국에 제기하면서 "재산의 상속에 관해서는 기성 사실이 생겨버린 오늘날 종래의 국제 관행에 비추어 재조정을 하는 것은 사실상 불가능할 것이므로 적어도 재산(적극, 소극)의 상속은 현지에서만 종결되며 어떠한 경우도 일본에 대해 추가 청구가 이루어지지 않게 되기를 기대한다"고 전했다.[13] 물론 이 주장은 상술해온 바와 같이 일본이 줄곧 유지해왔던 방침이었다.

일본은 이와 같이 문제가 일괄 종결되는 것을 평화조약에 명시할 것을 당부했다. 제1차 미일교섭 후 필리핀, 호주 등 관련 연합국들과의 교섭을 마친 주일미국대사 덜레스(John F. Dulles)는 4월 다시 방일했다. 13일, 덜레스 방일 소식을 접한 일 외무성은 연합국과 일본 간에 의의(疑義)나 분쟁을 야기할 수 있는 쟁점들을 검토할 목적으로 14일 "평화조약 안에 관하여"를 작성하고, 제2차 미일교섭에 대한 준비를 갖추었다.[14] 일본은 그 '의의나 분쟁'을 야기할 수 있는 문제점의 하나로 바로 할양지역 처리 문제를 들면서 이를 조항으로 규정할 것을 정식으로 요구했다.

이 요구에서 일본은 이탈리아평화조약과 같이 일본과의 평화조약에서도 무용의 분쟁을 피하는 의미에서 할양지역에 관한 규정을 설정하는 것이 필요하다면서 몰수된 재외일본 공사(公私) 재산은 방대하므로 어떤 명목이든 그 이상 일본에 대해 추가 청구를 하지 못하도록 청구 문제는 할양지역 내부에서 종결된다는 규정을 두고 싶다고 적었다.

일본은 4월 21일 영국 초안에 대한 토의 과정에서 미국으로부터 한국을 서

13) 「平和条約の締結に関する調書Ⅴ 昭和26年2月~4月」, 『日本外交文書 平和条約の締結に関する調書』 第二冊(Ⅳ·Ⅴ), 500쪽(영문); 505쪽(일문).

14) 이하 이 문서의 내용은 「平和条約の締結に関する調書Ⅴ 昭和26年2月~4月」, 591; 596쪽에서 정리.

명국으로 참가시키겠다는 방침을 전달받았다.[15] 한국을 연합국으로 받아들일 것을 몰랐던 일본은 이에 대해 한국이 평화조약에서 독립되는 국가이며 한일 간에는 교전관계가 없다, 종전 시 150만에 이른 재일한국인들이 연합국 지위를 확보할 경우 그들에 대한 재산 회복, 보상 등으로 막대한 재정 부담이 발생한다는 등의 반응을 보이면서 한국의 연합국 참가에 반대했다.[16]

그러나 여러 선행연구를 통해 널리 알려진 이런 일본 측 반응 가운데 일본이 한국과의 과거 처리 문제를 한일 간의 별도 협정을 통해 해결하겠다면서 잠시 요구를 변경했다는 사실은 그다지 주목을 받지 않았다. 앞서 확인한 바와 같이 일본은 한국의 재한일본인 재산 취득으로 패전 이후 한국과의 과거 처리 문제가 모두 해결되도록 하는 것을 줄곧 희망하고 있었다. 그러나 미국으로부터 한국의 서명국 참가 방침을 듣자, 일본은 그것을 막기 위해 잠시 입장을 수정하고 별도 협정을 통해 해결하는 방안을 제안했던 것이다.

주지하는 바와 같이 최종안 4조 (a)항은 바로 한일 간에 문제를 토의하고 해결할 특별조정(special arrangement)을 지시했다. 이 점에서 최종안 4조 (a)항은 결과적으로 한국의 서명국 제외를 실현하기 위해 일본이 내놓은 타협안이 채택된 것이었다. 주의할 것은 최종안 4조 (a)항이 일본이 원래 미국에 요구한 요청 내용이 아니었다는 점에서 반드시 일본 정부의 입장만을 받아들인 것이 아니라는 점이다. 즉 일본에게 한일회담은 한국의 연합국 참가를 막기 위해 내놓은 차선책이었던 것이다.

주지하는 바와 같이 한때 한국을 연합국으로 받아들이려 한 미국은 결과적으로 한국을 제외하기로 했다. 물론 이것은 일본이 바라는 바였다. 그러나 그

15) 「平和条約の締結に関する調書 V 昭和26年2月~4月」, 457쪽.

16) 일본이 제출한 문서는 「平和条約の締結に関する調書V 昭和26年2月~4月」, 660~661쪽(영문 및 일문).

결과 만들어진 6월 14일 미영 합의초안에서는 최종조문 4조 (a)항에 해당하는 규정이 들어갔다.[17] 즉 한일 간의 경제적 과거 처리 문제가 남은 과제로 지정된 것이다.

원래 평화조약에 한국과의 과거 처리 문제가 최종적으로 해결되었다는 내용을 포함시켜야 한다고 일관되게 주장하고 있던 일본에게 그 4조는 실망스러운 내용이었다. 실제 6월 28일 미국으로부터 6·14 미영 공동합의초안을 전달받은 일본은 동 4조에 대해 "할양지역에서의 재산 상속에 대해서는 현지에서 가급적 종결시켜야 한다(사실상의 어려움에서 오는 필요)는 주장을 물리치고 직접 교섭에 의하려고 하는 것이다. 사실상의 어려움은 상상하고도 남을 것이다. 따라서 현지에서 종결하는 방식이 최선이나 ……"라고 실망감을 감추지 않았다.[18]

일본 정부는 그 후에도 특별조정으로 부칠 것을 전달한 4조에 저항하는 자세를 유지했다. 일 외무성은 6월 14일 초안을 검토한 "평화조약 안에 대한 견해"를 7월 2일에 미국에 전했다. 그 가운데 외무성은 특히 한반도 문제를 직접 거론하면서 4조의 실시는 사실상 불가능하며 일본이 종래부터 제시한 바와 같이 각 해당지역에서 문제를 종결시키는 방식이 실행 가능한 유일한 방식임을 역설했다. 아울러 그 초안을 유지할 경우 미국의 절대적인 지원이 필요하게 될 것임을 강조했다.[19] 특별조정 등의 방식을 조약에 포함시킬 경우는

17) 동 초안은 694.001/6-1451, "Revised United States-United Kingdom Draft of a Japanese Peace Treaty", *FRUS, 1951, vol.VI, Asia and the Pacific, Part 1*, pp. 1119~1131 수록.

18) 「平和条約の締結に関する調書VI 昭和26年5月~8月」, 『日本外交文書 平和条約の締結に関する調書』 第三冊(VI), 86쪽.

19) 「平和条約の締結に関する調書VI 昭和26年5月~8月」, 371~372쪽(영문); 374쪽(일문). 또 일본은 그러한 요청과 함께 4조 규정에 나오는 '청구권'에는 '전시배상'을 포함하지 않는다는 것을 명확히 할 것을 요구했다.

향후 미국에게 부담이 돌아갈 것을 지적하면서 미국 정부를 압박한 셈이었다. 일본 정부의 이러한 주장은 7월 2일 시볼드(William J. Sebald)에 의해 즉시 미 국무성에 전문으로 전달되었다.[20)]

이후에도 일본은 집요하게 이 문제에 대해 물고 늘어졌다. 7월 24일 일 외무성은 4조에 관해 다시 장문의 의견서를 미국에 제출했다. 그 가운데 특히 한반도 상황을 다시 직접 거론하면서 일본인이 본토로 귀환함에 따라 그들의 재산이 무책임하게 처리되었다는 점, 그 후 내란 발생 등으로 인해 일본인 재산이 파괴된 상황 하에서 재산이나 청구권 관계의 처리가 너무나 복잡하다는 점, 종전 후 6년간 재산이 완전히 파괴되어 사실관계 파악이 불가능하다는 점, 할양지역의 대일청구권 규모는 일본이 각 지역에 가진 재외재산의 규모와 비교해 작다는 점, 그럼에도 불구하고 그 지역 당국은 상호 교전관계가 없음에도 별다른 이유 없이 배상을 요구한다는 점 등을 지적했다. 일 외무성은 이상을 주장하면서 할양지역과 일본의 청구권 문제를 각 지역에서 일도양단 방식(cutting-the-Cordian-knot way)으로 종결시켜 상호에 일절 청구하지 않기로 하는 것 외에 현실적인 해결 방법이 없다고 역설했다. 일본 정부는 이와 같은 처리의 불가피성을 "종전 후 일본인의 강제 본토 인양 및 종전 후 할양지역에서의 치안 혼란에서 비롯된, 어쩔 수 없는 불행한 결론"으로 단정 지었다.[21)]

그러나 한일 간의 과거 처리 문제를 한일 양국의 직접 교섭에 맡기려는 미국의 방침은 흔들리지 않았다. 결국 주지의 평화조약 4조가 정식으로 규정되

---

20) 694.001/7-251: Telegram "The United States Political Adviser to SCAP(Sebald) to the Secretary of State", *FRUS, 1951, vol.VI, Asia and the Pacific, Part 1*, p. 1171.

21) 「平和条約の締結に関する調書VI 昭和26年5月~8月」, 『日本外交文書 平和条約の締結に関する調書』 第三册(VI), 741~742쪽(영문); 743~744쪽(일문).

었다. 이와 같이 한일 청구권 교섭은 평화조약에서 모든 문제를 종결시키려 한 일본의 대미 교섭이 실패하면서 생긴 '오산'의 산물이었다. 다시 말해 일본의 입장에서 보면, 오늘날까지 남게 된 한국인 개인의 피해 보상 문제 따위는 처음부터 양국 사이에 토의되어야 하는 의제가 아니었던 것이다.

III. 한일 직접 교섭과 일본의 대응

1. 초기 한일교섭 시 일본의 대응

단지 '오산'으로 열리게 된 한일 교섭이 일본에게 식민지지배에 대한 청산을 도모하는 장이 될 리가 없었다. 일본은 예비회담 개최 후 일찍, 예외적인 사정으로 인해 인정해야 할 일부 청구권의 지불에 대한 교섭 가능성은 남기면서도 "우리 측이 보유한 재선(在鮮)재산의 팽대함을 감안하고 한국 측 대일 청구는 원칙으로서 일절 포기시킬 것"[22]을 교섭 방침으로 정했다.

일본 정부가 한국의 청구를 차단하려 한 배경에는 "팽대한 재선(在鮮)일본인 자산을 수중에 두고 있으면서도 일본에 대해 여러 종류의 청구권을 더욱 많이 제기하는 것은 불공정하기 짝이 없다"[23]는 반발이 깔려 있었다. 적어도 경제적으로는 오히려 일본이 보다 많은 재산을 상실한 '피해자'라는 인식을 가지고 있었던 셈이다. 이러한 일본에게 한일 교섭의 목적은, 한국의 재한일본인 재산 취득이 이미 기정사실이었으므로 그것을 이유로 들어 한국의 대일 요구

22) 「日韓両国間の基本関係調整に関する方針(案)」, 外務省日韓会談公開文書(문서번호 1835), 3~4쪽.

23) 「財産請求権処理に関する件」, 外務省日韓会談公開文書(문서번호 536), 3쪽.

를 가급적 봉쇄하겠다는 것 외에 아무것도 아니었다.

1952년 2월 20일부터 예정된 제1차 한일회담 청구권 교섭을 앞두고 일 외무성은 1월 말경부터 2월 초에 걸쳐 구체적인 교섭 방법 검토에 들어갔다. 1월 23일 작성된 교섭 방법에서 외무성은 교섭을 바라보는 현실적인 판단과 더불어 그에 맞는 큰 방침을 정했다.[24] 1952년 벽두에 외무성은 한국의 대일 청구권보다 재한일본인 재산이 훨씬 크다는 인식을 드러내면서도 북한 소재의 재산은 물론, 남한 소재의 재산도 청산, 파괴 등으로 손실되어 있는데다 한국 경제의 악화로 사실상 반환, 보상의 전망이 없는 이상, 교섭 자체가 일본에게 불리하다는 것, 더구나 한국이 일방적인 입장에 서서 억지 주장을 해올 것이 예상되므로 애초 교섭이 장기화될 것을 명심하고 한국을 충분히 압박한 후에 대승적으로 해결한다는 방침을 세웠다. 이상의 큰 방침에 따라 초기 교섭 방법으로서 외무성이 보다 구체적으로 정한 방법 중 주목되는 것은 다음과 같다.

- 확실한 증거의 첨부를 요구할 것. 이는 방대한 청구를 견제하고 또 한국전쟁으로 인해 한국이 자료를 결여하고 있으므로 일본에 유리함.
- 국제적 선례에 따라 영토 분리에 따른 청구권 교섭에서는 사유재산의 존중이 배경이 되는 것이므로 한국의 대일 요구를 위해서는 한국이 재한일본인 재산을 존중할 의사가 있음을 밝힐 필요가 있다는 점을 인식시킬 것.
- 한국이 군정령 33호로 인한 몰수를 주장할 경우에는 북한에 있는 일본인 재산이 그 조치와 무관하므로 청구할 수 있음을 인식시키고, 동 33호로 인한 몰수 조치에 대해서도 법적 성격을 검토할 것을 요구할 것. 그 경우

24) 이하 이 문서의 내용은 「請求権問題会談の初期段階における交渉要領」, 外務省日韓会談公開文書(문서번호 537), 1~5쪽에서 정리.

재한일본인 재산에 관해 적어도 매각 대금은 청구할 수 있다는 입장을 취하고 국제사법재판소에 소송을 제기하더라도 싸울 마음가짐을 가질 것.

– 재한일본인 재산은 일본이 한국을 수탈한 것임을 주장할 경우에는 일본의 식민 통치의 실적 및 국제법의 원칙 등으로 반박할 것. 한국이 국유재산의 무상몰수 등을 주장할 경우도 그와 어긋나는 선례가 있음을 들어 처음부터 양보하지 않도록 할 것.

이와 같이 일본에게 한일회담은 식민지지배를 반성하고 그 책임을 청산함으로써 한국과의 화해를 도모하기 위한 장이 아니었다. 이 점은 이상 살펴본 일본의 인식뿐만 아니라 일 외무성이 내부적으로 혹시 한국이 식민지지배의 수탈성을 주장할 경우 식민지 통치의 실적을 내세울 것을 초기 방침으로 세우고 있었던 데에서도 여실히 드러난다. 이른바 '구보다 발언'[25]은 결코 개인의 역사관에서 터져 나온 우연한 일이 아니라, 회담 초기 정해져 있던 외무성 내부의 교섭 방침이 반영된 것이었다. 이뿐만이 아니다. 일본은 한국전쟁 등으로 인해 한국이 청구에 필요한 증명 자료 등을 제출하기 힘든 상황을 역이용하여 굳이 그 증명을 요구함으로써 한국을 불리하게 할 전략도 구상하고 있었다.

그런 일본에게 한국의 '부당한 요구'를 차단하는 전략적 요체는 물론 일본인 재산 몰수 문제였다. 일본은 교섭에 들어갈 조건으로 한국이 최소한 재한일본인 사유재산 존중을 약속할 것을 내세웠다. 평화조약 체결 과정에서 일본인 재산이 사유재산까지 포함해 모두 최종적으로 몰수된 것으로 인식하고 있던 일본이 한국과의 직접 교섭에 들어서면서부터는 그것을 부정하는 자세로

25) 구보다 발언이 터진 토의 과정 및 그 내용 등에 관해서는 장박진(2009), 『식민지 관계 청산은 왜 이루어질 수 없었는가: 한일회담이란 역설』, 287~298쪽.

돌아선 것이다.

이에 따라 일본은 1952년 3월 6일에 열린 제5회 위원회에서 평화조약 4조 (b)항에 따라 미국이 재한일본인의 재산 처분을 승인한 것은 최종적인 소유권의 이전이 아니라 관리책임의 이양을 승인한 것에 불과하고, 동 재산의 처리 문제 역시 4조 (a)항에 따른 한일 간의 특별조정 문제에 포함된다는 입장을 천명했다.[26] 즉 일본은 한국의 대일청구권을 봉쇄하기 위해 재한일본인 재산의 한국 취득을 내세우면서, 재한일본인 재산의 처분 승인을 규정한 주지의 4조 (b)항의 존재에도 불구하고 아직 일본이 한국에 대한 청구권을 보유하고 있다는 이른바 '역청구권'의 입장을 공식화한 것이다.

여기서 한걸음 더 나아가 일본은 보다 강경한 자세를 보였다. 향후의 교섭 진행과 관련된 처리 원칙을 위해 제시한 "일한 양국 간에 결정되어야 할 재산 및 청구권의 처리에 관한 협정의 기본요강"을 통해, 일본은 제1항 "① 일한 양국은 양국 국민의 상대에 대한 정당한 권리를 상호로 확인하고 그 권리가 제한되어 있을 경우는 그것을 회복하는 조치를 취한다"면서 상호에 청구권을 가지고 있음을 확인한 후, 제1항으로서 "② 전(前) 항의 권리가 침해당하고 있을 경우는 원상회복 또는 손해배상의 책임을 진다"라는 원칙을 내세웠다.[27]

즉 일본은 역청구권의 존속을 주장한 것뿐만 아니라 비록 '한국전쟁'이라고는 직접 명시하지 않았으나 제1항 ②를 통해 청구권 권리가 침해당하고 있

26) "제5차 청구권위원회 경과보고", 『제1차 한일회담(1952.2.15~4.21), 청구권분과위원회 회의록, 제1차~8차, 1952.2.20~4.1』, 350~359쪽; 「日韓会談第五回請求権委員会議事要録」, 外務省日韓会談公開文書(문서번호 1181), 5~11쪽. 동 위원회에서 일본이 전개한 보다 상세한 주장은 장박진(2009), 『식민지 관계 청산은 왜 이루어질 수 없었는가: 한일회담이란 역설』, 273~274쪽에서 이미 고찰하고 있다.

27) 기타 내용도 포함한 기본요강의 내용은 「日韓会談第五回請求権委員会議事要録」, 外務省日韓会談公開文書(문서번호 1181), 2~4쪽.

을 경우 그 보상을 요구할 수 있는 가능성을 설정함으로써 사실상 한국전쟁으로 인한 일본인 재산의 피해에 대한 손해배상 요구마저 제기할 수 있음을 암시한 것이다.

결국 제1차 한일회담은 한국이 당연시한 대일 일방적 요구에 대해 일본이 전면적으로 맞서는 입장을 공식화함에 따라 결렬될 수밖에 없었다. 식민지 관계를 청산한다는 과제를 외면하려 한 일본의 자세는 뒤이어 재개된 제2차 한일회담에서도 변함이 없었다.

역청구권에 직면한 한국은 재한일본인 재산을 몰수하고 한국 정부로 이양한 당사자 미국에게 평화조약 4조 (b)항의 해석을 요청했다. 그 결과 미국은 1952년 4월 29일자로 각서를 제출했다. 이 각서에서 미국은 재한일본인 재산의 취득과 한국의 대일청구권을 관련시키긴 했지만 일단 일본의 직접적인 대한 역청구권은 존재하지 않는다는 입장을 천명했다.

이 상황을 맞이해 일본 정부는 한일회담 재개를 전망하면서 "회담 중절 이후의 새로운 사태의 발전에 대응하기 위해 종래의 일본안을 재검토할 필요"[28]가 있음을 인식했다. 일본 정부가 지적한 '새로운 사태'는 물론 미국의 각서 제출이었다. 이로 인해 직접적인 대한 역청구권을 주장하지 못하게 된 일 외무성은 1952년 7월 18일 내부적으로 미국의 각서로 인해 한국 역시 일방적으로 대일청구권을 주장하지 못하지만 한국 정부의 법 이론이 강화되었고, 따라서 제1차 한일회담에서 고수하기로 한 군정법령 제33호를 계속 거듭하는 것은 피할 필요가 있다는 인식을 드러내기 시작했다.[29] 즉 내부적으로는 역청구권 주장을 삼가야 한다는 인식을 가지고 있었던 것이다.

28) 「第二段階における請求権問題」, 外務省日韓会談公開文書(문서번호 655내), 2쪽.

29) 「請求権財産問題折衝要領に関する件(第二段階における)」, 外務省日韓会談公開文書(문서번호 655내), 2~6쪽에서 정리.

또 일 외무성은 역청구권 주장과 관련해서 한국이 방대한 것을 요구할 계획이라는 점이 전해지고 있었으므로 국민경제 자위의 입장에서 그에 대응하는 법 이론을 취할 수밖에 없었다고 말했다.[30] 즉 외무성은 원래 요구도 하지 못하는 역청구권이 한국의 방대한 대일 요구에 대응하기 위한 전략에 불과하다는 것을 스스로 드러내고 있었던 셈이다. 그럼에도 일본은 실제 제2차 한일회담이 시작되자 역청구권을 계속 유지하는 태도를 보임으로써 회담을 어렵게 하는 자세로 일관했다. 제2차 한일회담은 제1차 한일회담의 결렬을 거울삼아 법적인 토의를 삼가고 사실관계 파악을 위한 실무적인 방식으로 진행한다는 양국 합의하에 진행되었다. 이에 따라 한국은 5월에 3번에 걸친 비망록(aide-memoire)을 통해 상세한 대일 요구 목록을 제출했다.[31]

그러나 한국이 대일 요구의 내역을 어느 정도 밝히자, 일본은 한국으로부터 마지막 비망록이 제출된 같은 5월 28일, 그에 대항하기 위해 한국에 대해 재한일본인 재산에 대한 조회를 요청했다. 그 구체적인 내역은 다음 〈표 1〉과 같다.[32]

즉 일본 정부는 미국 각서로 인해 적어도 직접적으로는 대한 역청구권이 부정되었음에도 불구하고 미군정 개시 이후 재한일본인 재산의 관리 상황, 기타 한국전쟁으로 인한 피해 상황 등에 대한 조회를 요청함으로써 향후도 한국

30) 「請求権問題に関する陳述書」, 外務省日韓会談公開文書(문서번호 655내), 2~3쪽에서 정리.

31) 각 비망록은 "AID-MEMOIRE on talking of the 14th may, 1953", "AID-MEMOIRE on talking of the 23th may, 1953", "AID-MEMOIRE on talking of the 28th may, 1953"으로서 「日韓交渉会議議事要録(12) 第二回請求権関係部会」, 外務省日韓会談公開文書(문서번호 693내) 뒤에 수록되어 있다. 우리 측 2차 회담 관련 기록에서는 단편적인 기록만이 있으며 비망록 자체는 수록되어 있지 않다.

32) 그 내용은 「照会事項(日本側)」, 外務省日韓会談公開文書(문서번호 693내).

〈표 1〉 일본이 제출한 재한일본인 재산에 관한 조회 요청 내용

<table>
<tr><td rowspan="6">미 점령군 진주 후 일본 관련 재산의 상환</td><td rowspan="3">일본인이 지배하던 기업 또는 사업 관리 상황</td><td>한국에 본점 또는 주된 사무소를 둔 것의 관리 방법(주식, 출자, 지분), 그들 법인의 지속 또는 신법인으로의 개편 여부, 임원들의 미불 급여 및 퇴직금 처리</td></tr>
<tr><td>본점이 일본에 있는 기업 등의 관리 상황</td></tr>
<tr><td>미 점령 지역에 소재한 기업들의 정리 상황</td></tr>
<tr><td>일본인이 소유하던 다음 재산들의 관리 상황</td><td>토지, 건물, 기타 공작물; 선박; 주식, 출자, 지분, 사채 등; 일본은행권, 조선은행권, 대만은행권; 예금, 대부금등 채권; 광업권, 어업권 등의 권리; 특허, 저작권, 상표권, 실용신안(新案)권 등 무체재산권; 차입금 등의 채무</td></tr>
<tr><td colspan="2">조선총독부 대부금, 출자금 채권의 상황</td></tr>
<tr><td colspan="2">국유재산 중 철도, 항만, 통신시설 등의 기업용 재산의 관리 상황</td></tr>
<tr><td rowspan="5">기타</td><td colspan="2">위에서 제기한 각 재산 등이 미국에서 한국 정부에게 인계된 방법 등</td></tr>
<tr><td colspan="2">한국이 그 후 그들 재산에 대해 취한 조치들의 내용</td></tr>
<tr><td colspan="2">그들 재산이 한국전쟁으로부터 받은 영향</td></tr>
<tr><td colspan="2">그들 재산의 현재 상황</td></tr>
<tr><td colspan="2">그들 재산에 관한 관계법령 및 관계 계수(係數)</td></tr>
</table>

의 일방적인 대일 요구를 봉쇄해나가겠다는 의지를 과시한 셈이었다.

일본의 이와 같은 대응의 배경에는 대한청구권을 포기할 경우 국내 보상 문제가 생길 것을 우려한 대장성의 반대도 있었다.[33] 그러나 그와 더불어 특히 주목할 것은 수석대표 구보다[久保田貫一郎]를 비롯한 대한 강경 인식의 작용이다.

1953년 6월 13일 구보다 수석대표는 한국전쟁 휴전의 결과 통일정부가 수립될 것인지 아니면 남북이 계속 대립하게 될 것이지 정세가 불투명하고, 한일회담을 시급히 타결해야 할 필요가 없다고 판단했다. 이와 더불어 다음과

33) 대장성의 반대 자세는 예컨대 「外務大蔵第二回請求権問題打合せ会」, 外務省日韓会談公開文書(문서번호 657내), 3~5쪽 등에서 확인 가능하다.

같은 인식을 드러내면서 한일회담 조기 타결에 제동을 걸었다. 일본 외교의 기조가 유엔 협력에 있으며 이승만이 유엔 휴전안 반대 입장을 취하고 있는 상황을 고려할 때, 그간 이승만의 반일적인 태도를 본다면 보복하는 것도 무의미하지 않다, 강경태도를 보이는 것도 향후 교섭 재개에 즈음하여 유리하다, 일본이 한일협정 교섭 타결을 통해 세계에서 버려지고 있는[見放される] 이승만을 지지하는 것은 국제적인 만화풍경(漫画風景)이며 국회에서 예사롭지 않은 반대에 봉착될 것이다.[34] 즉 구보다로 대표되는 당시 일본 정부의 인식에서는 일본의 역청구권 제기로 인해 경색된 한국의 대일 자세가 식민지 피해에 대한 인식에서 유래한 것이라는 한국 측의 불신감이 보이지 않았던 것이었다.

결국 제2차 한일회담은 이와 같은 일본 측 내부 의견에 따라 한국전쟁 휴전 교섭 등의 유동적인 정세를 이유로 휴회에 들어갔다. 그러나 그 휴회는 일시적인 휴회가 아니었다. 제3차 한일회담을 앞둔 1953년 10월 2일, 일본은 한일 교섭 재개를 위한 사전협의회를 열어, 회담 진행에 관한 관계 각성의 내부 의견 조율에 나섰다. 그 가운데 제2차 한일회담에 이어 일본 측 수석대표직을 맡은 구보다는 이미 3차 회담의 결말을 예고하고 있었다.

구보다는 한국이 상호 양보의 성의를 가지고 회담에 임하려 하는지 의심스럽다는 전망에서, 이번 회담에서도 한국의 의향을 더 타진할 필요가 있다, 혹시 한국이 회담 기간 중 어선 나포 등으로 압력을 가한다면 현재의 한일관계를 한층 더 악화시키는 결과가 되더라도 회담의 자진 단절[打ち切り]을 고려해야 한다, 위원회 진행과 관련해서도 이번에는 일본이 공세적으로 나서서 지난 회의에서 제기한 재한일본인 재산의 관리 상황 등에 대한 한국의 회답을 요구하

34) 「無題」, 外務省日韓会談公開文書(문서번호 1054), 1~4쪽.

는 것이 좋다는 등의 강경 의견을 내놓고 있었다.[35)]

카이로선언에 규정된 한국인의 '노예상태'라는 표현을 전시 중의 흥분의 결과라고 평가절하하고 오히려 일본의 식민지 통치가 한국인들에게 은혜를 베풀었다고 주장함으로써 한일회담을 장기 중단 상태로 몰아간 구보다 발언이 터져 나온 것은 바로 그 사전협의회로부터 약 2주 후인 15일의 일이었다. 구보다를 비롯하여 일본의 식민지 통치가 한국인들에게 은혜를 베풀었다고 주장하는 당시 일본 정부 관료의 머릿속에 한일회담이 한국인 개인이 겪은 피해에 대한 책임을 인식하고 그것을 청산하는 장이 되어야 한다는 의미가 들어갈 여지는 처음부터 없었던 것이다.

2. 청구권 교섭의 본격화와 일본의 대응

구보다 발언을 계기로 장기 중단 상태에 빠진 한일회담은 그 후 4년을 넘는 기나긴 물밑 교섭을 통해 겨우 재개되었다. 그러나 재개된 제4차 한일회담 청구권 교섭 역시 재일한국인들을 북한에 송환하려는 이른바 '북송 문제' 등 격한 대립 사항이 겹치면서 실질적으로 진전되는 일은 없었다. 이에 따라 식민지 통치에 따른 피해 문제가 한일 간에서 논의되는 일도 당연히 없었다.

결국 한일회담에서 구체적인 청구권 논의가 진행되기 시작한 것은 이승만 정권이 붕괴되고 장면 정권이 들어서면서 개최된 제5차 한일회담 개회 이후의 일이었다. 한국의 제2공화국 출범을 맞아 일 외무성은 1960년 8월 25일 제5차 한일회담에 임하는 기본방침을 세웠다. 그 방침에서는 한국의 신정권

35) 「再開日韓会談第一回各省打合会議事録」, 外務省日韓会談公開文書(문서번호 1059), 7~9쪽.

성립에 따라 한일 간의 공기가 개선되고 있으며, 과거의 경위를 고려할 때 일본이 각오를 가지고[肚を決める] 그것을 한국에 대해 제시하지 않는 한, 이 이상 회담의 진전은 어렵다고 전망했다. 이에 따라 이승만 정권 말기에는 어업 문제에 대해 한국이 타협하지 않는 한 교섭을 진전시키지 않는다는 종래의 방침을 수정하고, 각 문제마다 해결해나간다는 온건한 방침도 구상했다.[36] 외무성이 한일 교섭에 본격적으로 나설 입장을 드디어 굳히기 시작한 것이었다.

이처럼 협상의 현실적 타결을 구상하기 시작한 일본은 그 해결 방법으로 경제원조 방식을 구체화했다. 10월 6일 일 외무성은 청구권 문제를 상호 포기로 이끌기 위한 유인책으로 경제원조 방안을 활용할 것을 밝히고 있다.[37] 즉 한일협상 타결을 의식한 일본은 문제를 식민지지배에서 연유하는 한국의 대일청구권 문제로서가 아니라 오히려 경제원조 문제로서 처리하는 방안을 구체적으로 구상하기 시작했던 것이다.

이에 따라 한국이 제1차 한일회담 이후 대일8항목 요구로서 일본에 제기하던 구체적인 항목 교섭은 문제를 해결하기 위한 절차가 될 리 없었다. 10월 14일의 사전 협의에서 대장성이 정치적인 의미가 없으며, 따라서 순수 청구권으로서 인정하기 쉬운 미불급여 등도 화폐가치의 변동을 고려하면 현실적으로 처리하기 어렵고, 위로금 같은 방식으로 지출하는 것 역시 타이완이나 중국과의 처리에 영향을 미친다고 우려하자, 일 외무성은 위원회 토의에서 결국 "숫자로 이야기를 결정하는 것은 불가능하다"는 것을 한국에게 납득시킬

36) 「第5次日韓全面会談に関する基本方針(案)(閣議了解案)」, 外務省日韓会談公開文書(문서번호 1407), 1~2쪽; 4쪽에서 정리.

37) 「日韓会談準備のための省内打合会に関する件」, 外務省日韓会談公開文書(문서번호 1408내), 5쪽.

필요가 있다고 밝혔다.[38] 즉 현실적인 타결을 전망한 5차 회담에 이르러, 외무성은 위원회 토의를 청구권으로서 문제를 해결하기 위한 장이 아니라 반대로 그 명칭으로는 문제 해결이 어렵다는 점을 각인하는 장으로 활용할 것을 다짐한 셈이었다.

제5차 한일회담에서 한국은 구체적인 토의 개시를 위해 이미 제출하던 대일 8항목 요구에 따른 세부항목 요구를 정식으로 제시했다. 그중 인적 피해 보상 요구를 포함한 제5항 및 그와 관련된 세부항목을 정리하면 〈표 2〉와 같다.[39]

즉 한국이 인적 피해와 관련해 정식으로 제기한 것은 전쟁으로 동원된 군인·군속과 일반노무자 등 피징용 한국인의 미수금 및 보상 문제였다. 이유가 어쨌건, 한국이 인적 피해에 기초한 개인청구권 문제의 요구 범위를 피징용자 문제에 한정한 이상, 그 후 한일회담에서 위안부 여성 문제 등을 비롯한 기타 개인청구권 문제에 대한 논의가 이루어지는 일은 없었다. 또 일부 비공개 부

〈표 2〉 제5차 한일회담에서 제시된 정식 대일8항목 요구 제5항 및 그중 인적 피해와 관련된 세부항목

제5차 한일회담에서 제시한 제5항	제5항 중 개인청구권 관련 소항목
한국법인 또는 한국 자연인의 일본국 또는 일본국민에 대한 일본국채, 공채, 일본은행권, 피징용 한인의 미수금, 보상금 또는 기타 청구권의 변제를 청구함	3) 피징용자 미수금 4) 전쟁으로 인한 피징용자의 피해에 대한 보상

38) 「第5次日韓会談に臨む日本側態度決定のための第3回各省代表打合会議概要」, 外務省日韓会談公開文書(문서번호 1408내), 10~11쪽.

39) 8항목의 제출은 제1회 청구권위원회에서, 또 그에 속한 각 세부항목의 제출은 다음 제2회 청구권위원회에서 이루어졌다. 8항목의 제출 기록은 『제5차 한일예비회담 일반청구권 소위원회 회의록, 1~13차, 1960~61』, 11~12쪽; 「第5次日韓全面会談予備会談の一般請求権小委員会第1回会合」, 外務省日韓会談公開文書(문서번호 83), 7~8쪽. 또한 세부항목의 제출 기록은 같은 한국 문서, 21~23쪽; 「第5次日韓全面会談予備会談の一般請求権小委員会第2回会合」, 外務省日韓会談公開文書(문서번호 84), 5~8쪽.

분이 남았으나 지금까지 확인된 일본 측 내부 문서에서도 한국이 제기하지 않았던 기타 개인 피해 문제가 일본 내부에서 검토되었다는 흔적은 없다. 결국 개인청구권 문제의 대부분은 전혀 다루어지지도 않는 채 '해결'되었다고 된 것이었다.

제5차 한일회담 및 다음 박정희 정권하에서 개최된 제6차 한일회담에서 그나마 논의된 징용자 문제와 관련해 먼저 한국이 요구한 미수금 2억 3,700만 엔에 대해 일본은 금액에 관해서는 수정의 여지를 보였으나 기본적으로 그 지불에는 동의했다. 실제 징용자 문제 토의를 위해 따로 조직된 징용자관계전문가위원회 제4회위원회(1962년 2월 27일)에서 일본은 아직 조사 중이라고 하면서도 구체적으로 한국이 제기한 요구액 약 2억 3,700만 엔 가운데 법무성 관계에서 중복 약 6천만 엔, 또 노동성 관계에서 약 1억 엔 가량의 착오가 존재한다고 밝혔다.[40] 이와 같이 비록 지불 수치에 관해서는 수정의 여지를 보였으나 이미 제6차 한일회담 제10회 청구권위원회(1962년 2월 8일)에서 "납득할 수 있는 숫자를 밝히고 지불하겠다는 생각"이라고 언급했다.[41] 일본이 한국의 요구를 승인한 것은 물론 그 요구가 미수금으로 남게 된 단순한 재산권에 기인한 문제였기 때문이다. 다시 말해 일본의 승인은 식민지 피해와 전혀 무관한 요구였기에 가능한 것이었다.

그러나 한국이 '4) 전쟁으로 인한 피징용자의 피해에 대한 보상'을 요구하

---

40) 「일반청구권위원회 제4차 전문위원회의 회의록」, 『제6차 한일회담 청구권위원회회의록, 1~11차, 1961.10.27~62.3.6』, 291쪽; 「一般請求権徴用者関係等専門委員会第4回会合」, 外務省日韓会談公開文書(문서번호 1224내), 8쪽.

41) 「일반청구권소위원회 제10차 회의 회의록」, 『제6차 한일회담 청구권위원회회의록, 1~11차, 1961.10.27~62.3.6』, 236쪽; 「第6次日韓全面会談の一般請求権小委員会第10回会合」, 外務省日韓会談公開文書(문서번호 1220), 15쪽. 단 일본문서에서는 "쌍방이 납득하는 금액을 기초로 검토를 계속할 것"이라고 언급되어 있다.

면서 그것을 식민지 피해의 성격과 일부 관련시키자 일본은 대응을 달리했다. 이 문제가 처음 본격적으로 논의된 제5차 한일회담 제13회 위원회에서 한국은 그러한 요구가 '새로운 기초'에서 비롯된 것이라고 강조했다. '일본 국민이 전쟁을 위해 징용당하는 것은 당연한 것이나 당시 한국에서는 그냥 길을 걸었던 사람들을 강제로 끌고 가 마치 소나 말처럼 격한 노동에 종사하게 한 것이며 그것이 카이로선언 등에서 반영되었다'고 주장한 것이다.[42] 이처럼 한국은 위원회 토의에서 징용한국인 보상 문제가 일정 부분 식민지 통치 피해에 기초한 것임을 부각시켰다.

그런 한국 측 요구에 대해 일본은 제6차 한일회담 제10회 위원회에서 피징용 한국인이 당시 일본인으로서 같은 법적 지위에 있었음을 강조하면서 전후 일본 국민에 대해서도 취하지 않고 있는 보상 조치를 취할 수 없다고 말하며 거절했다. 그리고 '피징용 미수금'으로서 같이 지불하는 방안을 제시했다.[43] 즉 일본은 비록 일본 국민에 대한 지원 조치의 범위에서 지불하는 것마저 완전히 거절하려 한 것은 아니었으나, 원래 외국인이 겪지 않아도 되는 부당한 피해를 입힌 것에 대한 보상의 의미로서 지불하는 것은 인정하지 않았던 것이다. 물론 이는 한일병합이 조약으로 인해 합법적으로 이루어졌고 따라서 그에 따른 동원 역시 합법이었다는 입장에서 비롯된 결과였다. 다시 말해 이는 일

42) 제13회 위원회에서의 '전쟁으로 인한 피징용자의 피해에 대한 보상' 문제의 토의 내용은 「한일 예회 제79호, 일반청구권소위원회 제13차 회의 회의록 송부의 건」, 『제6차 한일회담 청구권위원회회의록, 1~11차, 1961.10.27~62.3.6』, 373~379쪽; 「第5次日韓全面会談予備会談の一般請求権小委員会の第13回会合」, 外務省日韓会談公開文書(문서번호 95), 18~32쪽에서 정리.

43) 동 피징용 한국인의 보상 문제에 관한 제10회 위원회의 토의 내용은 「일반청구권소위원회 제10차 회의 회의록」, 『제6차 한일회담 청구권위원회회의록, 1~11차, 1961.10.27~62.3.6』, 236~237쪽; 「第6次日韓全面会談の一般請求権小委員会第10回会合」, 外務省日韓会談公開文書(문서번호 1220), 17쪽.

본 국민에게 적용되지 않는 '보상' 개념으로 지불할 경우 생길 '피해에' 대한 '사과'라는 정치적인 색채를 피하려는 의도를 담고 있었다. 실제 동원된 일본 국민들에 대한 지불의 주된 근거가 된 1952년의 "전상병자전몰자유족등원호법" 등에서도 그 목적은 군인·군속들의 부상, 사망 등에 대한 '원호'에 불과했다.

그러나 '보상' 개념을 피함으로써 식민지 피해에 대한 청산 문제를 외면하려 한 것은 개별적인 지불 항목만의 문제가 아니었다. 주지하는 바와 같이 그 후 한일 교섭은 현실적인 타결을 위해 김종필 중앙정보부장과 오히라[大平正芳] 외무대신 간에 합의를 본 총액 타결 방식을 취하게 되었다. 총액으로 인한 타결 방식을 구체화하는 가운데 일 외무성은 비록 '경제원조'라는 명칭을 사용하면서도 정부 및 민간 차관 이외에 일단 3억 달러를 '무상'으로 제공하는 것에 합의했다. 그러나 '무상'이기에 그나마 식민지지배책임 청산의 의미와 가장 가까운 그 3억 달러의 성격에 대해서조차 공식적으로는 보상과 전혀 무관한 것으로 해석해야 한다고 내부적으로 다짐했다. 실제 외무성은 무상으로 제공하는 자금 부분의 의미와 관련해 다음과 같이 인식해야 한다고 강조했다.[44)]

> 그것은 법적 근거가 있는 청구권으로서의 지불이 아님은 물론, 도의적, 정치적, 기타 비법률적인 요인을 고려한 위로금(見舞金)과도 그 성격을 전혀 달리한다. 즉 그와 같은 무상원조는 적어도 전후 처리의 일환으로서의 청구권 처리 문제와는 전혀 무관(無縁)한 것이며 그와의 관련성으로서는 합리적으로 설명할 수 있는 것도 아니다. 따라서 무상원조를 진행한다면 평화조약 4조 (a)에 기초한 약정과 전혀 다른 형식을 취할 필요가 있으며 그것은 정치적인 판단과 결정에 찾을 수밖에 없다. 일단 그에 관한 설명은 다음과 같다.

44) 「日韓請求権処理に関する問題点(討議用資料)」, 外務省日韓会談公開文書(문서번호 1740), 20~21쪽.

– 종래 일본의 일부였던 한국 독립에 즈음한 배려 및 발전을 위한 일조
– 안전보장이란 반공 방파제를 위한 출자
– '이라인'(=평화선–저자) 철폐 실현을 통한 어민 구제를 위한 필요한 대가

즉 일본 정부는 무상 조건으로 제공할 지불 부분에 대해서조차 그것이 한국과 일본이 식민지 관계였던 사실에 근거하여 규정된 평화조약 4조에 기초해 한국이 법적으로 가지고 있는 대일청구권에 근거해 지불하는 것이 아님은 물론, 도의적 책임에 입각한 성격의 자금도 아니라는 입장을 취했다. 일본의 입장에서 그 자금은 그저 '한국 독립에 즈음한 배려', '안전보장에 대한 출자', 아니면 '평화선 철폐에 따른 한국 어민의 보호' 자금에 불과했던 것이다.

물론 한국과의 합의가 필요한 최종 협정에서는 무상자금 제공의 근거가 위의 세 가지 이유들과 직접 연결되는 일은 없었다. 또 교섭 과정에서 청구권 개념을 남길 것을 강하게 주장한 한국 측과의 타협으로 인해 최종 협정은 "청구권 문제 해결과 경제협력"을 위한 협정으로 정해졌다. 이에 따라 유일하게 법적 효력을 가진 최종 협정은 표면상 평화조약 4조와의 연관성을 일부 남기게 되었다. 그러나 한국과 체결하는 협정이 평화조약 4조와 전혀 무관하다는 일본 정부의 입장에는 변함이 없었다.

1965년 4월 3일의 가조인에서 실제 청구권 문제 해결의 대강에 대한 합의가 이루어졌다. 가조인을 위한 교섭이 한참 진행되던 3월 22일, 일 외무성 조약과는 김–오히라 합의에 기초해 한국과 체결될 조약의 의미와 관련해 그것이 평화조약 4조에서 규정된 특별조정이 아님은 물론 그 '일종'도 아니며, 또 특별조정에 '대신하는 것'도 아니라는 입장을 공식적으로 취했다. 경제협력은 그 자체로서 재산 및 청구권 문제를 처리하는 것이 아니며, '일종'이라 하더라도 특별조정이 되며, '대신하는 것'이라고 해도 특별조정이 도모하고자 했던

목적을 달성하는 것을 목표로 한다는 인상을 주기 때문이라는 것이 조약과의 입장이었다.[45)]

이처럼 일본 정부는 교섭 막판에 이르러 한국과의 협정과 과거 처리와의 법적 관계를 철저히 끊는 입장을 굳혔다. 물론 이와 같은 일본 정부의 입장은 최종협정 체결 후의 공식적인 입장으로 이어졌다. 한일회담 타결 후, 일본 정부는 협정의 성격을 다음과 같이 해설하고 있다.

> 경제협력의 증진과 청구권 문제의 해결은 동일한 협정의 내용이 되어 있으나 …… 양자 간에는 아무런 법률적인 상호관계는 존재하지 않는 것이다. …… 명문화된 협정의 내용을 말하면 제1조에 규정한 5억 불의 자금 공여는 한국 측이 말하는 것과 같은 한국의 대일청구에 대한 채무 지불의 성격을 가지는 것이 아님은 말할 필요도 없는 것인 바, …… 어디까지나 경제협력으로서 이루어지는 것에 불과하다. 이와 같은 공여와 병행해서 재산 및 청구권에 대한 문제에 대해서는 완전히 그리고 최종적으로 해결된 것으로, 양국 간에 어떠한 문제도 존재하지 않게 된다는 것을 확인한 것이 제2조의 취지이다.[46)]

이와 같이 교섭 중에 나타난 견해에 이어 법적 효력을 가지는 최종협정에 대해서도 일본은 무상자금까지 포함해 경제협력으로서 제공할 자금이 법률적으로 청구권 문제와는 전혀 무관하다는 것을 공식 입장으로 삼았다. 그럼에도

45) 「大平金了解に基づく請求権問題解決と「特別取極」」, 外務省日韓会談公開文書(문서번호 1381내), 30~32쪽. 평화조약 4조와 무관한 경제협력으로 인해 왜 4조에 기초한 재산 및 청구권 문제가 해결될 수 있는가라는 논점에 관해 조약과는 동 4조는 문제 해결을 당사자 간에 맡기는 취지의 규정이므로 어떠한 해결 방식에 합의해도 그것은 평화조약 위반이 되지 않는다는 입장을 취하고 있다.

46) 谷田正躬(1966), 「請求権問題」, 谷田正躬·辰巳信夫·武智敏夫編集, 『日韓条約と国内法の解説』, 大蔵省印刷局, 62~63쪽.

평화조약 4조에 기초한 청구권 문제가 '병행'해서 해결되었다는 불가사의한 해석을 취했다. 이에 따라 각 피해자들은 직접 사과도 보상도 받지 못한 채, 법적으로는 무관한 국가 간의 경제협력 자금 제공으로 인해 개인의 청구권 문제가 '해결'되었다는 불합리한 상황에 놓이게 된 것이다.

IV. 맺음말

이상 평화조약 4조 (a)항으로 인해 법적으로는 대등한 관계가 되면서 일본의 식민지 통치에 따른 한국인의 개인청구권 실현의 핵심적인 요소가 된 일본 정부의 한일회담 인식과 한일회담 개최 후의 교섭 대응들을 살펴봤다.

전후 일본 정부에게 한일회담은 원래 재한일본인 재산을 한국이 취득했기 때문에 개최되지 않아야 하는 것이었다. 일본에게는 오히려 자신들이야말로 적어도 경제적으로는 보다 많은 부(富)를 상실한 '피해자'인 만큼, '이유도 없이 배상을 요구할' 한국과 과거사 처리에 나서야 하는 이유는 어디에도 없었다. 한일회담은 당초부터 대미 교섭에 실패한 '오산'의 산물에 불과했다.

그런 일본에게 본의 아니게 열리게 된 한일회담이 한국인 개인의 청구권 문제를 청산하기 위한 장이 될 리가 없었다. 회담 개시 초기 일본에게 중요한 문제는 식민지 통치 기간 중 입게 된 한국인 개인의 피해를 아물게 하는 것이 아니라 그 문제를 포함해서 한국의 모든 대일청구권을 봉쇄하는 것이었다. 이렇게 하여 일본은 평화조약 체결 과정에서 이미 재한일본인 재산에 대한 처분이 최종 몰수임을 인지하고 있었으면서도 한일 직접 교섭에서는 '역청구권'을 제기했다. 심지어 거기에 한국전쟁으로 인해 파괴된 일본인 재산도 포함될 것을 암시했다. 이로 인해 한일회담은 소모적인 대립을 거듭하면서 장기간 파행을 거듭하게 되었다.

이승만 정권 붕괴 후 드디어 현실적인 타결을 구상하게 된 일본은 이를 위해 경제협력이라는 총액 방식으로 해결하는 방안을 모색하기 시작했다. 그 결과 일본은 '무상'으로 제공하는 자금조차 '법적 근거가 있는 청구권'이 아님은 물론, '도의적, 정치적, 기타 비법률적인 요인을 고려한 위로금'도 아닌 '전후 처리의 일환으로서의 청구권 처리 문제와는 전혀 무관한 것'으로 만들었다. 즉 법적 책임을 인정한 것도, 도의적 책임이 담긴 것도 아니었던 것이다. 또 실제 체결된 협정에 대해서도 일본은 자신이 제공하는 무상+정부 차관 5억 달러가 평화조약 4조에 근거한 한국의 대일 재산 및 청구권에 대한 채무 지불의 성격을 가지는 것이 아니라 아디까지나 경제협력이라는 공식 입장을 취하고 있다. 일본은 이렇게 하여 개인청구권 '해결'의 법적 기반이라고 주장하는 한일협정과 관련해 스스로 제공한 자금과 개인청구권과의 법적인 관계마저 끊어버렸다. 즉 1965년 협정과 청구권 문제의 법적인 관련성을 스스로 부정함으로써 개인청구권 '해결'의 근거를 무색하게 한 것이다.

그 결과 협정 체결 후 50년이라는 시간이 경과되는 오늘날까지 한국인 개인의 청구권 문제는 해결되지 못한 채 아직 양국 간의 현안으로 남게 되었다. 식민지 통치와 침략 전쟁에의 동원을 통해 한국 국민 각 개인에게 피해를 입힌 일본이 이와 같은 인식과 자세로 한국과의 과거 문제 해결에 임한 것이 지금까지 한일 간에 해소되지 않는 갈등 요인이 된 점은 지적해두어야 할 것이다.

• 참고문헌

『제1차 한일회담(1952.2.15-4.21), 청구권분과위원회 회의록, 제1차-8차, 1952.2.20-4.1』

『제5차 한일예비회담 일반청구권 소위원회 회의록, 1-13차, 1960-61』

장박진(2009), 『식민지 관계 청산은 왜 이루어질 수 없었는가: 한일회담이란 역설』, 논형.

장박진(2014), 『미완의 청산: 한일회담 청구권 교섭의 세부과정』, 역사공간.

『日本外交文書 平和条約の締結に関する調書』 第二冊(Ⅳ · Ⅴ), 2002.

『日本外交文書 平和条約の締結に関する調書』 第三冊(Ⅵ), 2002.

『日本外交文書　サンフランシスコ平和条約準備対策』, 2006.

『日本外交文書 サンフランシスコ平和条約対米交渉』, 2007.

『外務省日韓会談公開文書』(이에 속한 개별 문서는 각주에 명시함).

太田修(2003), 『日韓交渉 請求権問題の研究』, クレイン.

太田修(2011), 「二つの講和条約束と初期日韓交渉における植民地主義」, 李鍾元·木宮正史·浅野豊美 編, 『歴史としての日韓国交正常化(Ⅱ)脱植民地化編』, 法政大学出版局.

谷田正躬(1966), 「請求権問題」, 谷田正躬·辰巳信夫·武智敏夫 編集, 『日韓条約と国内法の解説』, 大蔵省印刷局.

李鍾元·木宮正史·浅野豊美編(2011), 『歴史としての日韓国交正常化(Ⅰ)東アジア冷戦編』, 『歴史としての日韓国交正常化(Ⅱ)脱植民地化編』, 法政大学出版局.

“Revised United States-United Kingdom Draft of a Japanese Peace Treaty”, *Foreign Relations of United States, 1951, vol.VI, Asia and the Pacific, Part 1.*

“The United States Political Adviser to SCAP(Sebald) to the Secretary of State”, *Foreign Relations of United States, 1951, vol.VI, Asia and the Pacific, Part 1.*

3·1운동과 관동대지진 때 한인 학살 피해의 재검토

동북아역사재단 책임연구위원 **장세윤**

3·1운동과 관동대지진 때 한인 학살 피해의 재검토

동북아역사재단 책임연구위원 **장세윤**

I. 머리말 – 진상 규명의 필요성

3·1운동 80주년에 즈음하여 한국역사연구회는 1989년에 주년기념 학술회의를 진행하고, 그 결과물을 단행본으로 발간했다.[1] 또 독립기념관 한국독립운동사연구소는 발간 학술지 『한국독립운동사연구』 제13집을 '3·1운동 제80주년 기념호'로 기획하여 5편의 논문을 게재했다.[2] 2015년은 1919년 3·1운동이 전개된 지 96주년이 되는 해이다. 그러나 최근 한국근현대사를 연구하는 학계에서 3·1운동 관련 연구 성과는 별로 나오지 않고 있다.[3]

---

1) 한국역사연구회(1989), 『3·1민족해방운동 연구』, 청년사.

2) 독립기념관 한국독립운동사연구소(1999), 『한국독립운동사연구』, 13집. 여기에 김인덕, 장석홍, 지수걸, 반병율, 한상도 등의 3·1운동 관련 논문이 게재되었다.

3) 3·1운동의 전개와 일제의 탄압에 관련된 주요 연구 성과의 일부를 열거하면 다음과 같다. 박은식 저·남만성 역(1999), 『한국독립운동지혈사』(상·하), 서문당; 동아일보사(1969), 『3·1운동 50주년기념 논문집』; 사회과학원 역사연구소(1959), 『3·1운동 40주년기념 논문집』, 과학원출판사; 金原左門(1980), 「3·1運動と日本」; 馬淵貞利

그런데 국가기록원은 2014년 3·1운동과 관동대지진 시 한인 학살 피해에 관한 주목할 만한 자료를 공개하여 추후 이 분야 연구 촉진의 한 계기를 마련했다.[4] 최근 발굴, 수집한 모든 자료를 공개한 것은 아니지만, 자료 공개가 더욱 활발히 이루어질 경우 한국근현대사 연구에 큰 도움이 될 것으로 전망된다. 3·1운동 당시 일제, 즉 조선총독부 및 일본 정부 당국의 무력 탄압으로 한인들이 어느 정도의 피해를 입었는지 정확히 파악하기는 어려운 실정이다. 저명한 민족주의 사학자이자 대한민국임시정부 대통령을 지낸 박은식(朴殷植)은 『한국독립운동지혈사(韓國獨立運動之血史)』에서 1919년 3월 1일부터 5월 말까지 사망 7,509명, 부상 1만 5,961명, 투옥자 4만 6,948명이었다고 구체적으로 기록했다.[5] 하지만 이러한 피해의 구체적 실상은 아직 파악되지 못하고 있는 실정이다.

2013년 9월 1일은 일본의 관동대지진 발생 90주기였다.[6] 잘 알려진 바와

(1980), 「現代歷史學における3·1運動」; 田中美智子(南塚信吾補筆)(1984), 「三·一運動と日本人」, 『朝鮮史研究會論文集』, 21號; 原口由夫(1986), 「三·一運動弾圧事例の研究」, 『朝鮮史研究會論文集』 23號; 백종기(1985), 「3·1운동에 대한 日帝의 무력탄압과 세계重要諸國의 여론」, 『大東文化研究』, 21집, 성균관대 대동문화연구원; 박경식(1986), 『일본제국주의의 조선지배』, 청아출판사; 황민호(2006), 「《매일신보》에 나타난 3·1운동의 전와 조선총독부의 대응」, 『한국독립운동사연구』, 26집, 독립기념관 한국독립운동사연구소; 김진호(2002), 『충남지방 3·1운동 연구』, 충남대학교 대학원 박사학위논문.

4) 국가기록원, 「3·1운동 시 피살자 명부 원문 공개」(2014. 2. 28 보도자료) ; 「1919년 그날의 함성과 염원, '독립'을 달구다 – 국가기록원 '3·1운동 판결문 자료집' 발간」(2014. 2. 27 보도자료) ; 「'3·1운동 피살자 명부' 등 수집·분석결과 공개」(2013. 11. 20 보도자료).

5) 박은식 저·남만성 역(1999), 『한국독립운동지혈사』(하), 204쪽.

6) 관동대지진은 1923년 9월 1일 일본 관동지방과 일부 시즈오카·야마나시 지역에서도 발생한 진도 7.9의 대규모 지진이었다. 이로 인해 사망자 10만 5천여 명, 부상자 11만 5천여 명의 큰 피해를 입은 것으로 알려졌다. 이 지진으로 민심이 흉흉해지자 일본 내무성은 계엄령을 선포하며 사태 수습에 나섰으나, 일본 국민들의 불만을 한인들과 일

같이 대지진 발생 이후 무고한 한인들이 대거 학살되는 참극이 벌어졌다. 그동안 관동대지진 시 학살된 한인(조선인) 문제[7]에 대해서는 상당한 연구가 진행되었으나, 아직 진상 규명은 요원한 실정이다.

피살된 한인들의 피해에 대해서는 정확한 통계조차 없는 실정이다.[8] 지진 발생 직후부터 일본 당국과 조선총독부에서 강력한 언론 통제를 실시하여 사실의 전파를 철저히 차단했기 때문이다. 아쉽지만 일본의 야마다 쇼지와 한국의 이연에 의해 관동대지진 시 일본에서의 언론(통제)에 관한 진상의 일부가 해명되었다.[9]

현재, 학살의 폭력성과 그 책임을 규명, 고발하는 데 치우친 나머지 사건 이후, 즉 진재(震災) 처리 과정과 그 결과, 영향, 조선총독부와 일본과의 관계

부 사회주의자들에게 돌리기 위해 이들이 폭동을 일으켰다는 등의 유언비어를 조직적으로 유포하여 사태를 악화시켰다. 강덕상(2005), 『학살의 기억, 관동대지진』, 역사비평사, 27~23쪽; 야마다 쇼지[山田昭次] 저·이진희 역(2008), 『관동대지진 조선인 학살에 대한 일본 국가와 민중의 책임』, 논형, 100~118쪽; 김인덕(2004), 「관동대지진과 조선인 학살사건」, 『한국독립운동사사전(운동·단체편)』 3, 독립기념관, 308~311쪽.

7) 필자는 '한인(韓人)'이라는 명칭을 주로 사용하고자 한다. 그 이유는 대한민국임시정부나 그 기관지라 할 수 있는 『독립신문』에서 '한인'이라는 용어를 쓰고 있기 때문이다. 그러나 '재일조선인' 등 일본에서 관례적으로 쓰는 사례가 많으므로, 경우에 따라 '조선인'으로도 표기하기로 한다.

8) 다만 일본인 학자 요시노 사쿠조[吉野作造]는 그의 저서 『壓迫과 虐殺』에서 2,613명으로, 중국 상해에서 발간된 대한민국임시정부의 기관지 『독립신문』(1923년 12월 5일자)는 6,661명으로 파악하고 있다. 반면 조선총독부 경무국은 처음에는 2명, 나중에는 813명으로 정리했으며, 당시 일본 신문들은 400여 명으로 추산했다. 김인덕(2004), 「관동대지진과 조선인 학살사건」, 310쪽.

9) 山田昭次(1979), 「關東大震災期朝鮮人暴動流言をめぐる地方新聞と民衆－中間報告として」, 『在日朝鮮人史研究』 5호; 재일조선인운동사연구회·이연(1992), 「관동대지진과 언론통제－조선인 학살사건과 보도통제를 중심으로」, 『언론학보』, 27 참조. 관동대지진 시 한인 피해에 대한 연구동향은 장세윤(2013), 「관동대지진시 한인 학살에 대한 《독립신문》의 보도와 최근 연구동향」, 『관동대지진과 조선인 학살』, 동북아역사재단 참조.

규명 등에 소홀했다는 지적이 있지만,[10] 여전히 한인 학살의 피해와 책임 규명도 미흡한 상황이다. 필자가 아는 한 국내외 학계에서 관동대지진 당시 한국 언론, 특히 중국 상하이[上海]에서 발행되고 있던 『독립신문(獨立新聞)』의 동향에 대해 연구한 성과는 거의 없는 것 같다. 이에 대한민국임시정부에서 발행하던 『독립신문』이 관동대지진 및 한인 관련 보도를 어떻게 했는지 검토하고자 한다.

특히 주목할 만한 사실은 상하이판 『독립신문』에서 1923년 9월 4일 맨 먼저 호외를 발행하여 관동대지진 및 재일한인 관련 소식을 보도했고, 그 뒤에도 큰 관심을 갖고 사실상 최초로 한인들의 피해를 체계적으로 조사, 보도했다는 점이다. 아직까지 국내외에서 관동대지진 당시 얼마나 많은 한인(조선인)들이 학살되었는지 정확한 통계가 없는 실정인데, 『독립신문』은 이 해 12월 5일자(제167호)에서 모두 6,661명이 희생되었다고 밝혀 큰 파란을 일으켰다. 이후 관동대지진 때 학살된 한인의 숫자는 이 보도가 밝힌 6,661명이 거의 정설로 굳어졌다. 그런데 이 신문은 같은 해 12월 26일자(168호)에서 독일인 목격자의 증언을 토대로 피살된 한인 숫자가 2만 1,600여명이라고 밝히기도 했다.[11]

과거 일본 정부나 군, 식민지 통치기관인 조선총독부 등이 한국 침략과 통치, 독립운동 탄압, 한국인 학살이나 강제동원 등에 대한 왜곡된 주장이나 허위 사실을 유포하며 물의를 일으켰던 경우가 적지 않았다. 일본은 1910년 8월 대한제국을 강제로 병합한 이후 식민지 통치기관으로 조선총독부를 설치하고

10) 노주은(2007), 「관동대지진과 조선총독부의 재일조선인 정책—총독부의 '진재처리' 과정을 중심으로」, 6쪽.

11) 장세윤(2013), 「한국 언론에 보도된 관동대지진 시 한인 학살—《독립신문》을 중심으로」, 『관동대지진과 조선인학살사건』, 동북아역사재단 학술회의 발표논문집(2013. 8. 20), 163~167쪽.

이른바 '무단통치'를 실시하며 저항세력을 탄압하고 가혹한 수탈을 자행했다. 그런데 주목되는 점은 그들의 식민지통치를 선전, 미화하고 한국인들의 저항의식을 말살하기 위해 여러 언론기관을 설치하여 운영했다는 사실이다.

1919년 3·1운동 때 많은 한인들이 희생되고, 1923년 9월 일본 관동지방에서 대지진이 일어나 적어도 6천여 명 내외의 한국인들이 학살되었지만, 조선총독부와 일본 정부는 사실을 은폐하고 외국에 대해서도 왜곡된 선전을 일삼아 문제가 되었다. 이처럼 사실을 왜곡하고 그들의 통치를 합법화한 사례는 여러 차례 찾아볼 수 있다. 따라서 우리가 일본(정부)의 왜곡된 주장을 비판, 반박하기 위해서는 그들의 공식적 관변자료 외에 개인의 일기나 편지, 회고록, 증언 등 다양한 자료를 발굴, 활용할 필요가 있다.

최근 '관동대학살'로 불러야 한다는 한국 언론의 보도가 있었지만,[12] 이미 일부 개설서와 교과서에는 '관동대학살'이라는 용어가 쓰이고 있어 향후 '관동대학살'로 용어를 통일시켜야 할지 귀추가 주목된다. 3·1운동 96주년이자 관동대지진 시 한인들이 대거 학살된 지 92년을 넘긴 현재, 이 문제에 대한 진상규명과 남·북한 및 일본 학계·교육계 등에 끼친 영향 등을 간단히 검토하여 향후 진상 규명과 지속연구를 위한 초석으로 삼고자 한다.

12) 『조선일보』(2013. 8. 30), 1·10·11면. 『조선일보』는 2013년 8월 30~31일자에서 "관동대학살 90년"이라는 특집기사를 전면으로 보도하고, 31일자에 "일본은 왜곡하고 한국은 알려고 하지 않는 '관동대학살'"이라는 사설을 실어 국민 일반과 정부의 관심을 촉구했다. 다른 한국 언론 역시 8월 말에서 9월 초에 걸쳐 이 문제에 관한 기사를 게재하여 큰 관심을 나타냈다.

II. 국가기록원의 3·1운동과 관동대지진 시 한인 피해 조사 기록 공개

국가기록원은 지난 2013년 11월 일본 도쿄의 주일대사관이 소장하고 있는 '대일항쟁·징용·학살명부' 관련 소식을 보고한 뒤, 2014년 2월에는 『3·1운동 시 피살자 명부』 원문을 공개했다. 이하(2절)에서 국가기록원이 공개한 3·1운동과 관동대지진 시 한인 학살 피해 관련 자료와 사실을 중심으로 간단히 보고하고자 한다.

1. 발굴 경위 및 언론보도

이하 소개하는 자료는 일본 도쿄에 있는 주일한국대사관의 신청사(新廳舍)로의 이전 과정에서 소장 자료를 발견하여 국가기록원으로 이관한 자료의 일부이다.

이 자료는 2013년 11월 17일(일) 『연합뉴스』 조준형·이세원 특파원의 보도, "주일대사관서 대일항쟁·징용·학살 명부 무더기 발견" 및 『문화일보』(2013. 11. 19) 관련기사 보도 및 비판(11. 20) ""국가기록원 '日 강점기 희생자' 발표 허점투성이" 자료 받고 3개월 '미적'…분석도 부실", 그리고 각 언론의 11월 20일(수) 대거 보도를 전후하여 국가기록원이 같은 해 11월 19일(화) 보도자료로 배포한 『3·1운동 시 피살자 명부』 등 수집·분석 결과 공개 자료를 토대로 한 것이다.

2. 공개자료 개요

1) 주요 내용

『3·1운동 시 피살자 명부』(1권 645명), 『일본 진재 시 피살자 명부』(1권 290명), 『日政 時 피징용(징병)자 명부』(65권 22만 9,781명)

2) 자료 분석

박걸순 교수(충북대), 김용달·김도형 연구위원(이상 독립기념관) 등 자문위원 5~6명과 국가기록원 연구관 등이 담당함.

3) 국가기록원 동향

- 유관기관(국가보훈처, 강제동원위원회 등)에 위 자료 수록 CD를 배포함.
- 2014년 2월 28일 『3·1운동 시 피살자 명부』 원문 공개, 추후 관동대지진 시 희생 한인 명부도 일반 국민들에게 공개할 예정이라고 발표함.

〈표 1〉, 〈표 2〉는 국가기록원 소개자료 내용을 간단히 정리한 것이다.

이상의 자료를 검토해보면 주일대사관 발견 과거사 명부(2013. 11. 19 정리 당시) 3종은 지금까지 국·내외에서 발견되지 않은 최초의 3·1운동 당시 피살자 명부이며, 1923년 9월 관동대지진 시 피살된 구체적 희생자 명단이 밝혀진 최초의 기록, 그리고 대한민국 정부 작성 피징용자명부 중 최고(最古) 원본이라는 중요한 의미가 있는 것으로 파악된다.

〈표 1〉 주일대사관 발견 과거사 명부의 지역별 통계(2013.11.19 정리 당시)

명부	권수 (권)	매수 (매)	지역 (명)									
			경기 (서울 포함)	강원	경북	경남	충북	충남	전북	전남	제주	총합
3·1운동 피살자	1	217	169	11	39	230	28	72		81		630
일본 진재(震災) 피살자	1	109	5	8	80	189	1	7				290
일정 시 피징용(징병)자	65	18,322	28,762	6,195	55,847	46,253	26,124	23,450		41,431	1,719	229,781
총합	67	18,648	28,936	6,214	55,966	46,672	26,153	23,529		41,512	1,719	230,701

〈표 2〉 주일대사관 발견 과거사 명부와 기존 명부 비교

구분	국내 작성본 (왜정 시 피징용자 명부)	일본 정부 이관본	주일대사관 발견본		
			3·1운동 피살자 명부	일본 진재(震災) 피살자 명부	피징용(병) 명부
작성시기	1957~ 1958년	1971(1차)~ 1993년(5차)	1953년경	1953년경	1953년경
구성	20권	544권 26롤	1권 217매	1권 109매	65권
등재인원	285,771명	약 48만 명	630명	290명	229,781명
기재항목	이름, 나이·주소, 징집기간, 현주소, 연행지 등	이름, 생년월일, 본적, 연행(사망)지, 합사(合祀) 여부, 사망 여부, 공탁금 여부 등	성명, 나이, 주소, 순국일시/장소, 순국상황 등	성명, 본적, 나이, 피살일시/장소, 피살상황 등	성명, 생년월일, 주소 등
사료적 가치	우리 정부 작성 피징용자 명부 유일 기록	–	국내외에서 미발견된 최초의 피살자 명부	관동대지진 시 피살된 구체적 희생자 명단	정부 작성 피징용자 명부 중 최고(最古)원본

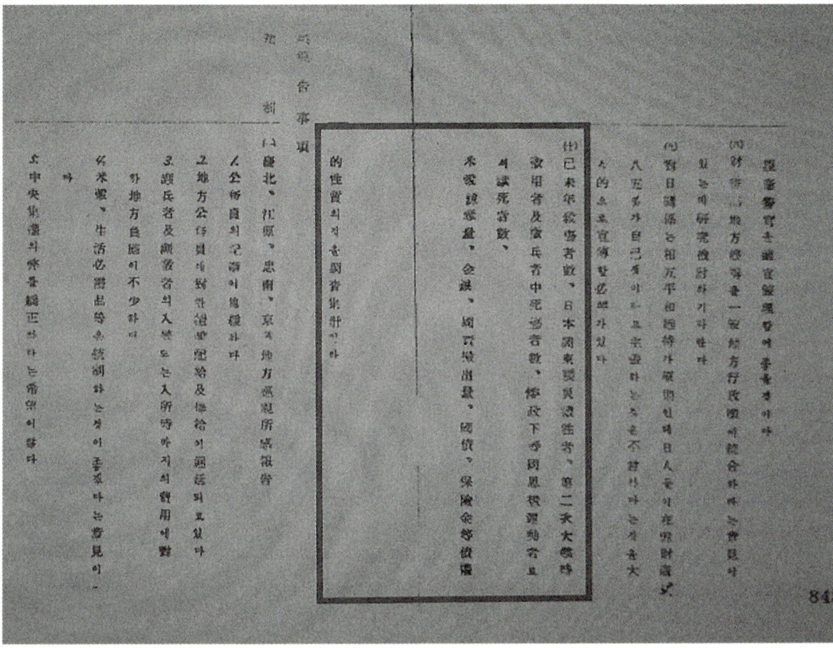

〈그림 1〉 명부 작성 경위

제109회 『국무회의록(임시회의)』의 '대통령 유시(諭示)사항' : "(10) 기미년(己未年) 살상자수, 일본 관동 진재(震災) 희생자, 제2차 대전시 징용자 및 징병자 중 사상자수, 왜정하 애국사상운동자로서 옥사자수 …… 등 조사집계하라."

특히 〈그림 1〉의 명부 작성 경위를 보면, 한국전쟁이 한창이던 1952년 12월 15일의 국무회의에서 이승만 대통령이 1919년 3·1운동과 1923년 일본 관동대지진 당시 희생된 한인, 그리고 일제강점기 징용·징병 피해자, 독립운동가로서 옥사한 애국지사 등에 대해 조사하여 보고하라는 지시가 근거가 되었음을 알 수 있다.

〈그림 2〉 3·1운동 당시 덕수궁 앞에서의 시위 행렬

〈그림 3〉 3·1운동 당시 종로 일대에서의 만세 시위 광경
시위 군중들이 광화문 방면으로 달려가는 모습.

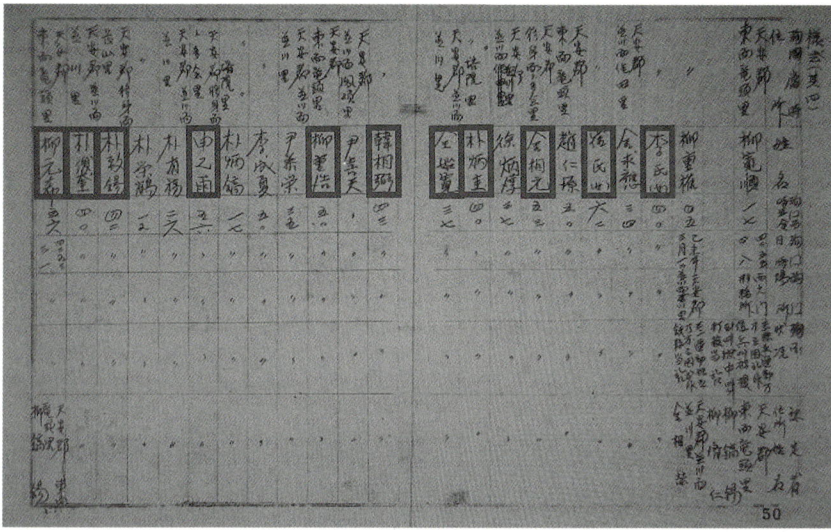

〈그림 4〉『3·1운동 시 피살자 명부』 중 충청남도 천안군 사례

〈표 3〉 충남 천안군 3·1운동 피살자 현황

연번	성명	독립유공자 서훈(年)	연번	성명	독립유공자 서훈(年)
1	유관순	독립장(1962)	16	박병호	애국장(1991)
2	유중권	애국장(1991)	17	신공우	미확인
3	이씨(여)	미확인	18	박유복	애국장(1995)
4	김구응	애국장(1991)	19	박영학	애족장(1991)
5	최씨(여)	미확인	20	박치석	미확인
6	조인원	애족장(1990)	21	박후규	미확인
7	김상원	미확인	22	유원제	미확인
8	서병순	애국장(1991)	23	이소제	애국장(1991)
9	박병규	미확인	24	진영식	미확인
10	전시관	미확인	25	김영호	미확인
11	한병필	미확인	26	남기석	미확인
12	윤희천	애국장(1991)	27	김세철	미확인
13	유중호	미확인	28	김언장	미확인
14	윤태영	애국장(1991)	29	김교선	애족장(1990)
15	이성하	애국장(1991)			

※29명 중 13명 독립유공자 서훈, 16명 미확인

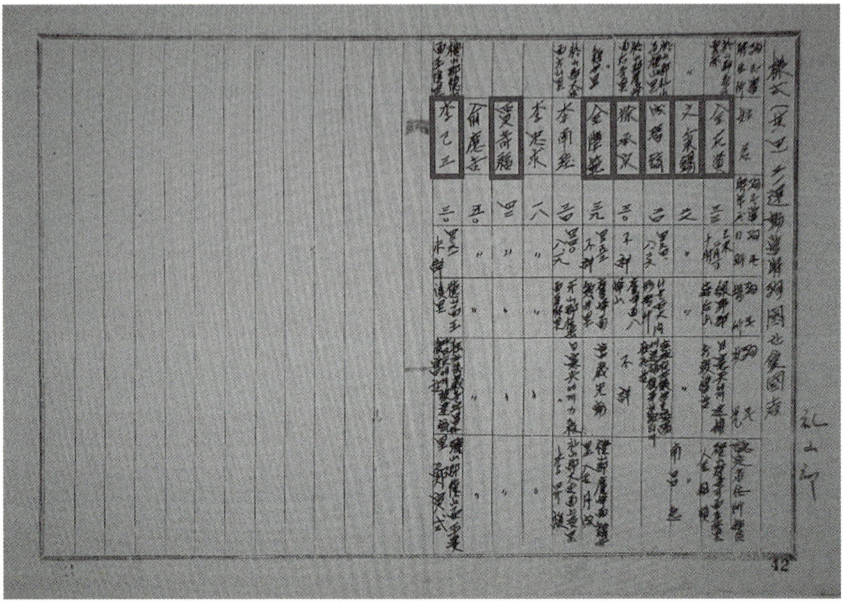

〈그림 5〉『3·1운동 시 피살자 명부』 중 충청남도 예산군 사례

〈표 4〉 충남 예산군 3·1운동 피살자 현황

연번	성명	독립유공자 서훈(年)	연번	성명	독립유공자 서훈(年)
1	김재현	미확인	5	김학범	미확인
2	문병석	미확인	6	가수복	미확인
3	성진호	미확인	7	이기삼	미확인
4	서승종	미확인			

※ 7명 독립유공자 서훈 미확인

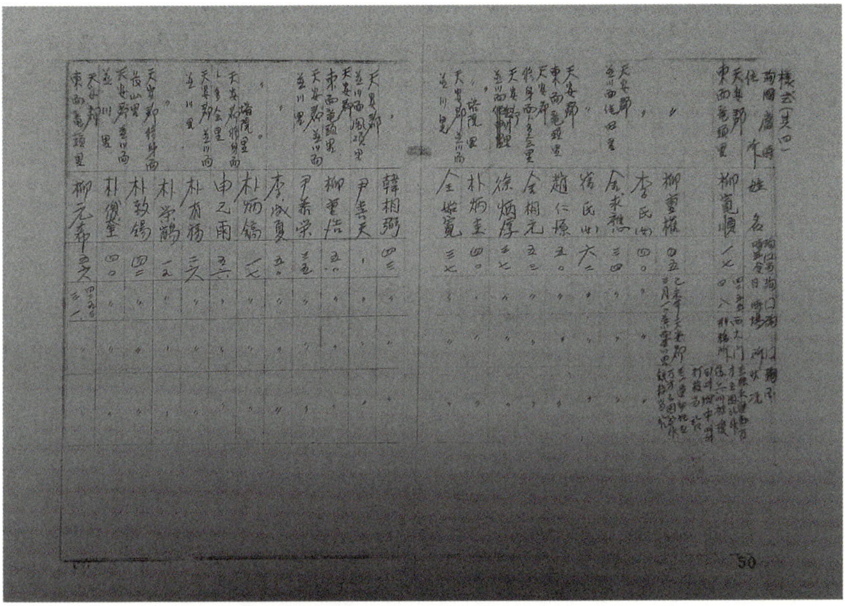

〈그림 6〉『3·1운동 시 피살자 명부』 중 유관순 열사 일가족 순국 사례

〈표 5〉 유관순 일가 피살 사례 조사 내용

주소	성명	연령	순국 당시 주소	순국일	순국 상황
천안군 동면 용두리	유관순	17	서대문 형무소	1920년 9월 28일	3.1독립운동 만세로 인하여 왜병에게 피검되어 옥중에서 타살당함
천안군 동면 용두리	유중권	45	병천면 병천리	기미년 3월 1일	3.1운동 독립만세로 인하여 총살당함
천안군 동면 용두리	이씨(여)	40	병천면 병천리	기미년 3월 1일	3.1운동 독립만세로 인하여 총살당함

※ 유관순과 유중권(유관순의 아버지), 이씨(유관순의 어머니)의 사망 사례 조사·정리

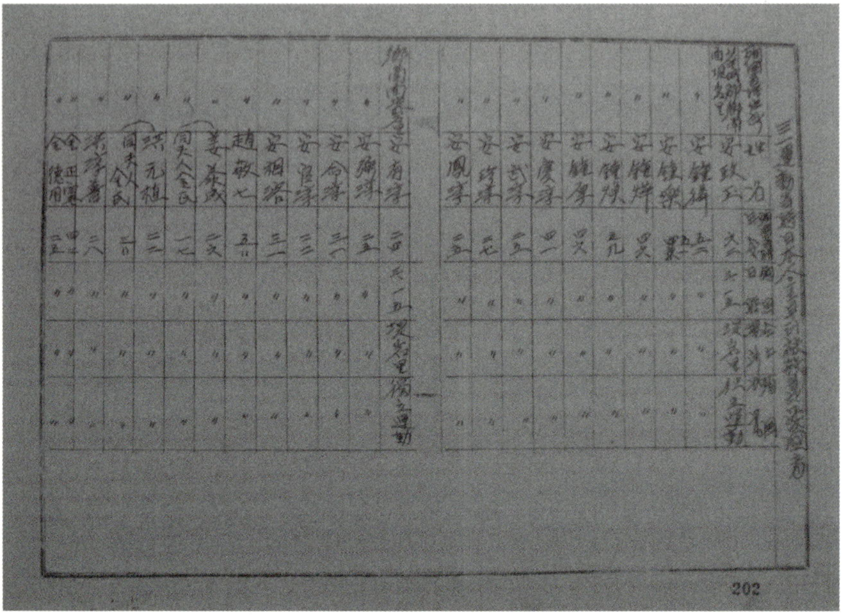

〈그림 7〉『3·1운동 시 피살자 명부』 중 수원 제암리 집단학살 사례

〈표 6〉 3·1운동 당시 대표적 학살 사례인 수원 제암리 학살 사건 조사 내용

주소	순국 당시 장소	순국일	순국 상황
화성군 향남면 제암리	제암리	3월 15일	독립운동

한편, 국가기록원이 2014년 2월 27일(목) 공개한 3·1운동 판결문을 보면 3·1운동 시 일본 헌병의 총격으로 충북 옥천의 만세시위 현장에서 1명이 즉사한 사실을 알 수 있다(아래 판결문 원본 사진 참조).

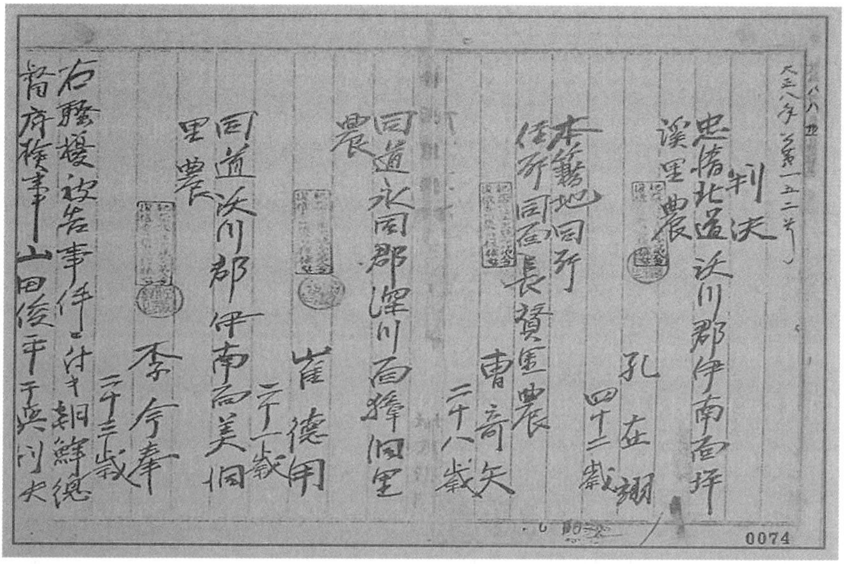

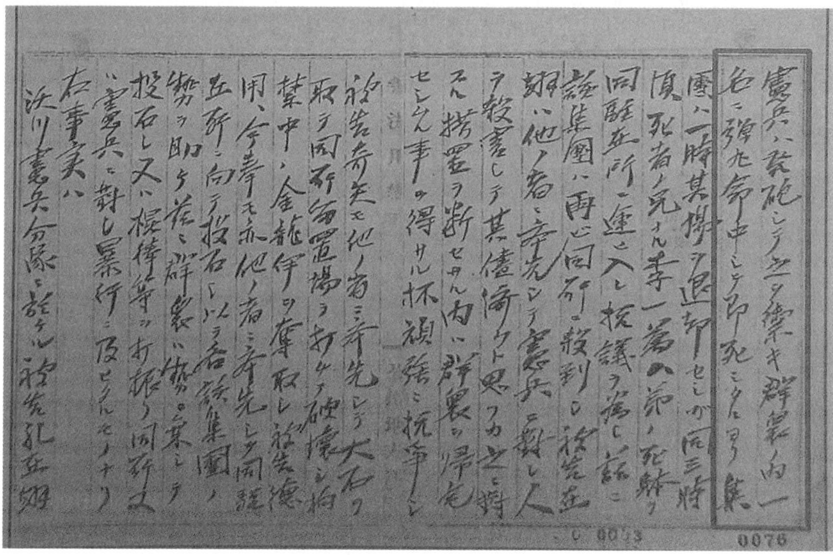

〈그림 8〉 공재익·조기시·최덕용·이금봉의 판결문 원문과 번역문

III. 3·1운동 시 대표적인 학살 만행 사례 – 수원 제암리 학살 사건의 진상 은폐와 왜곡

근래 공개, 출판된 1919년 3·1운동 당시 식민지 조선 주둔 일본군인 '조선군 사령관이었던 우쓰노미야 다로[宇都宮太郎](1861. 12. 23~1922. 2. 14) 육군대장의 일기에 따르면 우쓰노미야는 1919년 4월 15일 발생한 수원 제암리 학살 사건에 대해 보고를 받고, 이 학살 사건의 진상을 은폐하기로 한 사실을 상세히 기록했다.

최근 발굴·공개된 '조선군'사령관 우쓰노미야 다로가 남긴 일기가 일본 학계 등에서 연구되고 있다. '조선군'이란 일본의 식민지 '조선'에 주둔하는 일본 육군을 말한다. 당시 '조선군'은 함경북도 나남 일대에 주둔하는 제19사단과 서울 용산 일대에 주둔하는 제20사단, 헌병대, 그리고 부속 부대 등 대규모 병력으로 구성되었다.

우쓰노미야 다로는 1861년 일본 규슈[九州] 서북단의 사가현[佐賀縣]에서 태어났다. 사가현은 일본 대마도 바로 아래 위치하고 있어 한국과 지척인 곳이다. 이후 육군사관학교를 수석으로 졸업하고 보병 소위로 임관했다. 1890년 육군대학을 졸업하고 승승장구한 그는 1894년 청일전쟁 당시에는 일본 대본영의 육군 참모로서, 1901년에는 영국공사관 소속 무관으로 근무했으며, 1905년 러일전쟁 무렵에는 육군 대좌로서 참모본부에서 근무했다. 그 뒤 육군 제1연대장을 거쳐 육군 중장으로 진급한 뒤 제7사단장, 4사단장을 거쳐, 마침내 1918년 7월 '조선군사령관'으로 영전하게 되었다.[13)]

이후 그는 1920년 8월까지 2년 1개월 동안 조선군사령관으로 식민지 조선

---

13) 吉良芳恵(2007), 「刊行にあたって」, 宇都宮太郎關係資料研究會 編, 『日本陸軍とアジア政策－陸軍大將 宇都宮太郎日記』 1, 東京: 岩波書店, 2쪽.

에서 조선총독과 함께 막강한 권한을 행사하게 된다. 특히 그는 3·1운동 탄압 등의 공을 인정받아 1919년 11월 육군대장으로 진급하는 영예를 누렸다. 1920년 8월 조선군사령관에서 일본 육군 군사참의관(軍事參議官)으로 전직하여 일본군벌의 주류인 조슈[長州]군벌 계열에 대항하는 사가[佐賀]군벌의 지도자로서 육군참모총장을 꿈꾸기도 했으나, 1922년 2월 14일 위병으로 타계했다.

2007년 2월 28일자 일본의 『아사히신문』은 매우 주목되는 내용을 보도했다. 이 신문의 "3·1독립운동의 진압을 상술(詳述) 조선군사령관의 사료 발견"이란 기사 제목과 주요 내용은 3월 1일자 국내 언론에도 대서특필되었다.

우쓰노미야 다로는 B5사이즈의 일기본 15권에 달하는 많은 분량의 일기를 남겼는데, 이 일기는 1900년, 1907~1916년, 1918~1921년까지 모두 15년분이다. 그는 무장답지 않게 일기 이외에도 서간 5,000여 통, 서류 2,000여 점 등 방대한 기록을 남겼다.[14] 그의 일기는 일본의 대표적 출판사 중의 하나인 이와나미쇼텐[岩波書店]에서 『일본육군과 아시아정책』이라는 제목으로 세 권의 책으로 출판되었다.

그는 일기에서 한국인들이 일본의 식민지지배에 저항하는 것은 당연하다는 심정을 토로했다. 그러나 1919년 3월 1일 이후 전국 각지에서 대규모 시위운동이 일어나자, 이에 대해 적극적으로 무력 탄압할 것을 지시했다. 이 과정에서 악명을 떨친 수원 제암리 학살 사건이 일어났다. 일본 육군 중위 아리타 도시오[有田俊夫]가 이끄는 일본군이 4월 15일 무고한 한국인 30여명을 학살하는 만행을 일으켰던 것이다.

우쓰노미야는 1919년 4월 18일자 일기에서 이 사건의 은폐·왜곡 사실을

14) 吉良芳惠(2007), 「刊行にあたって」, 宇都宮太郎關係資料研究會 編, 『日本陸軍とアジア政策－陸軍大將 宇都宮太郎日記』 1, 東京: 岩波書店, 4~6쪽.

다음과 같이 기록했다.

> 예수교도, 천도교도 30여 명을 예수교회당 안에 집결시켜 두세 번 문답 끝에 32명을 죽이고, 교회 및 민가 20여 호를 불태워버린 진상을 알게 되다. …… 사실을 사실로서 처분하면 가장 간단하지만, 그렇지 않아도 독필(毒筆)을 휘두르고 있는 외국인 등에 학살 방화를 자인하는 것이 되어, 제국의 입장은 심히 불이익이 되고, 한편으로는 조선내의 폭민(暴民 : 독립운동 세력)을 증장시키고 또 진압에 종사하고 있는 장졸(將卒)에게 의혹의 생각을 불러일으키는 불리가 있으므로, (학살된 한국인들이) 저항했기 때문에 살육한 것으로 하여 학살 방화 등은 인정하지 않기로 결정하고 밤12시에 산회(散會)하다.[15)]

이처럼 조선군사령관 우쓰노미야는 일본군 아리타 중위가 저지른 학살 만행을 상세히 보고받고, 조선총독부 경무총장(警務總長)과 산하의 조선군 사단장, 참모 등이 참가한 심야의 주요 군·경 간부진 참모회의에서 사실을 조직적으로 은폐하기로 결정했던 것이다. 더구나 참으로 어처구니없게도 이 사건의 주역 아리타 중위는 겨우 '근신 30일'이라는 처분을 받아, 사실상 무죄처분을 받은 것이나 다름없었다. 이 사태의 최종 책임이 조선군사령관 우쓰노미야 다로에게 있음은 너무나 당연한 것이었다.

우쓰노미야는 3·1운동 이후 만주(중국동북) 지역에 근거를 둔 독립군이 압록강·두만강을 넘나들며 일본 군경을 습격하는 등의 충격적 사태가 일어나자, 이를 방관할 경우 일본의 식민지지배가 어려워질 것으로 판단했다. 이에 따라 그는 중국동북의 봉천군벌과 협의하고 일본군을 중국 영토로 출동케 하여 한

15) 宇都宮太郎關係資料硏究會 編(2007), 『日本陸軍とアジア政策－陸軍大將 宇都宮太郎日記』 3, 東京: 岩波書店, 245쪽.

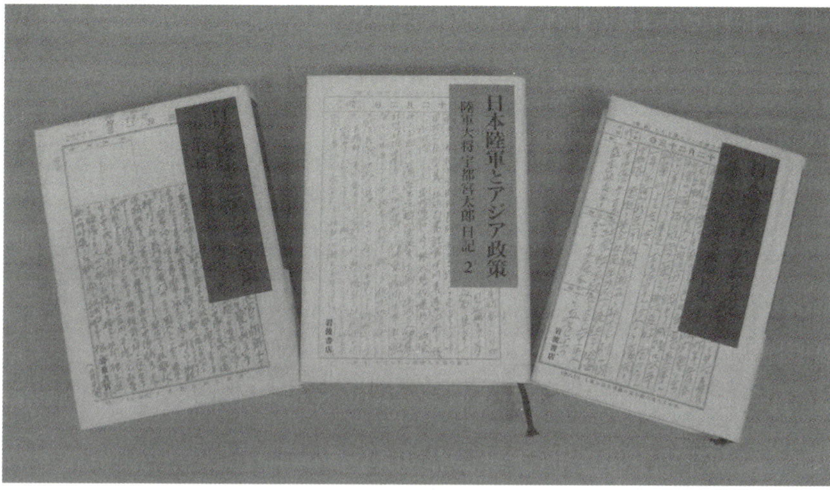

〈그림 9〉 2007년 일본 이와나미쇼텐에서 발간한 우쓰노미야 다로의 일기 『일본육군과 아시아정책』 1~3권

민족 독립군 부대를 '토벌'할 계획을 적극 주도했다. 그는 1920년 6월 초 야쓰가와[安川] 월강(越江)추격대를 조직하여 홍범도 독립군 부대가 주둔하고 있던 연변의 봉오동에 불법침입하게 했는데, 이들은 독립군 부대에 대패하게 된다. 한국독립운동사에서 유명한 '봉오동전투'(1920. 6. 7)이다. 그는 이 사건 관련 내용도 일기에 기록했다(6. 7, 6. 12).

그는 이른바 '간도지방 불령선인 초토계획' 수립에 결정적 역할을 하지만, 1920년 8월 조선군사령관에서 물러남으로써 그 결말은 지켜보지 못했다. 그러나 이를 계기로 일본군은 대거 북간도(연변) 지역에 침입하여 독립군 부대를 추격하게 되었다. 하지만 김좌진·홍범도 등 독립군 부대가 '청산리' 일대에서 일본군을 상대로 격전을 치러 큰 승리를 거둔 사실은 널리 알려져 있다.

그가 남긴 방대한 자료가 일본 학계에 알려지고, 본격적으로 조사·연구되기 시작한 것은 2002년 1월이었다. 그의 일기는 한일관계는 물론, 일본 군부

내의 이른바 '죠슈벌[長州閥]'과 '사가벌[佐賀閥]'의 대립, 중일관계 등 아시아 전반에 걸친 폭넓은 내용을 기록하고 있다는 점에서 사료적 가치가 매우 크다. 따라서 폭넓은 검토, 연구가 필요하다. 특히 우리가 관심을 갖고 주의 깊게 연구해야 할 부분은 이 일기에 나오는 한국(조선) 관련 내용이 될 것이다. 실제로 이 일기 가운데는 한국이나 한국인(조선인) 관련 내용이 적지 않게 언급되고 있다. 그는 일기에 군사관련 사항은 물론, 친일밀정 이희간(李喜侃) 등 한국인들을 대상으로 하는 회유공작 등의 실상도 숨김없이 기록했다.

아쉽게도 아직까지 한국학계에서 우쓰노미야 다로의 일기를 본격적으로 고찰한 연구 성과는 거의 없는 실정이다. 앞으로 관심을 갖고 치밀한 연구를 진행하여 한일관계의 진상을 제대로 규명하고, 이를 널리 알릴 필요가 있다.[16)]

IV. 『독립신문』의 관동대지진 시 한인 학살 관련 보도

1. 『독립신문』 개관

한국에서 『독립신문』이라는 제호의 신문은 모두 5종이 발간되었다. 서재필 등 개화파가 1896년 4월 7일 발간한 한글신문이 가장 널리 알려져 있다. 그러나 이 글에서 검토, 분석하는 『독립신문』은 1919년 4월 중국 상하이에 수립된 대한민국임시정부의 기관지 역할을 한 신문이다. 이 신문은 1919년 8

16) 장세윤(2015), 「공식기록에서 사라진 일제 탄압의 실상－우쓰노미야 다로의 일기」, 『동북아역사재단 뉴스』, 103호, 12~13쪽.

월 21일 창간호가 발행되었다. 처음에는 주3회 발행되었으나, 점차 발행 간격이 길어졌으며, 일정치 않게 되었다. 자금난 등 여러 사정으로 1925년 11월 11일자 제189호를 발간하고 폐간되고 말았다.[17)]

한편 중문판도 1922년 7월부터 발행되었는데, 중국인 기자도 고용하여 중국인 독자들의 호응을 얻고자 했다. 주로 중국의 관공서·학교·공공단체 등에 배포하여 한국독립운동의 실상을 널리 전파했다. 관동대지진 발생 당시 독립신문사의 사장은 김승학(金承學)[호 희산(希山)], 주필은 윤해(尹海)였는데, 중문판 주필은 임시정부 요인이자 대표적 민족주의 사학자로 꼽히는 박은식이 맡았다.[18)] 박은식은 1924년 11월 경 독립신문사 사장을 맡았다가 대한민국임시정부 대통령에 취임했다.[19)] 초기에는 국한문판이 4,000부, 중문판이 1,000부, 모두 5,000여 부가 발행되었다. 이 신문은 상하이는 물론, 중국 관내 지역과 중국동북(만주), 연해주, 하와이와 미주, 국내 지역(1,500부) 등에 배포되었는데, 국내 지역에 1,500부 정도가 반입되었다.[20)] 하지만 운영난 등으로 발송 지역과 부수도 차츰 줄어들었다. 신문지의 크기는 27×38.5cm 정도의 타블로이드판형이다.

이 신문은 독립운동의 생생한 실상을 널리 알리고, 독립운동 진영의 어젠다(agenda)를 선도하며, 때로는 격렬한 논쟁을 지면에 중계하는 등 독립운동을

17) 정진석(1990), 「상해판 독립신문에 관한 연구」, 『산운사학』, 4집, 산운사학회; 조범래(2004), 「독립신문(2)」, 『한국독립운동사사전(운동·단체편)』 4, 독립기념관, 235쪽. 일제의 사주를 받은 프랑스 조계(租界) 당국의 탄압으로 『독립』의 발행이 끝나고, 독립신문으로 제호를 바꾸게 되었다고 한다. 이연복(1983), 「대한민국임시정부와 사회문화운동－독립신문의 사설 분석」, 『사학연구』, 37호, 199쪽.

18) 조범래(2004), 「독립신문(2)」, 237쪽.

19) 최기영(1999), 「상해판 《독립신문》의 발간과 운영」, 『대한민국임시정부 수립 80주년 기념 논문집』 하, 국가보훈처, 400쪽.

20) 최기영(1999), 「상해판 《독립신문》의 발간과 운영」, 397쪽.

대변하는 기관지 노릇을 톡톡히 했다. 물론 한계도 있었지만, 한국 언론사에서 독특한 위상을 차지한다고 평가할 수 있다. 특히 상하이지역은 물론, 해외동포가 거주하는 주요지와 조선 국내에 널리 배포되어 일제 당국은 이 신문의 유통을 차단하기 위해 엄중한 감시를 했다. 『독립신문』은 국내외 독립운동을 고무하고 홍보하며, 해외 교민들을 단결시키는 구심체 역할을 담당했다.[21] 특히 발간 초기에는 일본 정부당국을 '적', 또는 '원수'로 규정하고 일제 통치의 야만성과 잔학상을 폭로하는 기사와 논설, 사진을 다수 게재했고, 국내의 『동아일보』 등이 실상을 제대로 보도하고 있지 않다고 비판하기도 했다.

대한민국임시정부가 중국 국민정부를 따라 1940년 9월 충칭[重慶]으로 옮겨간 뒤 1943년 6월 충칭에서 중문판으로 재간되었다. 이 신문의 대부분의 원본은 연세대학교 중앙도서관에 소장되어 있고, 일부가 독립기념관 등에 소장되어 있다. 필자는 1985년 10월 한국의 독립기념관건립추진위원회에서 영인한 『독립신문』을 주로 활용했다.

2. 한인 학살 관련 보도 내용의 개략적 검토

관동대지진 당시 독립신문사 사장으로 일하고 있던 김승학은 후일 『망명객 행적록』이라는 회고록을 남겼는데, 그는 여기에서 당시 일본 나고야[名古屋] 잡지사에 근무하던 한세복(韓世復)[본명 한광수(韓光洙)]을 도쿄 등지로 파견하여 한인 학살의 진상을 파악, 보고토록 했다고 했다.[22] 그러나 진상조사 활동은 '재일본 관동지방 이재조선동포위문반(罹災朝鮮同胞慰問班)'의 도움으로 가능했다.

21) 김희곤(2008), 『대한민국임시정부 1－상해시기』, 독립기념관, 135~138쪽.
22) 김승학(1998), 「망명객 행적록」, 『한국독립운동사연구』, 12집, 독립기념관 한국독립운동사연구소, 431~432쪽.

한편 1923년 10월 5일 대한민국임시정부의 주도로 상하이 거류 한인들은 학살 사건을 조사하여 일본의 포악함을 비판, 성토하고 중국 등 세계 각지에 널리 알리기 위해 『독립신문』 사장 김승학과 윤기섭(尹琦燮), 여운형(呂運亨), 조덕진(趙德津), 조완구(趙琬九), 이유필(李裕弼), 조상섭(趙尙燮) 등 7명을 집행위원으로 선출했다.[23] 그러나 이들 집행위원 7명은 실제로 일본에 가서 진상을 직접 조사할 수 없었다.

1923년 9월 3일 발행된 호외는 매우 주목되는 내용을 보도했다. 특히 재일 한인 200여 명이 무장봉기 등을 일으켰다는 소식을 보도하여 '적국' 일본의 심장부 도쿄에서 독립운동이 전개되기를 기대하는 심정을 반영했다. 당시 와전된 소식을 전해듣고 게재했을 것으로 추정되지만, 이러한 신속한 보도는 중국 상하이에서 활동하고 있던 독립운동가들의 기민한 국내외 정세 및 동향 파악과 긴급 대응활동 등을 잘 반영하고 있는 것이라고 본다.[24]

『독립신문』은 1923년 12월 5일자 1면에서 도쿄 일대 각 지역별 조사를 토대로 모두 6,661명의 한인이 피살되었다고 보도하여 큰 충격을 주었다. 한편 1923년 12월 26일자 기사는 더욱 충격적이다. 피살 한인 총계가 무려 2만 1,600여명에 달한다는 것이다. 주요 내용을 살펴보면 다음과 같다.

23) "敵의 韓人虐殺에 對한 上海我僑民大會", 『獨立新聞』(1923. 10. 13); "上海僑民大會에서 虐殺事件 調査", 『新韓民報』(1923. 12. 13).

24) 이하 주요 내용을 간추려 소개한다. "東京橫濱에 居留하는 我 同胞가 今番 災難의 機를 乘하야 何等의 運動이 有함은 事實인 바 소문에 依한즉 我 韓人이 赤羽와 其他에 在한 火藥庫를 爆破했다 하며 또 2일 午正 戒嚴令 發布에 伴하야 東京에서 追出된 我 韓人 2百人 一團이 武器를 携帶하고 八王寺에 聚入하야 激烈한 形勢를 作함에 敵 警察은 官公吏와 靑年團을 武裝케 하여 此에 對峙케 하는데, 我 韓人團은 橫濱東京 兩方面에 連絡을 취하여 대대적 活動을 開하려 하므로 3일 夜半에 高田 第13師團이 出動하여 頗히 嚴重히 警戒하며 衝突도 있었다고 하더라." 『獨立新聞』 號外(1923년 9월 3일 발행).

> 적에게 학살된 동포 橫濱에만 1만 5천 總計 2만 1천 6백여 명
>
> 敵地 震災時 적에게 虐殺된 동포의 수에 대하여 자못 그 的確한 數字를 알기 어렵다가 本社 特派員의 調査한 바에 의하여 6천 6백여 명으로 알게 되었던 바 德國(독일–필자) 뿌박사가 발표한 바에 의하면 橫濱에서만 1만 5천의 虐殺이 있었다 한즉 本社 特派員이 조사한 바는 橫濱의 分이 포함되지 아니한 모양이니 그러고 보면 지금까지 보도되는 바를 綜合하면 全部 2萬여 名이라는 可驚할 多數로 算定되더라.[25)]

이 보도에 따르면 독일 푸크할트 박사가 요코하마[橫濱]에서만 1만 5,000명의 학살이 있었다고 증언한 바에 따라 『독립신문』 특파원이 조사한 6,600여 명을 합산하여 2만 1,600여 명으로 파악한 것이다. 그러나 일부 학자들은 이 숫자에 대해서는 당시 관동지방에 거주하던 한인 규모에 비하면 너무 많다는 의견을 피력하고 있다.[26)] 따라서 좀 더 광범위한 자료를 수집 검토하여 치밀한 분석을 할 필요가 있다. 하지만 북한학계에서 이미 1980년대 초반 2만 3천여 명 피살설을 정립했기 때문에[27)] 이 수치를 뒷받침할 만한 자료나 증언을 확보하는 것이 긴요하다.

25) 『獨立新聞』(1923. 12. 26)(제168호), 2면.

26) 독립기념관 윤소영 연구위원은 당시 일본 관동지방에 거주하던 한인이 2~3만여 명 규모였기 때문에 2만 1,600여 명 또는 2만 3천여 명은 너무 많은 숫자가 아닌가 하는 의견을 밝혔다(2013년 9월 14일 전화 통화).

27) 『조선전사』(1983) '연표', 평양: 과학백과사전출판사, 478쪽.

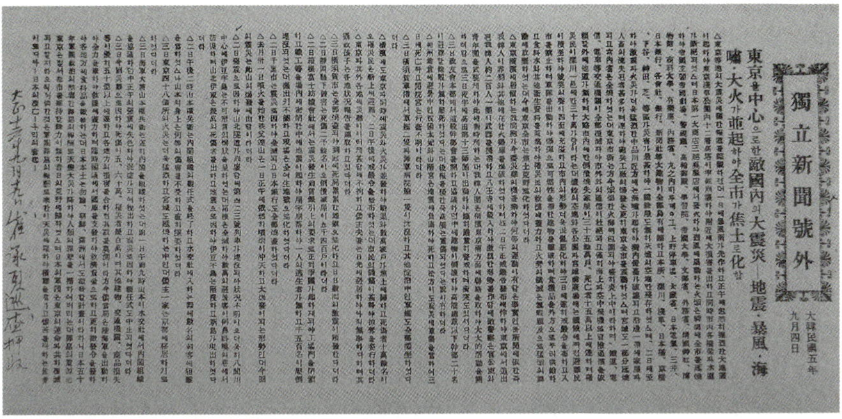

獨立新聞號外

大韓民國五年 九月四日

東京을中心으로한敵國內의大震災—地震·暴風·海嘯·大火가並起하야全市가焦土로化함

〈그림 10〉『독립신문』 호외(1923. 9. 4)

1923년 9월 19일 최승렬 순사가 압수했다고 왼쪽 끝에 쓰여 있는 것을 볼 수 있다. 독립신문사에서 국내로 발송했다가 조선총독부 당국에 압수된 사실을 확인할 수 있다.

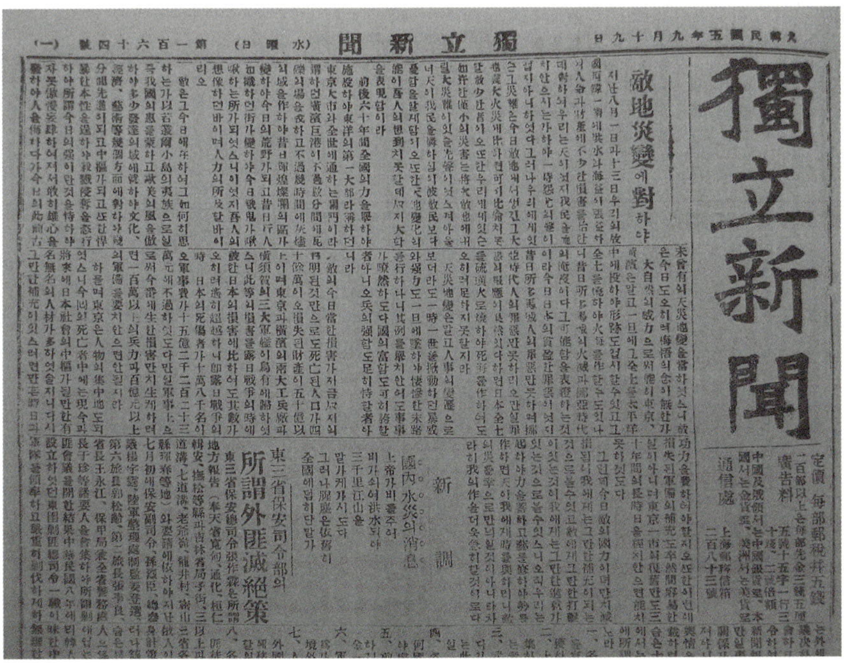

大韓民國五年九月十九日 獨立新聞 (水曜日) 第一百六十四號 (一)

獨立新聞

敵地災變에對하야

東三省保安司令部의 所謂外匪滅絕策

〈그림 11〉『독립신문』의 관동대지진 최초 보도기사(1923. 9. 19)

“敵地 災變에 대하야”라는 제목으로 1면에 대서특필하고 있다.

大韓民國五年十二月五日 獨立新聞 (水曜日) 第一百六十七號

獨立新聞

一萬의犧牲者!!!

슬프다 七千의 可憐한 同胞가 敵地에서 피바다를 이루엇다

悽愴痛切한 追悼會

追悼文

追悼歌

〈그림 12〉『독립신문』에 실린 관동대지진 희생 한인 조사 통계와 추도행사 보도 기사(1923. 12. 5)
추도문과 추도가도 실려 있다. 모두 6,661명이 희생된 것으로 파악했다.

甘粕의 判決言渡

敵에게 虐殺된 同胞

橫濱에만 一萬五千

總計二萬一千六百餘名

殘極虐極한 慘狀

史料蒐集通告文

〈그림 13〉 한인 희생자를 총 2만 1,600여 명으로 보도한 『독립신문』 기사(1923. 12. 26)
"敵에게 虐殺된 同胞 橫濱에만 1萬 5千 總計 2萬 1千 6白餘名"으로 보도하고 있다.

한편 한인 대학살의 참상을 목격하고 그 사실을 적극적으로 폭로 비판한 독일인 목격자 푸크할트 박사를 방문 대담하고 쓴 기사 "뿌博士 訪問記"를 게재했는데, 당시 참상을 매우 사실적으로 전하고 있다. 두 재독유학생 고일청(高一淸), 황진남(黃鎭南)의 방문을 맞아 대담한 푸크할트 박사는 다음과 같이 힘주어 강조했다.

> 事實에 當하여 아무 것도 모르게 된 民衆을 軍人이 그와 같이 指導한 때문에 그런 慘劇이 生했습니다. 원래 釋放된 3천여 명 罪囚中 日本人은 적어도 韓人의 10배는 될 것임에 不拘하고 당시 橫濱에서는 掠奪하는 것은 전부 韓人이라고 軍人이 民衆을 煽動한 때문에 人民들은 모두 韓人이 그런다고 부르

> 짖었습니다. 그리고 이 慘狀은 나만 보고 들을 뿐 아니라 日本서 發表한 英字報에 公報로 發布한 것이 있고, 瑞西國(스위스-필자) 친구 한 사람은 나보다 더 자세히 보았습니다.[28)]

학살사태의 책임이 결국 군 등 정부 당국에 있고, 일본인들이 군인들의 잘못된 선동에 따라 한인 학살을 자행했으며, 그러한 사실 목격의 진실성을 거듭 강조하고 있는 귀중한 증언기록이라 할 수 있다.

이처럼 『독립신문』의 한인(또는 중국인) 학살 사실에 대한 여러 번의 대서특필 등 적극적 보도를 통한 여론조성 활동은 점차 상해를 중심으로 한 전 중국으로 확산되었다. 이에 따라 상해에서 일본에 대한 여론이 악화되었고, 상해 일본상공회의소는 11월 3일 건의서를 상해 일본 총영사관에 제출하고 일본 당국의 진상 발표와 해명을 요구했다.[29)] 또한 중국 정부도 중국인 학살의 진상을 파악하기 위해 일본에 조사단을 파견하기로 했다.[30)] 또한 상해지역 한인 독립운동가와 한인 교민들은 학살의 진상을 세계에 알리고자 국한문판과 중문판, 영문판 소책자를 제작하여 배포키로 했다.[31)] 이에 따라 『독립신문』의 위의 보도기사를 토대로 제작한 영문 소책자를 1924년 3월 발간하여 전 중국은 물론 구미권 국가에도 널리 배포했다.[32)] 이러한 조치를 통해 일본에서의

---

28) 『獨立新聞』(1923. 12. 26)(168호), 1면.

29) "慘殺事件의 自白－上海 敵 商工會議所에서 自己政府에 建議書를 提出", 『獨立新聞』(1923. 11. 10)(166호), 2면.

30) "華僑虐殺에 對한 中國의 嚴重 交涉", 『獨立新聞』(1923. 12. 5)(167호), 2면.

31) "廣告", 『獨立新聞』(1923. 10. 13)(166호), 1면.

32) 「在廣東總領事 天羽英二가 外務大臣 男爵 松井慶四郎에게 보내는 公文, 日本ニ於ケル朝鮮人虐殺ト題スル小册子送付ノ件[機密公文 第66號(1924. 5. 31)]」; 李明花(2013), 「關東大震災와 韓國獨立運動」, 『關東大震災朝鮮人虐殺から90年－國家暴力と植民地主義を超えて』(관동대진재90주년국제シンポジウム), 獨立紀念館 韓國獨立運動史研

한인 학살을 국제사회에 고발하는 성과를 거두었다.

필자가 지난 2013년 7월 29일 도쿄 현지 출장조사에서 만난 일본 NGO 활동가 니시자키 마사오[西崎雅夫] 선생은 위 『독립신문』(12월 5일자 1면)의 우다가와[宇田川] 한인 피살 기록은 좀 과장된 듯하다는 의견을 밝혔다. 그러나 도쿄는 위 통계가 실제 진상과 비슷할지 모른다고 했다.

V. 최근 일본학계의 관동대지진 시 한인 학살 문제 연구

일본에서는 1963년에 강덕상과 마쓰오 다카요시[松尾尊兊]에 의해 관동대지진 시 희생된 한인 문제에 대한 학술적 문제제기가 있었다.[33)]

일본학계에서는 관동대진재 시 '조선인' 학살 문제에 관해 2000년대 초반까지 다수의 저작이 간행되었으나, 최근에는 주목할 만한 단행본이나 자료집이 별로 나오고 있지 않은 상황이다. 2003년 관동대지진 80주년에 일본에서 열린 기념행사에 참가한 연구자의 참가 기록이 있어 당시 일본학계와 시민사회의 동향을 참고할 만하다.[34)]

한편 일본의 대표적 일본사사전은 다음과 같이 서술하고 있음을 볼 수 있

究所·立命館大學コリア研究センタ共同開催, 109~110쪽에서 재인용. 한문·한문본과 중문본이 제작되어 배포되었는지는 확인할 수 없다.

33) 姜德相(1963), 「關東大震災における朝鮮人虐殺の實態」, 『歷史學硏究』, 278호; 松尾尊兊(1963·1964), 「關東大震災下の朝鮮人虐殺事件」, 『思想』, 1963년 9월·1964년 2월호.

34) 森脇孝廣(2004), 「關東大震災80周年記念集會參加記」, 『歷史評論』, 647호(2004년 3월호), 校倉書房.

다. “震災의 혼란 가운데서 流言이 발생, 不安에 떤 사람들이 自警團을 結成하여 朝鮮人을 虐殺했다. 그 수는 6,000인에 이르렀다고 한다.”[35] 군대와 경찰 등 학살의 주체를 분명히 서술하지 않고 있으나, 피살 조선인 숫자를 6천여 명으로 파악하고 있음을 확인할 수 있다.

그러나 일본에서 이처럼 진실을 밝히는 양심적 저작물만 있는 것은 아니다. 최근 일본의 구도 미요코[工藤美代子]는 관동대지진 시 ‘조선인’ 학살 문제가 과장 왜곡된 내용이 많다며 이를 비판하는 단행본을 발간하여 물의를 일으켰다.[36] 일본인들의 ‘조선인 학살 사건’ 문제시 자체를 ‘자학의 원점’으로 간주하고 있어 문제가 되고 있는 것이다.[37]

한편 일본 언론은 2013년 9월 1일을 전후하여 관동대지진 90주년 특집기사를 다수 게재했지만, ‘조선인 학살’ 문제에 관심을 갖고 보도한 언론은 필자가 아는 한 『마이니치신문』이 거의 유일했다.[38] 일본군과 경찰, 자경단에게 한인 수천 명이 학살되는 참극의 발단이 된 관동대지진이 일어난 지 92년이 지났다. 그러나 일본 정부는 진상 규명에 나서지 않고 있으며, 희생자의 신원도 밝히지 않았고, 책임자가 누구인지도 가리지 않고 있다. 한국 정부도 이 사건에 대한 진상 규명과 사죄를 일본에 요구한 적이 전혀 없다.

그런데 최근 일본 내 보수세력들은 한인 학살의 역사를 감추고 지우기에

---

35) 『岩波 日本史辭典』(1999), 東京: 岩波書店, 276쪽.

36) 工藤美代子(2009), 『関東大震災: ‘朝鮮人虐殺’の眞實』, 東京: 産經新聞出版.

37) 工藤美代子(2009), 『関東大震災: ‘朝鮮人虐殺’の眞實』, 8쪽[서종진(2013), 「일본 교과서의 관동대지진과 학살사건 기술내용 분석」, 『관동대지진과 조선인 학살』, 동북아역사재단, 173쪽에서 재인용].

38) 川口裕之(2013. 8. 29), “‘朝鮮人虐殺’眞相究明を－關東大震災90年 日韓で取り組み活發に”, 『毎日新聞』, 23면; 明珍美紀(2013. 9. 4), “朝鮮人虐殺事件犧牲者の追悼式－墨田·河川敷で7日”, 『毎日新聞』, 23면.

급급한 행태를 보여 문제가 되고 있다. 특히 최근 도쿄도[東京都] 교육위원회는 고교 일본사 부독본(副讀本: 부교재) 『에도에서 도쿄로』에 실린 '간토대진재 조선인 희생자 추도비'에 대한 글에서 "대지진의 혼란 중에서 수많은 조선인이 학살됐다"고 되어 있던 내용을, 2013년도판에서는 "비(碑)에는 대지진의 혼란 중에서 '조선인이 귀중한 생명을 빼앗겼다'고 적혀 있다"는 내용으로 바꿨다.[39] 한인들이 왜, 어떻게 희생당한 것인지 알기 어렵게 개악한 것이다. 또 요코하마시[橫濱市] 교육위원회는 중학생용 부교재 '요코하마 알기' 2013년판에서, 간토대지진 때 '군대나 경찰 등이 조선인에 대한 박해와 학살을 자행하고 중국인을 살상했다'(2012년판)라고 서술한 문장 가운데 군대와 경찰이 관여했다는 부분을 삭제하고, '학살'이라는 표현을 '살해'로 바꿔 문제가 되었다.[40] 이런 점에서 일본의 한인 학살 관련 사실의 은폐, 왜곡에 대한 적극적인 연구와 대응이 필요한 시점이다.

최근 일본에서 구도 미요코 등에 의한 '배외적 언설(排外的 言說)'에 대항하는 (양심적) 움직임도 나타나고 있다. 특히 2014년 일본에서 출판된 가토 나오키[加藤直樹]의 『9월, 도쿄의 거리에서－1923년 관동대지진 대량학살의 잔향(九月, 東

39) 야마다 쇼지[山田昭次](2013), 「일본인 민중은 관동대지진 당시 조선인 학살사건의 역사적 의미를 어떻게 받아들이고, 금일의 일본의 정치적 사상적 상황에 어떻게 대처할 것인가(日本人民衆は關東大震災時朝鮮人虐殺事件の歷史的意味をどのように受け止め, 今日の日本の政治的思想的狀況にどのように對處すべきか), 『관동대지진과 조선인학살사건』, 동북아역사재단 학술회의 발표논문집(2013. 8), 61·86쪽.

40) 정남구(2013. 9. 2), "'간토대지진 조선인 학살 90년' 追慕·照明 활기", 『한겨레』, 2면. 이 문제는 국내언론에도 신속히 보도되었다. 이에 대해서는 조준형(2013. 8. 28), "日 요코하마, 간토대지진 조선인학살 교과서 왜곡", 『연합뉴스』; 이설(2013. 8. 29), "日 요코하마 교육위 교과서 왜곡 '간토 대지진때 조선인 학살' 삭제", 『동아일보』. 도쿄의 경우는 다나카 마사다카[田中正敬](2014), 「戰後 일본의 역사교육과 관동대진재 조선인 학살사건」, 『관동대지진과 조선인학살사건』, 동북아역사재단 학술회의 발표논문집, 232쪽을 참조 바람.

京の路上で－1923年関東大震災 ジェノサイドの残響)』이 매우 주목된다. 이 책은 관동대지진 재해 당시 일본인의 조선인(한인) 학살을 다룬 것으로서 유명하다. 가토는 다음과 같이 서술하고 있다.

> 관동대지진 재해 당시에, 조선인들은 「불령선인(不逞鮮人)」이라고 불려 죽임을 당했지만, 「불령선인(不逞鮮人)」이라고 하는 것은 원래 일본의 식민지 지배에 대항하는 사람들을 가리키는 언어로서, 당시의 매스컴에서 많이 사용되었다. 대지진의 4년 전에 일어난 조선 독립을 위한 3·1 독립 운동도, '불령선인(不逞鮮人)의 폭동'이라고 되어 있다.
> 외국의 강권지배에 화를 내는 것은 인간으로서 당연한 감정이다. 이것을 부정하기 위해서는, 상대방을, 그 호소에 귀를 기울일 필요가 없는 비인간(非人間)으로서의 이미지를 굳힐 필요가 있다. 조선인이, 마주 앉아 대화를 할 필요가 없는, 그런 능력이 없는 상대라는 이미지를 만들기 위해 '거짓말쟁이', '범죄자', '외국의 앞잡이' 등등 온갖 부정적인 딱지를 붙이는 캠페인이 행해져왔다.[41]

가토는 이처럼 부당한 인식에 대항하고 극복하는 길을 "사람들이 상대방을 보통의 인간으로 인정하고, 그 목소리에 귀를 기울이는 것", 상대방의 목소리에 '공감'하는 것이라고 지적했다. 조선인(한인) 학대가 "어쩔 수 없는 것"이었다고 말하는 구도 미요코의 주장은 조선인에 대해 '비인간'으로서의 이미지를 만들어냄으로써 성립한다고 비판받는다.[42]

41) 加藤直樹(2014), 『九月, 東京の路上で－1923年関東大震災ジェノサイドの残響』, ころから, 204쪽; 田中正敬(2014), 「日本における關東大震災研究の課題と展望」, 『관동대지진과 조선인문제 연구』, 청암대학교 개교 60주년기념 재일코리안연구소 국제학술대회 발표논문집(2014.8.29), 2쪽에서 재인용.

42) 田中正敬, 「日本における關東大震災研究の課題と展望」, 『관동대지진과 조선인문제 연구』, 3쪽.

일본 센슈대학[專修大學]에서 '관동대진재사연구회(關東大震災史硏究會)'가 활동하고 있다. 특히 이 연구회에서 『지역에서 배우는 관동대진재－지바현에서의 조선인학살: 그 해명·추도는 어떻게 이루어졌는가(地域に學ぶ關東大震災－千葉縣における朝鮮人虐殺: その解明·追悼はいかになされたか』(東京：日本經濟評論社, 2012)를 발간했다.

특히 다나카 마사다카[田中正敬] 교수는 일본에서의 관동대진재 연구의 흐름을 크게 세 갈래로 정리했다. 즉 ① 천재·인재 연구(天災人災硏究)와 새로운 자료의 발굴, ② 조선인 학살 연구, ③ 일본인 학살·중국인 학살에 대한 연구 등이 그것이다. 그리고 최근 발표한 '연구의 과제와 전망'에서 '공감(共感)으로의 길'을 어떻게 형성해가야 하는가, 그리고 중국인이나 일본인을 포함한 '제노사이드(Genocide)'로서의 보편성을 주목할 필요가 있다고 지적했다. 필자는 이에 전적으로 공감하고 동의하는 바이다. 따라서 한국학계의 임무가 먼저 한국에서, 그리고 일본이나 중국, 나아가 세계적 차원에서 관동대진재 당시 조선인 학살 문제를 부정하거나 왜곡하지 않고 '공감'하며, 올바로 연구하고 알리며, 앞으로 다시는 이러한 불행하고 비참한 사태가 일어나지 않도록 유의해야 하는가 하는 문제를 진지하게 검토해야 한다고 본다.

이러한 시각에서 다나카 마사다카 교수는 천재(天災)·인재(人災)로서의 관동대진재 연구의 현상과 과제를 개관하면서 관동대진재 시 조선인 학살을 '인재(人災)'의 관점에서 검토하고 있다. 이는 관동대진재 시 조선인 학살 문제를 일본 관동지역 전체의 큰 재난의 한 부분으로 인식하는 시각, 즉 일본사 연구자의 입장에서 일본근대사, 혹은 일본[關東]지역사라는 (보편적) 관점에서 조선인 학살 문제를 검토하는 입장이 아닌가 한다. 강덕상 역시 조선인 학살 문제를 중국인·일본인 학살 문제와 함께 고찰하는 '전체(total)적' 관점을 강조했다.

그러나 관동대진재 시 조선인 학살 문제는 '제노사이드'라는 관점에서 볼 수도 있지만, 이 사건은 식민지 종주국(지배민족)과 식민지 민중 사이의 민족 문제, 혹은 이주노동자 등의 계급 문제, 인종차별 문제로 볼 수 있다는 점에서 필자는 특수한 사건이나 현상이라고 파악하는, 좀 더 심각하고도 치열한 문제의식과 관점, 해결 노력이 필요하다고 생각한다. 즉 한국학계 입장에서는 아직도 진상 규명과 체계적 연구가 요원하기 때문에 근대 한일관계라는 특수한 관점에서의 치밀한 연구와 진상 규명, 한국정부 등의 해결의지와 노력이 아직은 좀 더 필요하다고 본다.

VI. 국가기록원 공개 관동대지진 시 한인 피해 조사 명부와 일본 NGO 활동가 니시자키 마사오 활동 사례의 보고

이하에서 일본 도쿄 NGO에서 활동 중인 니시자키 마사오[54세] 선생이 편찬한 자료를 간단히 소개하기로 한다.

1. 2013년 8월 말~9월 초 국내 언론에는 일본인 NGO 활동가 니시자키 마사오가 편찬한 세 권의 자료집을 새로 발간한 자료로 소개하는 보도가 있었다. 그러나 이는 오보(誤報)로 상기 세 권의 자료집은 이미 2011~2012년 개인적으로 편찬, 발간한 비공식(복사) 자료다. 필자는 2013년 7월 25일(목)~29일(월) 일본 출장 시 니시자키 마사오 선생을 만나 관동대지진 시 희생 한인 추도비를 현장 조사하고, 면담을 실시했다.

2. 니시자키 마사오는 관동대지진 때 학살된 한인들 관련 자료의 조사 수집, 추도모임을 주도하고 있는데, 자기 집 옆에 뜻을 같이하는 사람들의 성금

을 모아 추도비를 건립하고 직접 관리하며, 관동대지진 시 희생된 조선인들을 조사·연구하고 추모하는 사업을 진행하고 있다. 특히 '사단법인 봉선화: 관동대지진 시에 학살된 조선인의 유골을 발굴하고 추도하는 회'를 조직하여 주도하고, 지속적으로 관련 자료를 발굴하여 자료집을 발간, 보급하는 등 자발적으로 이 모임을 유지하고 있는 실정이다. 대학(영문학 전공) 때 재일동포를 친구로 알게 되면서 재일한인 문제에 관심을 두기 시작했다고 한다. 그리고 자신이 사는 동네 바로 앞 하천[荒川]변에 학살된 한인들이 묻혔다는 이야기를 듣고 학살된 한인 문제에 관심을 두고 평생의 업으로 삼고 있다고 한다. 현재는 다른 직업도 없이(중학교 영어교사를 그만 둠) 전업으로 이 일에 열중하고 있다고 한다.

이와 관련하여 최근 국가기록원에서 공개한 일부 자료를 소개한다(〈그림 14~15〉).

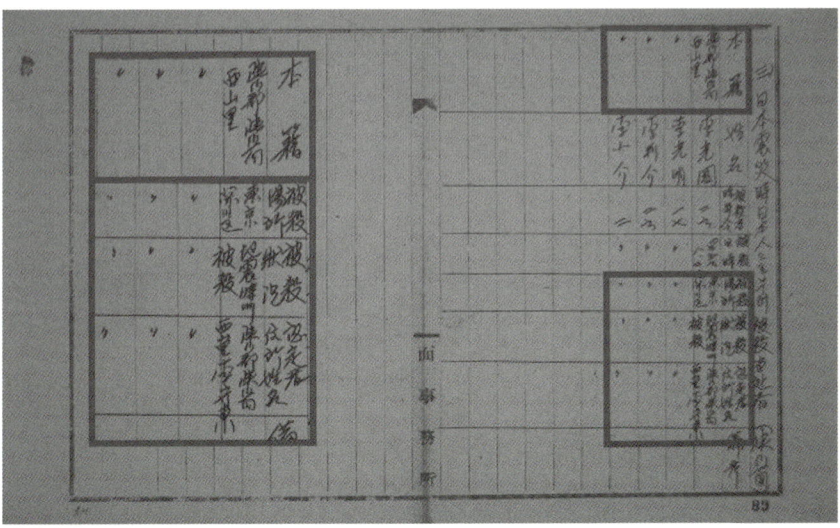

〈그림 14〉『일본 진재(震災) 시 피살자 명부』 일가족 학살 추정 사례

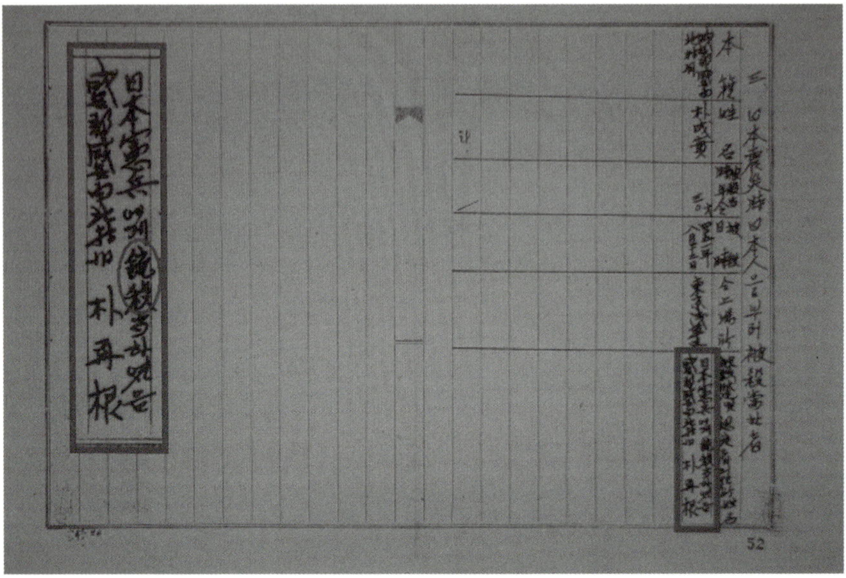

〈그림 15〉『일본 진재(震災) 시 피살자 명부』 일본헌병의 총살 추정 사례

3. 니시자키 마사오가 편찬한 세 권의 자료집을 간단히 정리, 소개하고자 한다.

① 西崎雅夫 編, 『關東大震災時朝鮮人 虐殺事件 東京下町フィールドワーク資料』(2011. 7)

② 『關東大震災時朝鮮人 虐殺事件 東京フィールドワーク資料(下町以外編)』(2012. 1)

③ 『關東大震災時·朝鮮人關連「流言蜚語」·東京證言集』(2012. 6)

이 자료집은 이미 발간된 각종 도서와 신문·잡지·회고록, 각종 참고자료, 증언 등을 조사·수집·정리하고 일부는 직접 자신이 들은 증언을 정리한 뒤 도쿄 시내 각 지역별로 분류, 정리한 귀중한 현장기록 자료집이자 현장 가이드북이다. 이 책에 실린 주요 증언 사례를 꼽아보면 다음과 같다.

> "조선인을 10명씩 묶어 세운 뒤 군대가 기관총으로 쏴 죽였다. 죽지 않은 사람은 선로 위에 늘어놓고 석유를 부어 태웠다."
> "9월 3일 낮이었다. 다리 아래에 조선인 몇 명을 묶어 끌고 와서 자경단원들이 일본도로 베고 죽창으로 찌르거나 해서 죽였다. 임신해서 배가 크게 부른 여자도 찔러 죽였다. 내가 본 것으로는 30여 명이 이렇게 죽었다."

〈표 7〉 니시자키 마사오 자료집 내용 개관 및 정리

제목	주요 내용
『關東大震災時朝鮮人虐殺事件　東京下町フィールドワーク資料』(2011. 7, 80쪽)	표지에 학살이 일어났던 시내 중심가 주요 지역을 옛 지도에 표기함
	지진 직후 발간된 각종 신문·잡지·도서·보고서·전기·회고록·일기 등에서 자료를 발췌하고 증언도 수록하여 지역별로 배치, 현장감을 높임
	사진·지도·그림·증언 연계. 35쪽 유골 발굴 기사
『關東大震災時朝鮮人虐殺事件　東京フィールドワーク資料(下町以外編)』(2012. 1, 78쪽)	표지에 도쿄 시내 중심가 이외 지역의 주요 학살 사건 지역을 표기
	각종 기록과 자료에 나오는 지역별 자료와 증언, 재일한인들의 1주년 추도회(33쪽) 등을 수록
	요시노 사쿠조 일기(7쪽), 가와메 테이지(5쪽)·가야하라 하쿠도 (78쪽) 등 유명 그림 수록
『關東大震災時·朝鮮人關連「流言蜚語」·東京證言集』(2012. 6, 99쪽)	표지에 일본 경시청 지시 문서를 수록
	지진 직후 발간된 각종 신문·잡지·도서·전기·일기·회고록 등 각종 자료를 취합하여 관동대지진 시 조선인 관련 유언비어, 증언 등을 수록함
	지진 당시 사진과 그림 등을 각 구(區)별로 배치, 현장 답사에 편의를 도모함

아래에서는 필자가 2013년 7월 말 일본 현지 조사할 때 촬영한 현장 유적 등 사진을 간단히 소개하기로 한다.

〈그림 16〉 2013년 발표자 조사 관동대지진 관련 자료와 사진

<table>
<tr><td></td><td>재일한인역사자료관에 전시된
조선인 학살 묘사 그림.
가와메 테이지[河目悌二]의
작품으로 추정</td></tr>
<tr><td></td><td>재일한인역사자료관의
관동대지진 시 조선인 학살 설명</td></tr>
<tr><td></td><td>도쿄[東京] 요코아미초[横網町]공원
구내에 있는 관동대지진 희생
조선인 추모비</td></tr>
<tr><td></td><td>국립역사민속박물관에 전시된
관동대지진 시 조선인 학살 관련 그림</td></tr>
</table>

지바현 간논지[觀音寺] 경내에 세워진 관동대지진 시 희생 조선인 위령비. 좌측은 한국인들의 성금으로 세운 종과 종각

도쿄 스미다구[墨田區] 야히로[八廣]에 세워진 추도비 원경

도쿄 스미다구 야히로에 일본인들 성금으로 세워진 관동대지진 시 희생 조선인 추도비

관동대지진 시 일본인들의 조선인 학살을 설명하는 니시자키 마사오 씨

VII. 맺음말－앞으로의 과제와 전망

96년 전 거족적으로 전개되었던 3·1운동 당시 입었던 우리 선조들의 피해와 92년 전 관동대지진의 대혼란, 편견과 차별, 당국의 사주 속에서 발생한 재일한인 학살 사건을 우리는 정말 기억하고 있는가? 기억하고 있다면 어떻게 기억하고 있는지, 그 실상과 의미, 오늘에 주는 교훈과 올바른 계승 방안을 모색해야 한다. 관동대지진은 재일한인의 민족차별 문제에서 비롯된 일대 참극이라고 할 수 있다. 그동안 일본에서 진행된 관련 연구와 역사교육, 시민운동이 어떻게 전개되었는지 확인하고, 나아가 한국학계의 연구와 역사교육, 시민운동을 통해 관동대지진 시 한인 학살에 대한 진상 규명과 문제점, 미해결 과제의 해결 방안을 모색할 필요가 있다. 관동대지진 시기 한인 학살 관련 문제로 일본 정부에 요구하기 위한 기초자료의 수집과 체계적 연구도 시급한 실정이다.

2013년 11월 중순 한국의 국가기록원이 공개한 『일본 진재 시 피살자 명부』에서 219명의 한인 피살자 명단이 새로 확인되었다.[43] 그리고 2014년 2월 말 국가기록원은 1953년 대한민국 정부에서 조사한 3·1운동 시 피살자 명부에 수록된 희생자 645명의 명단을 공개했다.[44] 이제부터 본격적인 조사·연구를 진행할 필요가 있다.

관동대지진 발생 직후 일본 당국은 계엄령을 선포하여 일본 국민을 강력히 통제하는 한편, 언론 보도도 통제했다. 이 때문에 일본 당국과 군·경, 자경단

43) 이에 대한 개략적 내용은 한국 국가기록원 홈페이지 참조.

44) 국가기록원(2014. 2. 28), 「3·1운동 시 피살자 명부 원문 공개」(보도자료) 참조. 이때 조사한 희생자 명단은 국가기록원 홈페이지에서 확인할 수 있다. 국가기록원은 2013년 11월 발표된 630명보다 15명이 많은 645명의 피살자 명단을 공개했다.

등 민간인들이 저지른 한인 학살의 진상은 올바로 파악되지 못했고, 일본 내외부로 알려질 수 없었다.

이러한 어려운 조건에서 『독립신문』 특파원과 일본에서 활동하고 있던 한인단체들의 조사를 기초로 한 『독립신문』의 관동대지진 시 한인 학살 문제에 대한 비교적 정확한 보도, 즉 한인 6,661명 피살설이 설득력이 컸기 때문에 널리 수용되었다. 물론 한계도 있었지만, 현재 남·북한과 일본 학계, 교육계에서는 이 기사를 근거로 대략 6천 내지 7천여 명의 재일한인들이 관동대지진 시 희생된 것으로 파악해왔다. 사건 당시 일본 정부와 조선총독부에서는 진상을 왜곡·은폐하고 호도했기 때문에 정확한 통계조차 없는 상황에서 『독립신문』의 관련 보도가 큰 영향을 끼친 것이다. 최근 일본에서는 이러한 근거조차 무시하고 한인 학살 만행을 호도하고 왜곡하려는 일련의 수정주의 동향이 대두하고 있다. 실로 우려할 만한 상황이라고 하지 않을 수 없다.

북한에서는 일찍이 6천여 명 피살설이 유력했으나, 1980년대 초부터 관동대지진 시 '조선인' 2만 3천여 명이 학살된 것으로 공식화하고 있다. 하지만 강덕상은 1999년 한국의 『역사비평』 게재 논문에서 당시 일본 관동지방에 약 2만 명의 한인이 거주했는데, 진재(震災) 후 일본 관헌이 모든 조선인을 강제 수용했을 때 그 수는 1만 1천 명이었다고 했다. 그 차이인 9천 명 모두가 살해당했다고 볼 수는 없지만, 6천 6백여 명이라는 숫자가 근거 없는 것은 아니라고 주장했다.[45] 따라서 6천여 명 피살설은 신빙성이 높다고 평가할 수 있다. 이제 우리가 해야 할 일은 학살된 사람들의 신원을 파악하고, 진상과 책임소재를 규명하며, 그 교훈을 오늘에 되살리는 데 있다. 또 어떻게 기억하고 추모

45) 강덕상(1999), 「관동대진재 조선인 학살을 보는 새로운 시각 – 일본 측의 '3대테러사건' 사관의 오류」, 『역사비평』, 47호, 194쪽.

하는가에 대한 고민도 절실하다.

근래 일본이 전반적으로 우경화하고, 내셔널리즘이 고양되고 있는 것이 사실이지만, 일본에는 이러한 흐름에 비판적인(혹은 양심적인) 시민이나 민간단체(NGO·NPO), 학자들도 나름대로 목소리를 내고 있다. 따라서 일부 정치 지도자와 우익세력의 발호와는 별개로 일본의 우경화와 내셔널리즘 고양, 역사인식의 퇴행 등에 반대하는 시민단체와 일부 언론, 교육계 등과 긴밀한 협조를 통해 문제를 해소하는 노력이 있어야 한다.

당장은 어려울 수도 있지만, 전망되지만, 향후 남북관계가 개선된다면 3·1운동과 관동대지진 시 학살된 한인 관련 공동 연구와 교육, 자료집 발간, 공동 전시회 및 학술회의 개최, 추모행사, 일본 정부에 대한 공동 대응 등 다양한 협력 방안을 강구할 필요가 있다. 이를 통해 남·북한 학계의 이견을 해소할 수도 있다. 향후 중국 및 일본, 구미권 학계와의 공동 연구도 모색할 필요가 있다.

앞으로도 한국 학계가 풀어야 할 숙제는 산적해 있다. 특히 3·1운동 100주년이 되는 2019년을 앞두고, 추후 남·북한이 협력하여 '3·1운동 100주년기념사업'을 공동 추진할 필요가 있다. 공동의 조사연구와 자료집 발간, 국제학술회의 개최 등을 모색할 수 있다. 또한 튼튼한 기초연구를 토대로 3·1운동과 관동대지진 시 한인 학살의 진상 규명 및 책임소재 규명을 위해 관련 정부기관과 단체, 학계, 교육계, 시민단체, 언론 등과의 유기적 협력과 긴밀한 네트워크 구축을 통해 다양한 교류와 협력, 대응 방안을 강구해야 한다. 일회성이 아닌 지속적 관심과 자료 수집, 연구, 대응활동이 긴요하다고 본다.[46]

---

46) 이 글의 관동대지진 시 한인 학살 관련 내용은 장세윤(2013), 「관동대지진시 한인 학살에 대한 《독립신문》의 보도와 최근 연구동향」, 『관동대지진과 조선인 학살』, 동북아역사재단의 내용 일부를 수정, 전재했다.

『獨立新聞』 號外(1923. 9. 3).
『獨立新聞』(1923.10.13, 11.10, 12.5, 12.26).
『東亞日報』(1923.9.10·11·13·14·27, 11.30)
朝鮮總督府 警務局(1923), 『朝鮮の治安狀況』.

강덕상(1998), 「1923년 관동대지진 대학살의 진상」, 『역사비평』, 45호.
강덕상(1999), 「관동대진재 조선인 학살을 보는 새로운 시각－일본 측의 '3대테러사건' 사관의 오류」, 『역사비평』, 47호.
강덕상(2005), 『학살의 기억, 관동대지진』, 역사비평사.
국가기록원(2013. 11. 20), 「'3·1운동 피살자 명부' 등 수집·분석결과 공개」(보도자료).
국가기록원(2014. 2. 27), 「1919년 그날의 함성과 염원, '독립'을 달구다－국가기록원 '3·1운동 판결문 자료집' 발간」(보도자료).
국가기록원(2014. 2. 28), 「3·1운동 시 피살자 명부 원문 공개」(보도자료).
김승학(1998), 「망명객 행적록」, 『한국독립운동사연구』, 12집, 독립기념관 한국독립운동사연구소.
김진호(2002), 『충남지방 3·1운동 연구』, 충남대학교 대학원 박사학위논문.
김희곤(2008), 『대한민국임시정부 1－상해시기』, 독립기념관.
노주은(2007), 「관동대지진과 조선총독부의 재일조선인 정책－총독부의 '진재처리' 과정을 중심으로」, 『한일민족문제연구』, 12호.
노주은(2008), 「관동대지진 조선인학살 연구의 성과와 과제: 관동대지진 85주년에 즈음하여」, 『학림』, 29집, 연세대학교 사학연구회.
노주은(2013), 「동아시아 근대사의 '공백'－관동대지진 시기 조선인 학살 연구」, 『역사비평』, 104호, 역사문제연구소.
다나카 마사다카[田中正敬](2014), 「戰後 일본의 역사교육과 관동대진재 조선인 학살사건」, 『관동대지진과 조선인학살사건』, 동북아역사재단 학술회의 발표논문집.
독립기념관(1995), 『독립기념관 전시품 도록』.
박경식(1986), 『일본제국주의의 조선지배』, 청아출판사.

박은식 저·남만성 역(1999), 『한국독립운동지혈사』(상·하), 서문당.

백종기(1985), 「3·1운동에 대한 日帝의 무력탄압과 세계重要諸國의 여론」, 『大東文化硏究』, 21집, 성균관대 대동문화연구원.

서종진(2013), 「일본 교과서의 관동대지진과 학살사건 기술내용 분석」,『관동대지진과 조선인 학살』, 동북아역사재단.

신재홍(1984), 「관동대지진과 한국인 대학살」, 『사학연구』, 38호, 한국사학회.

야마다 쇼지[山田昭次] 저·이진희 역(2008), 『관동대지진 조선인 학살에 대한 일본 국가와 민중의 책임』, 논형.

야마다 쇼지[山田昭次](2013), 「일본인 민중은 관동대지진 당시 조선인 학살사건의 역사적 의미를 어떻게 받아들이고, 금일의 일본의 정치적 사상적 상황에 어떻게 대처할 것인가[日本人民衆は關東大震災時朝鮮人虐殺事件の歷史的意味をどのように受け止め, 今日の日本の政治的思想的狀況にどのように對處すべきか]」, 『관동대지진과 조선인학살사건』, 동북아역사재단 학술회의 발표논문집(2013. 8).

李相協(1934), 「名記者 그 時節 回想(2), 東京大震災때 特派」, 『三千里』, 第6卷 第9號.

이연복(1983), 「대한민국임시정부와 사회문화운동－독립신문의 사설 분석」, 『사학연구』, 37호.

이형식(2010), 「중간내각 시대(1922. 6~1924. 7)의 조선총독부」, 『동양사학연구』, 113집, 동양사학회.

장세윤(2013), 「관동대지진시 한인 학살에 대한 《독립신문》의 보도와 최근 연구동향」, 『관동대지진과 조선인 학살』, 동북아역사재단.

장세윤(2015),「공식기록에서 사라진 일제 탄압의 실상－우쓰노미야 다로의 일기」, 『동북아역사재단 뉴스』, 103호.

정진석(1990), 「상해판 독립신문에 관한 연구」, 『산운사학』, 4집, 산운사학회.

최기영(1999), 「상해판 《독립신문》의 발간과 운영」, 『대한민국임시정부 수립 80주년 기념 논문집』 하, 국가보훈처.

한국사연구회 편(2008), 『새로운 한국사 길잡이』 하, 지식산업사.

한국역사연구회(1989), 『3·1민족해방운동 연구』, 청년사.

홍진희(1998), 『관동보고서: 관동대진재 조선인 학살』, 나무와 숲.

황민호(2006), 「《매일신보》에 나타난 3·1운동의 전개와 조선총독부의 대응」, 『한국독립운동사연구』, 26집, 독립기념관 한국독립운동사연구소.

『岩波 日本史辭典』(1999), 東京: 岩波書店.
姜德相(2003), 『關東大震災·虐殺の記憶』, 東京: 青丘文化社.
姜德相·琴秉洞 編(1963), 『現代史資料 6: 關東大震災と朝鮮人』, 東京: みすず書房(2004년 재간).
琴秉洞 編(1991), 『關東大震災朝鮮人虐殺問題關係史料』 2(朝鮮人虐殺關連 官廳史料), 東京: 緑陰書房.
山田昭次 編·解說(2004), 『朝鮮人虐殺關連新聞報道史料』, 東京: 緑陰書房.
山田昭次(1979), 「關東大震災期朝鮮人暴動流言をめぐる地方新聞と民衆－中間報告として」, 『在日朝鮮人史研究』, 5호.
山田昭次(2010), 「今日における關東大震災時朝鮮人虐殺の國家責任と民衆責任」, 『思想』, 1029호(2010년 1월호), 岩波書店.
山田昭次(2013), 「關東大震災時の朝鮮人虐殺の歷史的·思想的意味－日本人社會主義者や先進的勞動者の植民地解放の課題意識の生誕とその挫折」, 『季刊 戰爭責任研究』, 79호(2013년 春季號), 日本の戰爭責任資料センター.
森脇孝廣(2004), 「關東大震災80周年記念集會參加記」, 『歷史評論』, 647호(2004년 3월호), 校倉書房.
松尾尊兊(1963·1964), 「關東大震災下の朝鮮人虐殺事件」, 『思想』, 1963년 9월·1964년 2월호.
宇宮太郎關係資料研究會 編(2007), 『日本陸軍とアジア政策－陸軍大將 宇都宮太郎日記』 1·3, 東京: 岩波書店.
原口由夫(1986), 「三·一運動弾圧事例の研究」, 『朝鮮史研究會論文集』, 23號.
李明花(2013), 「關東大震災와 韓國獨立運動」, 『關東大震災朝鮮人虐殺から90年－國家暴力と植民地主義を超えて』(관동대진재90주년국제シンポジウム), 獨立紀念館韓國獨立運動史研究所·立命館大學コリア研究センタ共同開催.
田中美智子(南塚信吾補筆)(1984), 「三·一運動と日本人」, 『朝鮮史研究會論文集』, 21號.
田中正敬(2014), 「日本における關東大震災研究の課題と展望」, 『관동대지진과 조선인문제 연구』, 청암대학교 개교 60주년기념 재일코리안연구소 국제학술대회 발표논문집(2014. 8. 29).

마우마우 소송

영국의 식민지 시대 국가배상

영국 변호사 **캐비타 모우디**

마우마우 소송

영국의 식민지 시대 국가배상

영국 변호사 **캐비타 모우디(Kavita MODI)**

I. 케냐의 비상사태

1952년 식민지 케냐에 대한 국가비상사태 선언.

1953년 영국군 파견. 어스킨(Erskine) 장군이 영국군과 경찰 및 특별지부 향토군 등 모든 케냐의 보안병력에 대한 완벽한 작전 지휘권을 부여받음.

1954년 6월 부락 몰수(Villagisation). 백만 명의 사람들이 생활 터전을 빼앗기고 경비가 삼엄한 마을로 이주하여 준억류(quasi-internment) 상태에 놓이게 됨.

1955년 파이프라인 구금 시스템(Pipeline detention system) 및 "색출" 활동 본격적으로 가동됨. 최소 15만 명이 억류됨.

1957년 희석 기술(the dilution technique)의 승인.

1957년 6월, 케냐인 에릭 그리피스-존스(Eric Griffith-Jones)가 총독 에블린 베어링(Evelyn Baring) 경에게 수감자에 대한 학대가 "나치 독일과 공산주의 러시아의 상황을 떠올리게 할 만큼 참혹하다"고 편지를 보냈음. 학대가 합법적이기 위해서는 마우마우 용의자들의 상체만을 때려야 하며, "특히 비장과 간,

신장 등 신체의 취약한 부분은 때려서는 안 된다"며 "폭력을 행사하는 사람들은 집단적이어야 하며, 균형 잡힌 시각과 냉정한 자세를 유지하는 것이 중요하다"고 함. 그가 총독에게 보낸 다른 메모에서는 "우리가 죄를 지어야 한다면, 조용하게 죄를 지어야만 한다"는 것을 환기시킴.

1959년 3월 3일 홀라 사건(Hola Incident).

1959년 11월 국가비상사태 종료.

1963년 케냐 독립.

II. 영국-케냐 식민지배 피해 배상 판결 사례

1. 수정주의 역사서들

1) 캐롤라인 엘킨스(Caroline Elkins) 교수(하버드)

캐롤라인 엘킨스(Caroline Elkins)(2005), 『제국주의에 대한 이해: 영국의 케냐 굴락에 대한 비화(*Imperial Reckoning: The Untold Story of Britain's Gulag in Kenya*)』, Henry Holt and Jonathan Cape.

http://history.fas.harvard.edu/people/caroline-elkins

2) 데이비드 앤더슨(David Anderson) 교수(옥스포드/워릭)

데이비드 앤더슨(David Anderson)(2005), 『교수형 당한 사람들의 역사: 영국의 더러운 전쟁과 식민지의 종말(*Histories of the Hanged: Britain's Dirty War in Kenya and the End of Empire*)』, London: Weidenfeld and Nicolson.

http://www2.warwick.ac.uk/fac/arts/history/people/staff_index/

anderson/

3) 휴 베넷(Huw Bennett) 박사(킹스/합동지휘참모대학)

휴 베넷(Huw Bennett)(2012), 『마우마우 전투: 영국군과 케냐 비상사태 시 반란 대응작전(*Fighting the Mau Mau: The British Army and Counter-Insurgency in the Kenya Emergency*)』, Cambridge: Cambridge University Press.

http://www.aber.ac.uk/en/interpol/staff/academic/bennetthuw/

4) 핵심 의혹

영국은 i) 광범위하고 체계적인 학대 사실을 알고 있었고, ii) 식민지 정권의 과잉대응을 은폐하고 수사 및 기소에 대한 개입에 공모했으며, iii) 결과적으로 1957년 이후 수용소 내의 체계적인 폭력 사용을 허가했다.

2. 판례 소송사건과 한슬로프 아카이브(Hanslope Archive)

2003년 케냐에서 마우마우 조직들에 대한 금지가 해제됨.

2003년 존 노팅엄(John Nottingham)이 리 데이(Leigh Day)에 접근함.

2005년 새로운 역사서들이 발간됨.

2009년 다섯 건의 판례 소송사건이 케냐 인권위원회(Kenya Human Rights Commission)의 지원으로 제기됨.

2010년 한스로프 아카이브가 발견됨—외무성의 "추악한 비밀". 공판이 종료되기 전 1만 7천 건 가량의 많은 문서들이 공개됨(2012년 1월~4월).

http://www.theguardian.com/uk/2012/apr/18/sins-colonialists-concealed-secret-archive

http://www.bbc.co.uk/news/uk-13336343

데이비드 앤더슨은 다음과 같이 기술함: "무엇보다도 범죄적인 사실은, 그 문서들이 수용소 내의 고문에 대한 책임이 최고위직에 있다는 것을 보여준다는 것이다. —에블린 베어링 케냐 총독이 허가했을 뿐만 아니라 영국 정부의 장관급에서 승인도 있었다. 즉 당시 맥밀란 정부의 식민지 담당 장관(Secretary of State for the Colonies) 앨런 레녹스-보이드(Alan Lennox-Boyd)가 승인을 내렸다."

http://www2.warwick.ac.uk/knowledge/culture/maumau/

"특별 자료"(Special Collections)에 대한 지속적인 발간.

http://www.theguardian.com/politics/2014/jan/22/british-academy-members-concern-secret-archive-william-hague

2011년 판결문 요약/법적 책임에 관한 공판 판결이 취소됨(Strike out hearing re. Liability).

2012년 제한 관련 공판 판결이 취소됨(Strike out hearing: Limitation).

2013년 6월: 합의가 발표됨(Settlement announced).

3. 법적 책임: 영국은 식민지 잔혹행위에 책임이 있나?

1) 2011년 7월 21일 맥콤(McCombe J.)의 판결:

"(매우 개략적으로 설명하자면) 외무성 사건에서 원고가 제기할 수 있었던 청구는 폭행 추정 사건의 직접적인 가해자들 및 당시 그들의 고용주였던 케냐 식민지 정부에 대한 청구만을 할 수 있었을 뿐이지, 영국정부에 대한 청구를 할 수 없었다."

2) 외부장관 및 쿼크 피싱사(社) 관련 소송

(R (Quark Fishing Ltd) v Secretary of State for Foreign and Common wealth Affairs[2006] 1 AC 529)

4. 법적 책임에 대한 다섯 가지 표현

1) 국제 공법: 독립 시 식민지 정부의 법적 책임 이전?

패러그래프 97 1/4. "원고는 영국의 관습법 하에서 국제관습법을 청구에 대한 근거로 사용할 수 있을 정도로 충분히 "광범위하고 사실상 단일한" 국제관습법의 지배를 명확하게 확립할 수는 없었다."

2)와 3) "고문 시스템"을 장려 또는 알선, 묵인, 공모한 영국정부의 법적 책임: (a) 영국군을 통해; (b) 식민성(Colonial Office)을 통해

패러그래프 128: "수년 동안 수용소에서 학대가 지속되었다는 증거자료들은 상당히 많으며, 이는 양국 정부가 학대가 발생하고 있다는 것을 알고 있었으며 학대를 중단하기 위한 실질적인 조치를 취하지 않았다는 증거가 된다."

패러그래프 132 및 133: "내 견해로는 식민지 정부가 존재했었다는 이유를 근거로 식민지를 특정한 영토로 소유하고 있는 …… 국가의 최고 정부가 별도의 독립적인 역할을 할 수 없었다는 주장은 성립하지 않는다. 각각의 정부는 그러한 공통된 구조를 구성할 수 있는 능력을 가진 별개의 법적 실체이다. 현재 사건의 경우, 현재 시점까지 확보된 증거들은 이 식민주의 최고 권력이 비상사태의 관리에 명백하게 "직접적인" 역할을 했다는 것을 입증하고 있다. 이는 사태를 방관하거나 단지 지역 정부가 조언을 구했을 때 단지 조언과 지원만을 제공해줬다는 것을 의미하는 것이 아니다. …… 내가 말하고자 하는 바는 식민주의 최고 권력으로서 별도의 독립적인 이익을 위해 영국 정부가 했던 역할에 대해서는 원고들이 이번 법적 소송을 제기한 원인들에 대한 법적 책임을 배제할 수 있는 근거인 솔로몬 대 솔로몬 사건에 대한 판결(Salomon v Salomon rule)이 적용될 수 있는 여지가 없다는 것이다.

4) "희석 기술"에 대한 직접적 법적 책임 – 1957년 7월 "지시"

패러그래프 111. "그러나 (해당 사항에 대한 최종 결론을 내리지는 못했지만) 헌법 하의 조치가 아니었기 때문에, 내게는 해당 장관이 영국 내각의 일원으로 취한 조치로 보인다."

5) 과실(Negligence): 체계적인 고문을 중단시키기 위한 조치를 취하지 않은 정부의 과실

패러그래프 154: "내 판단으로는 고문에 의해 얻어진 증거는 어떠한 상황에서도 재판에서 채택되지 않는 법체계가 자신의 관할지역에서 정부에 대한 소송을 거부했다는 것은 당연히 이상하며, 심지어 "수치스러운" 것으로 생각된다. 왜냐하면 정부가 보호의 의무가 없다는 주장을 근거로 예방할 수 있는 수단을 보유하고 있었음에도 불구하고, 의무를 등한시하고 고문을 막지 못했다고 했기 때문이다. 또한, 헌법 이론의 기술적 절차에 따라, 헌법 이론의 규칙들[즉 쿼크(Quark)와 왕권의 개념적 가분성]에 따라 소송을 초기 단계에서부터 재판에서 배제한 것은 특히 잘못된 처사로 보인다."

5. 제한조치: 공정한 재판이 가능한가?

1) 섹션 33(3) 1980년의 제한조치

33. 신체적 상해와 사망에 관한 소송의 임의적 공소시효 배제

(3) 이 항에 따른 조치에 있어서 법원은 이 소송 사건의 모든 정황에 주목해야 한다, 특히,

(a) 원고 측의 지연 기간 및 그 이유.

(b) 만약 소송이 11항(11A항) 또는 12항(에 따른 소송이 있을 경우)에 의해 허락된 시간 안에 소송이 열릴 수 있었다고 가정할 경우에 비해 지연을 고려했을 때 원고 또는 피고가 제시한 또는 제시할 것으로 보이는 증거의 설득력이 감소한 또는 감소할 것으로 보이는 정도.

(c) 피고에 대한 원고의 소송의 원인이 되거나 그 정당성을 뒷받침하는 사실들을 규명할 목적으로 원고가 제기하는 정보 또는 조사에 대한 정당한 요구에 대해 피고의 대응한 정도를 포함하여 소송의 원인이 발생한 이후 피고의 행동.

(d) 소송의 원인이 발생한 날짜 이후 원고에게 장애가 생겼을 경우 그 장애의 기간.

(e) 원고가 신체적 상해에 원인이 있는 피고의 행위 또는 누락에 대해 그 당시 손해배상 소송을 할 수 있는지의 여부를 알게 된 즉시 원고가 당연히 그리고 즉시 소송을 했을 정도.

(f) 만약 원고가 의학적, 법률적 또는 다른 전문가의 조언을 구하기 위해 취해졌을 조치들 및 원고가 받을 가능성이 있는 관련 조언들의 특성.

6. 2012년 10월 5일 맥콤(McCombe J.)의 판결

1) 외무성은 고문에 대한 주요 협의를 인정했다.

2) 외무성은 케냐의 정치적 요인들(과 새로운 역사 연구)을 고려할 때 지연이 용납될 수 있는 이유들이 있음을 인정했다.

3) 중심 이슈

특히 영국 정부 대 케냐 정부의 법적 책임을 결정하는 데 있어 정부와 군의 고위급 인사 출신의 증인들이 더 이상 생존해 있지 않다는 점을 고려할 때 공정한 재판이 가능했을까?

4) 기록

2,000쪽에 달하는 전쟁 위원회(War Council)와 안보 위원회(Security Council)의 공식 회의록 등 서류들.

5,400쪽에 달하는 전쟁 위원회의 보고서들.

4,000쪽에 달하는 정보 위원회(Intelligence Committee)의 보고서들.

2,000쪽에 달하는 국가비상위원회(Emergency Committee)의 보고서들.

공판일까지 한슬로프 자료의 단지 40%만이 조사되었음.

5) 증인

외무성—세 명의 식민지 담당 장관들[리틀턴(Lyttleton) 및 레녹스-보이드(Lennox-Boyd), 매클라우드(Macleod)]와 세 명의 총사령관들[어스킨(Erskine) 및 래스버리(Lathbury), 탭

(Tapp)], 비상시국 대부분의 기간 재임했던 총독[베어링(Baring)], 식민지 행정부의 주요 장관들 및 공직자들, 식민성(Colonial Office)의 주요 공직자 등을 포함한 증인들 존재하지 않음.

7. 간접적인 법적 책임

1) JGE와 **포츠머스 로마 카톨릭 교구 신탁위원회**(The Trustees of the Portsmouth Roman Catholic Diocesan Trust) **관련 소송**(2012), EWCA Civ 938

패러그래프 80: "이러한 법의 두 가지 전개 양상의 조합을 통해 알 수 있는 것은 우리들이 학생 때 배웠던 간접적인 책임에 대한 개념은 이제는 너무 협소하다는 것이다. 즉 (매우 제한적인 예외상황의 경우) 일차적인 불법행위가 직원의 고용 범위 내에서 저질러졌을 경우에만 간접적인 책임이 발생한다는 개념은 이제 협소한 개념이 되어버렸다. 그동안 법률이 발전해온 결과, 직원들이 자신들이 담당하도록 고용된 업무들을 정확히 수행했을 경우에만, 그리고 고용 계약이 된 직원들의 행위들과 채무 불이행(defaults)에 대해서만 법적 책임이 있다는 것은 이제 낡은 개념이 되어버린 것이다.

패러그래프 86. "발생한 사실 관련 이슈에 비춰볼 때, 이 문제들은 문서들을 참조하는 것만으로도 공정하고 설득력 있게 해결될 수 있을 것으로 보인다. 범법자들과 영국 정부의 관계는 구두 증언이 없어도 파악될 수 있으며, 법적 책임은 피고의 지식 또는 고문을 행한 당사자의 의도에 따라 결정되지 않는다. …… 내 생각에는 이 질문들에 대한 답은 주로 기록에서 찾을 수 있으며, 증인들의 증언에서 찾아야만 하는 것은 아니다."

8. 고문 및 학대 시스템 구축에 대한 공동 법적 책임

패러그래프 95: "그러나 내가 내린 결론은 이 소송의 이러한 부분에 대한 공정한 재판은 여전히 가능하며, 양측의 증거는 법원이 충분히 업무를 수행할 수 있을 정도로 상당히 설득력이 있다는 것이다. 언급했듯이 문서들이 방대하고 정부들과 군 사령관들은 매우 꼼꼼하게 기록을 남겼다. 한슬로프 자료들은 당사자들 간의 지식과 이해의 격차를 메웠고, 그 과정은 여전히 진행 중이다. 피고가 정치인들과 고위 공직자들, 장군들 이외에 정부의 다양한 직위에 있는 공직자들과 하급 군인들을 현재 확인되거나 그렇지 못한 잠재적 증인들의 수에 포함시키는 것을 고려하지 않았다는 사실에 대해서는 만족스럽지 않다."

9. 과실

패러그래프 108: "현 소송의 이러한 측면들을 해결하기 위한 목적에 비춰 볼 때, 내가 앞서 요약한 이 기록들을 통해, 나는 국가비상 시국 전반에 걸쳐 수용소 내의 과다한 폭력 사용에 대해 영국이 알고 있었으며, 그러한 사실을 알고 행했던 영국의 대응조치는 무엇이었는지를 검증할 수 있는 충분히 많은 근거자료들이 있다고 확신하게 되었다. 그 자료들을 근거로, 필요하다면 (법정 기록 또는 진술의 형태로) 아직도 존재할 가능성이 높은 증인 증거를 통해 보충할 경우, 나는 각각의 생존하고 있는 원고들과 관련된 의무 위반 사건에 대한 공정한 재판이 가능하다고 확신한다."

III. 합의(2013년 6월)

세 가지 요소들

1. 외무장관 및 고등판무관의 사과성명.

2. 나이로비에 고문 피해자를 위한 기념비 건립.

3. 피해자 5,288명에 대한 보상.

네덜란드의 인도네시아 식민지배 배상판결에 관한 연구

라와게데 사건을 중심으로

고려대학교 법학전문대학원 교수 **강병근**

※ 이 논문은 2014년 『국제법평론』 2014-II(통권 제40호)에 게재되었다.

네덜란드의 인도네시아 식민지배 배상판결에 관한 연구

라와게데 사건을 중심으로

고려대학교 법학전문대학원 교수 **강병근**

I. 머리말

네덜란드 정부는 일본 패전 이후 자신의 식민지배 하에서 벗어나려는 인도네시아 지역에 자국 군대를 파병한 바 있다. 네덜란드 군대와 인도네시아 지역 내 무장단체 사이에서 발생한 무력충돌 와중에 여러 건의 즉결처형이 있었지만 네덜란드 정부는 이에 대해 수십 년간 법적 책임을 인정하지 않았다. 네덜란드 정부는 처음에는 불법행위 존재 자체도 인정하지 않다가 국회보고를 거치는 과정에서 즉결처형 사례는 인정하지만 소멸시효로 인해 법적 책임이 없다는 입장을 취했다. 하지만 네덜란드 국내의 시민단체들이 현재 인도네시아로 독립한 지역인 네덜란드령 인디아에서 네덜란드 군인들이 저지른 고의적인 잔혹행위의 진실을 알리고 네덜란드 정부가 피해자들에게 피해보상 혹은 피해배상을 하도록 촉구하면서 그동안 잘 알려지지 않았던 여러 가지 사실들이 언론을 통해 일반인들에게 널리 알려지게 되었다.

현재 한국과 일본 사이에는 여러 가지 현안들이 있지만 그중에서도 일본이 식민지배 기간 중 한반도에서 자행한 여러 가지 일들의 진실을 밝히고, 피해자들에게 진정한 사과와 피해배상을 해야 한다는 요구가 매우 강하다. 하지만 일본 정부는 식민지배 기간 중의 여러 가지 피해로 인한 청구사항은 이미 1965년 한일청구권협정으로 완전히 끝났다는 입장이다.[1)]

아래에서 다루게 될 '라와게데' 사건은 과거 네덜란드가 관할했던 인도네시아 서자바 주 라와게데 마을 주민들이 네덜란드 정부를 상대로 네덜란드 헤이그 지방법원에 손해배상을 청구했던 사건이다. 2013년 9월 판결이 내려진 후 네덜란드 정부는 이 판결에 대해 항소하지 않아서 네덜란드 헤이그 지방법원의 판결이 확정되었다. 판결의 취지대로 네덜란드 정부는 인도네시아 지배 당시 저질렀던 고의적인 잔혹행위의 불법성을 '인정'하고 단순한 '유감 표시'(regret) 정도가 아니라 인도네시아 피해자에 대한 진정한 '사과'(apology)와 '피해배상'을 하여 라와게데 사건으로 인한 자신들의 법적 책임을 해소하려고 노력했다. 아래에서는 네덜란드 헤이그 지방법원이 내린 라와게데 사건 판결의 중요한 법적 쟁점과 이 판결이 내려지는 데 단초가 되었던 유엔안전보장이사회(이하 유엔 안보리)의 활동을 살펴보고, 한일관계에서 활용 가능한 교훈을 찾아보고자 한다.

1) 1965년 6월 22일 도쿄에서 서명하고 같은 해 12월 18일에 발효한 '대한민국과 일본국 간의 재산 및 청구권에 관한 문제의 해결과 경제협력에 관한 협정'을 말한다.

II. 인도네시아 지역 내 무력충돌과 유엔 안보리의 관여

1. 유엔주선위원회의 설치와 활동

350년 이상 네덜란드의 식민지배를 받았던 인도네시아 지역에서 수카르노와 하타를 초대 대통령과 부통령으로 한 인도네시아공화국 선포가 1945년 8월 17일에 있었다. 이후 네덜란드 측과 인도네시아공화국 측이 1947년 3월 25일 링가자티협정(Linggadjati agreement)에 서명했는데, 양측은 이 협정을 자기들 편의에 맞게 해석했다. 네덜란드는 상대방을 신생국으로 즉각 승인하지 않으면서 인도네시아합중국(United States of Indonesia : USI)으로서 1949년 1월 1일 독립하기까지 네덜란드가 인도네시아 전역에 대해 주권적 권리를 행사할 수 있다고 해석했다. 반면 인도네시아공화국 측은 USI가 발족할 때까지 자신들 영역(자바 섬과 수마트라 섬)에 대해서는 네덜란드가 주권을 행사할 수 없다고 해석했다.[2)]

이로 인해 양측 사이의 무력충돌이 발생했다. 유엔 안보리 회의에서 호주 대표는 자바와 수마트라 지역에서 벌어진 네덜란드와 인도네시아공화국 사이의 무력충돌이 유엔헌장 제39조에서 규정하는 평화의 파괴에 해당한다면서 유엔 안보리가 신속한 조치를 취하도록 촉구했다.[3)] 호주 대표는 인도네시아

2) Central Intelligence Group(June 9, 1947), "Basic Dutch-Indonesian Issues and the Linggadjati Agreement"(Ore 20), p. 1. 〈http://www.foia.cia.gov/sites/default/files/document_conversions/89801/DOC_0000256979.pdf〉

3) "Letter from the acting representative of Australia on the Security Council addressed to the Secretary-General dated 30th July 1947"(July 30, 1947), S/449.

지역의 무력충돌은 네덜란드 군대에 의한 '치안유지조치'(police action) 수준이 아니라 국제법이 적용되는 국가 사이의 무력충돌이라고 하면서 무력충돌을 종식시키기 위한 결의안 채택을 제안했다.[4] 안보리에서는 네덜란드의 조치가 유엔헌장 제39조가 적용되는 무력사용에 해당되는지를 둘러싸고 다양한 논의가 진행되었다. 결국 유엔 안보리는 제7장의 제39조나 제40조를 언급하는 대신 단순히 분쟁 당사자들이 무력충돌을 멈추고 해당 분쟁을 중재 또는 그 밖의 평화적 방법으로 해결하도록 촉구하는 취지의 결의를 채택했다.[5]

호주는 1947년 8월 1일 유엔 안보리 결의에서 네덜란드와 인도네시아 사이의 분쟁을 중재 또는 그 밖의 다른 평화적 방법으로 해결하도록 촉구한 점을 근거로 양 분쟁 당사자들이 1인씩 중재인을 선정하고 유엔 안보리가 세 번째 중재인을 선정하는 3인 중재위원회 구성을 제안했지만,[6] 이러한 호주의 제안은 채택되지 못했다.[7]

이후 미국이 주선위원회(Committee of Good Offices : CGO) 설치를 제안했고,[8]

---

4) "Draft Resolution on the Indonesian Question submitted by the representative of Australia at the 171th meeting of the Security Council"(July 31, 1947), S/454.

5) "Resolution on the Indonesian Question adopted by the Security Council at its 173th meeting"(August 1, 1947), S/459.

6) "Draft Resolution on the Indonesian Question submitted by the representative of Australia at the 192nd meeting of the Security Council"(August 22, 1947), S/512, II.

7) *Yearbook of the United Nations*(1947~48), p. 368(이하 『유엔연감』). 〈http://www.unmultimedia.org/searchers/yearbook/page.jsp?volume=1947-48&bookpage=i〉

8) "Draft Resolution on the Indonesian Question submitted by the representative of the United States at the 192nd meeting of the Security Council"(August 22, 1947), S/514.

이 안이 채택되었다.[9] 이 안에 따르면 1947년 8월 1일자 유엔 안보리 결의에 따라 네덜란드와 인도네시아 측이 각 1명씩 위원을 선정하고 이렇게 선정된 2명의 위원이 세 번째 위원을 선정하여 3인의 위원으로 CGO를 구성하도록 했다. CGO에서 자신을 대리하기 위해 네덜란드는 벨기에를,[10] 인도네시아 공화국은 호주를 각각 선정했다.[11] 그리고 호주와 벨기에가 합의하여 CGO의 세 번째 구성원으로 미국이 선정되었다.[12]

1947년 10월 3일 호주는 CGO 3인 위원회를 신속히 가동하도록 하는 취지의 제안을 했고, 이 제안이 유엔 안보리에서 채택되었다.[13] 안보리는 인도네시아 지역 내에서 적대행위가 제대로 중지되지 않고 계속되자, 양 무력충돌 당사자들이 직접 혹은 CGO를 통해 적대행위를 중지하도록 촉구하는 안보리 결의를 이행하는 방식에 합의하도록 독촉했다.[14]

CGO는 1948년 2월 10일 제1차 중간보고서를 제출하여, 그동안 수행한 업무와 1948년 1월 17일 서명된 정전협정[렌빌협정(Renville Agreement)을 말함]에 이

9) "Resolutions on the Indonesian Question adopted at the 194th and 195th meeting of the Security Council"(August 26, 1947), S/525.

10) "Letter from the Netherlands representative to the United Nations addressed to the Secretary-General dated 4 September 1947"(September 9, 1947), S/545.

11) "Letter from the representative of Indonesia addressed to the President of the Security Council dated 18 September 1947"(September 23, 1947), S/564.

12) "Letter from the representatives of Australia and Belgium to the President of the Security Council dated 18 September 1947"(September 18, 1947), S/558.

13) "Resolution on the Indonesian Question submitted by the representative of Australia and adopted at the 207th Meeting of the Security Council"(October 3, 1947), S/574.

14) "Text of the Resolution on the Indonesian Question submitted by the sub-committee appointed by the Security Council at its 217th meeting, 31 October 1947"(November 1, 1947), S/594.

르게 된 경위 그리고 양 분쟁 당사자들이 합의한 정치적 해결 원칙에 대해 보고했다.[15] 1948년 정치적 해결 원칙에서 두드러진 사항은 인도네시아합중국(USI)에 네덜란드가 주권을 이양할 때까지 네덜란드령 인디아에 대해 네덜란드가 여전히 주권을 갖는 점, 인도네시아공화국은 USI의 한 주라는 점, 연방체제 내에서 모든 주는 공정하게 대표된다는 점, 자바, 마두라, 수마트라 지역 인민들은 국제적 감시 하에 인도네시아공화국의 구성주가 될지 아니면 다른 주에 속할지 여부를 결정하기 위한 선거를 시행하기로 한 점, 각 주는 헌법제정 회의에서 인구 비례에 따라 대표를 갖는 점, 어느 주이든지 USI 그리고 네덜란드와 특별한 관계를 맺기 위해 협상할 수 있다는 점이다.[16]

1948년 2월 21일 제252차 유엔 안보리 회의에서 인도네시아공화국 대표는 CGO가 중재판정부의 기능을 수행해야 한다고 주장했다.[17] 하지만 네덜란드 대표는 CGO가 당사자들의 사전 동의 없이 CGO의 견해를 그대로 공표하는 것은 원래 '주선'(Good offices)의 성격에 맞지 않으므로 CGO의 견해 표시는 당사자의 동의를 얻은 후에 하거나 안보리에 제출하는 보고서를 통해 견해를 표명해야 한다고 하면서, CGO의 중재판정부로서의 역할에 반대했다.[18] 결국 캐나다가 제안한 안, 즉 양 분쟁 당사자들과 CGO가 1948년 1월 17일

15) "Committee of Good Offices on the Indonesian Question, First Interim Report of the Committee to the Security Council"(February 10, 1948), S/649(이하 CGO 제1차 중간보고서).

16) "Six additional principles for the negotiations towards a political settlement submitted by the Committee of Good Offices at the 4th meeting of the Committee of Good Offices with the Parties on 17 January 1948 and accepted at the 5th meeting of the Committee with the Parties on 19 January 1948", S.649, p. 97.

17) 『유엔연감』, p. 379.

18) 『유엔연감』, p. 380.

정전협정과 1월 19일 합의된 정치적 해결 원칙의 이행과 관련해서 안보리에 직접 보고하도록 하는 취지의 결의안이 채택되었다.[19)]

2. 라와게데 사건 진상 조사단의 활동

1947년 8월 1일자 유엔 안보리의 결의 이후에도 네덜란드와 인도네시아 사이의 무력충돌은 중단되지 않았다. CGO는 1947년 11월 29일 정전에 관한 유엔 안보리 결의를 위반하는지 여부에 대해 조사할 권한이 있다고 판단, 위원회 소속 군인을 활용하여 정전결의 위반 여부에 관한 사실을 조사하기 위해 양 무력충돌 당사자들에게 관련 정보를 제공하도록 요구했다.[20)]

1947년 12월 26일 CGO는 인도네시아 측 특별위원회의 요청을 받아서 CGO 소속 군인들로 구성된 라와게데 조사단(Rawahgedeh Observation Team)에게 카라왕(Karawang) 지역 내 라와게데 상황을 탐문 조사하도록 했으며, 이들이 마두라와 라와게데 지역을 시찰한 보고서를 위원회에 제출했다.[21)] 호주, 벨기에, 그리고 미국 국적의 장교들과 행정원으로 구성된 조사단은 1947년 12월 9일 라와게데 지역 주둔 네덜란드 군대의 작전을 총괄했던 바이넨(Wijnen) 소령을 위시하여 관련자들을 탐문하고 크라왕과 라와게데 지역을 현지 방문하여 민간인들을 조사했다.

라와게데는 바타비아(현 자카르타)에서 70km 떨어진 서자바 지역에 위치한

19) "Draft Resolution submitted by the representative of Canada regarding the first Interim Report of the Committee of Good Offices on the Indonesian Question"(February 18, 1948), S/678.
20) CGO 제1차 중간보고서, para. 29.
21) CGO 제1차 중간보고서, paras. 31~32.

곳으로, 네덜란드의 '치안유지조치' 당시 네덜란드의 행정관할 구역이었으며 주민 대부분이 농민으로서 주로 논농사에 종사했다.

조사단이 라와게데 지역에서 면담한 주민들은 조사단에 적대적이지 않았지만 조사단은 이 지역 내에서 질서가 잡히지 않고 강도나 크고 작은 소요가 오랫동안 있었던 것으로 파악했다. 일본 패망 후 1945년 8월 17일 인도네시아공화국이 선포된 후 인도네시아국민군(Nationalist Army of Indonesia)이 각종 무장단체 구성원들을 포섭할 수 있었지만, 크라왕 지역은 비정규 군인들의 무장활동으로 인해 행정 운영은 불안했다. 1947년 12월 9일 라와게데 사건 이전에 네덜란드군의 '치안유지 작전'이 있었지만 이 지역 내에서 활동하는 무법자들을 완전히 통제할 수는 없었다. 네덜란드군은 1,000km²에 달하는 크라왕 지역을 관리하기에는 그 수가 너무 적었다.[22] 네덜란드 첩보에 의하면 크라왕 지역 내 라와게데와 그 주변에서 다수의 일반인(농부, 노동자 등)과 네덜란드 통제 하에 있는 현지인 경찰에 대해 불법 납치, 감금, 협박, 살상이 있었다.[23]

1947년 12월 9일 라와게데 작전은 바이넨 소령 휘하 90명의 군인이 200~500명의 라와게데 거주민을 상대로 수행한 라와게데 지역 내 범법자 '소탕작전'(clean up operation)이다. 이 작전은 중대장보다 상위의 수준에서 결정될 정도로 중요성을 가졌는데 주목적은 작전 지역 내에서 향후 범법행위를 차단하는 것이었다.[24]

네덜란드 군인들이 작전 수행차 마을 주변에 접근했을 때 주민의 저항은 별

22) "Security Council Committee of Good Offices on the Indonesian Question, Report of the Rawahgedeh Observation Team"(January 12, 1948), S/AC.10/85, p. 4(이하 CGO 조사단 보고서).

23) CGO 조사단 보고서, p. 5.

24) CGO 조사단 보고서, p. 6.

로 없었으며, 살상무기도 발견되지 않았다. 작전 중 사망자 명단은 네덜란드 측 보고에 의하면 150명, 라와게데 종교지도자에 의하면 433명으로 차이가 있었다. 여성, 노인, 아동 중 살상된 사람이 없었다는 점은 네덜란드 군인 측이나 마을 주민들의 의견이 일치했다.[25] 조사단이 취합한 목격자 진술과 작전에 참여했던 군인 그리고 지휘관 바이넨 소령의 진술에 의하면, 네덜란드 군인들은 작전구역 내에서 약식 취조를 통해 파악된 범죄조직원 또는 인도네시아 공화국 군인을 그대로 총살했고 이들의 시신을 거두지도 않았다.[26] 조사단은 네덜란드 군인과 현지 주민 면담, 그리고 관련 지역 방문 등을 통해 라와게데 작전은 '의도적이고 잔혹한'(deliberate and ruthless) 작전이었다고 보고했다.[27]

25) CGO 조사단 보고서, p. 6.

26) CGO 조사단 보고서, p. 7.

27) CGO 조사단의 보고 내용은 나중에 네덜란드 정부 조사위원회 보고서와 라와게데 판결에 매우 큰 영향을 미쳤는데, 조사단 보고서의 근거가 된 사실관계는 다음과 같다. 바타비아(현재의 자카르타)에서 서쪽으로 55km 떨어진 농촌 마을인 라와게데 지역은 1945년 8월 이후 치안이 불안해짐, 1947년 초 인도네시아공화국 군대가 비정규군을 진압하려 했지만 성과는 미미했음, 네덜란드의 '치안유지조치'(police action) 이후 공화국 군대나 민간인 자경단에 의한 질서 유지는 완전히 불가능해졌고, 이 틈을 타 불법 지하단체들이 활동하게 됨, 이들은 마을 지도자들을 제거하거나, 네덜란드에 우호적인 인도네시아인들을 위협하거나, 교통로를 차단하여 자동차로 순찰할 수 없도록 만들었음, 라와게데 지역은 마을 지도자 역할을 수행하는 모슬렘 종교지도자가 사라졌기 때문에 이들의 활동 근거지로 적합했음, 네덜란드 군인의 이번 작전으로 네덜란드인 살상자는 전혀 없었고, 네덜란드 당국의 보고에 따르면 150명이 사망했고, 부상자는 겨우 4명이었음, 네덜란드 군인들은 여성, 노인, 어린이를 분리하고 남성 주민들은 살해했음, 인도네시아인 수용자, 사망자, 부상자들에게서 총기류를 포함한 무기가 발견되지 않았음, 부상자를 치료하기 위한 의료 인력이 작전 지역 내에 투입되지 않았음, 지휘관 명령으로 인도네시아 병사 4인이 심문 후 총살되었음. CGO 조사단 보고서, p. 8.

III. 라와게데 판결의 주요 쟁점

1. 사건 경과

네덜란드 정부는 수십 년간 라와게데 사건의 존재를 부인하지 않았지만 사법적으로 단죄하는 것은 회피하거나 거부해왔다. 퇴역 군인인 욥 호이팅(Joop Hueting)이 1969년 유사한 사례를 폭로하자 네덜란드 정부는 조사위원회 보고서를 통해 군인의 '과도한 행위'(excessive acts)가 있었다는 점을 인정했지만 이 사건에 대한 기소절차는 밟지 않기로 했다.[28] 1970년, 식민지에서 군인으로 복무했던 도른(J. A. A. Doorn)과 헨드릭스(W. J. Hendrix)가 공동집필한 저서 『빗나간 폭력[*Ontsporing van Geweld(Derailment of Violence)*]』에서 유사한 사례가 폭로되면서 대중이 이에 대해 관심을 갖게 되었다.[29]

특히 1987년 네덜란드 기병대 소속 퇴역 중령 헤수히우스(C. A. Heshuhius)와 역사학자인 데용(L. de Jong)이 라와게데 사건의 전쟁범죄 해당 여부를 놓고 벌인 논쟁이 많은 대중적 관심을 끌었다. 데용 교수는 제2차 세계대전 중 네덜란드 공식 역사를 저술하면서 인도네시아에 관한 저술 부분에서 라와게데 사

---

28) Stef Scagliola(2012), "Cleo's 'unfinished business': coming to terms with Dutch war crimes in Indonesia's war of independence", *Journal of Genocide Research*, 14(3-4), pp. 423, 425~6; Stef Scagliola(2007), "The Silences and Myths of a 'Dirty War': Coming to Terms with the Dutch-Indonesian Decolonisation War(1945-1949)", *European Review of History: Revue europeenne d'histoire*, 14:2, p. 248.

29) Aboeprijadi Santoso(Sept. 25, 2011), "Rawagede-why now, what next?", *The Jakarta Post*. 〈http://www.thejakartapost.com/news/2011/09/25/rawagede-%E2%80%93-why-now-what-next.html〉

건을 '전쟁범죄'[oorlogsmisdaden(war crimes)]로 표현했는데, 이 용어가 당시 네덜란드에서는 나치 전쟁 범죄를 연상시키는 민감한 용어였기 때문이다. 데용 교수의 서술에 대해 헤수히우스처럼 네덜란드 동인도 지역에 파병되어 활동하다가 전역한 군인들이 격분했으며, 데용 교수가 그러한 용어를 사용하지 못하도록 만들었다. 이는 당시 동인도 지역 퇴역 네덜란드 군인들의 이해관계를 보수 성향의 자민당(People's Party for Freedom and Democracy : VVD)과 왕족(Prince Bernhard of Orange)이 지지했기 때문이다. 네덜란드 의회는 「동인도 지역 파병 네덜란드 군인들의 과도한 행위에 대한 정부보고서[Government Report on Excesses : Excessennota(1969)]」를 기초로 1946~1950년 기간 인도네시아에 파병되었던 네덜란드 군인들의 전쟁범죄에 대해 논의했다. 하지만 의회의 논의는 언론에서 제대로 다루어지지 않았고, 역사적 사실을 무마하거나 호도하기 위한 방편으로 활용되었다.[30)]

1990년대 들어 네덜란드 국민들이 네덜란드의 식민지배를 비판적으로 인식하기 시작하면서, 작가인 그라 붐스마(Graa Boomsma)가 식민지배 당시의 잔혹행위에 대한 재조사를 촉구했다. 노동당 계열의 정치인인 얀 프롱크(Jan Pronk)도 당시 인도네시아의 인권침해를 비판하는 한편, 수카르노와 1945년 인도네시아의 독립선언을 재평가해야 한다고 역설했다. 하지만 동인도 파병 제대군인들의 로비로 네덜란드 정부는 라와게데 사건에 대한 재평가 작업 요구를 잠재웠다. 그로 인한 기소는 없었으며, 심지어 네덜란드 여왕이 1995년 인도네시아를 방문했을 때 식민통치 시대에 대해 '사과'(excuse)를 표하지도 못

30) Dion van den Berg(2014), "Rekindling a National Debate. How Public and Private Recognition Can Shift the Dutch Discourse on Srebrenica", in Lucien van Liere, Klaas Spronk (eds.), *Images of Enmity and Hope : Texts, Beliefs, Practices*, Lit Verlag, p. 112.

하도록 만들었다. 라와게데 사건이 관심을 끌게 된 것은 1995년 방송된 한 방송사의 기록물에서 라와게데 사건의 관련자들을 불기소처분한 것이 적절한지를 문제 삼았기 때문이다.[31)]

2008년 개시된 민사소송에서 라와게데 사건의 원고들은 라와게데에서 네덜란드 군인들이 자신들의 남편이나 부친을 즉결처형한 불법행위, 그리고 네덜란드 국가가 책임자에 대해 수사하고는 기소하지 않겠다고 결정한 불법행위를 이유로 손해배상금 지급 책임이 있다고 주장했다. 이와 관련하여 네덜란드 국가는 그러한 행위에 대해 유감(regret)을 표하고 라와게데 마을의 발전기금으로 85만 유로를 예산에 반영한 점을 강조하면서도 원고들이 주장하는 두 가지 점에 대해 모두 시효완성의 효과를 주장했다.[32)] 2011년 9월 14일 네덜란드 헤이그 지방법원은 1947년 12월 9일 네덜란드가 식민지배했던 인도네시아 라와게데 마을에서 벌어진 집단처형에 관해 잘못이 있다는 취지의 판결을 내렸다.

2. 본안 전 사항

라와게데 사건의 제1원고부터 제7원고의 배우자와 제8원고의 부친은 1947년 12월 9일 라와게데 사건으로 사망했고, 제9원고는 죽지 않았지만 총상을 입었다. 제10원고는 네덜란드에 소재한 네덜란드 불명예부채 재단

31) Wisah Binti Silan et al. v.(September 14, 2011). "The State of The Netherlands (Ministry of Foreign Affairs)", District Court of the Hague, The Netherlands(이하 라와게데 판결문), para. 2.13. 〈http://www.internationalcrimesdatabase.org/Case/1006〉; Larissa van den Herik(2012), "Addressing 'Colonial Crimes' through Reparations?–Adjudicating Dutch Atrocities Committed in Indonesia", *Journal of International Criminal Justice*, 10, p. 696.

32) 라와게데 판결문, paras. 3.1, 4.3.

[Foundation Komite Utang Kehormatan Belanda (Committee of Dutch Honorary Debt) : 이하 '재단']으로서 2007년 4월 설립되어, 네덜란드 식민 통치 기간 동안 인권 침해를 당한 인도네시아 민간인 희생자 또는 그 유가족의 이익을 대변하는 활동을 수행하면서 네덜란드 정부가 인도네시아 피해자에 대한 가해 사실을 인정하고 손해배상금을 지급하여 인도네시아인 피해자의 법적 구제를 실현하는 사업을 목적으로 하고 있다.[33)]

제7원고는 소송 진행 중이던 2010년 6월 6일 사망했고, 망인의 딸인 레미 빈티 타슬림(Remi Binti Taslim)이 네덜란드 민법에 따라 소송수계를 했다고 주장하자, 피고인 네덜란드 국가는 진행 중인 소송 사건에서 소송 당사자가 사망하는 경우 법정 서류에 의한 통지만으로 소송수계가 이루어질 수 없다고 주장했다. 피고에 따르면 법정 상속인이 소송수계하려면 네덜란드 민사소송법 제225조부터 제227조까지의 규정에 따라 소송 중단 후 수계완성 절차를 밟아야 한다는 것이다. 법원은 제7원고의 소송수계에 대한 원고의 청구를 받아들이지 않고 본안 소송을 진행했다.

3. 본안 사항

1) 즉결처형의 불법행위

라와게데 사건의 법원은 네덜란드 최고법원의 판례를 근거로 이 사건의 원고들이 피고인 네덜란드 국가를 상대로 배상을 청구할 수 있는 시한은 단기소멸시효 5년인데 이러한 시효는 완성되었다고 판단했다. 다만 시효완성의 효과가 '상당성'(reasonableness) 및 '공정성'(fairness) 견지에서 도저히 수긍할 수 없

33) 자세한 사항은 다음 누리집을 참조하시오. 〈http://www.kukb.nl/new/index.php〉

는 경우에는 그러한 시효법리를 배제할 수 있다고 판단했다.

이러한 판단의 근거로서 첫째, 라와게데 사건은 네덜란드 군인들이 식민체제의 유지를 위해 저지른 즉결처형이라는 점, 둘째, 네덜란드 국가가 자신의 지배를 받았던 지역의 인민들을 사법절차 없이 살해하거나 그들에게 심각한 상해를 입힐 권리가 없었다는 점, 셋째, 네덜란드와 신생 인도네시아공화국 사이의 무력충돌로 인해 활동하게 된 유엔 CGO마저도 '고의적이고 잔혹했다'고 평가한 사건을 네덜란드 국가가 기소하지 않기로 결정한 점을 들었다.[34)]

네덜란드 법원은 소멸시효 제도는 증거인멸로 인해 채무자가 원고의 청구에 대해 제대로 대응할 수 없어서 법적 확실성이 저해되는 경우를 차단하기 위한 제도이지만, 라와게데 사건은 이미 널리 공개된 사안이기에 이 사건의 원고들이 청구하는 사항에 대해 피고는 자신을 방어하는 데 필요한 매우 다양한 형태의 증거를 구할 수 있다는 점에서 소멸시효 제도를 엄격히 유지할 필요는 없다고 판단했다.[35)]

네덜란드 법원은 상당성과 공정성 차원에서 시효법리의 적용을 배제했지만 그 범위는 제한했다. 즉 즉결처형 피해자의 미망인 그리고 즉결처형 당시 가까스로 생명을 보전했지만 총상을 입게 된 피해자에 대해서만 시효법리의 적용을 배제하고, 라와게데 사건 당시 출생하지 않았던 제8원고와 라와게데 사건 피해자들과 함께 소송을 제기했던 제10원고인 재단에 대해서는 시효법리를 그대로 적용했다.[36)] 네덜란드 법원은 증거 인멸로 인해 민사소송의 피고가 원고의 청구에 대해 제대로 방어할 수 없다는 차원에서 인정되는 시효법리는 이미 라와게데 사건에 대한 네덜란드령 인디아 지역 사령관과 현지 법률

34) 라와게데 판결문, para. 4.14.
35) 라와게데 판결문, para. 4.18.
36) 라와게데 판결문, para. 4.20.

담당관의 견해, 1969년 의회 조사보고서, 1995년도 의회청문회 등을 통해 해당 사건과 관련해서 충분한 증거를 확보하고 있던 상태였으므로 원고들의 청구에 대응하는 데 불리한 입장에 있지 않았다고 판단했다. 이에 비추어볼 때 한국 대법원이 2005년 외교문서 공개를 통해 강제징용과 관련된 사항이 더 많이 드러나게 되면서 원고들이 이러한 정보를 활용할 수 있었다는 점을 지적한 점은 매우 타당한 분석이라고 여겨진다.[37)]

라와게데 사건의 경우 네덜란드 법원이 '상당성'과 '공정성'을 근거로 시효완성의 효과를 예외적으로 배제한 것은 강제징용에 관한 한국 법원 판결의 입장과 동일한데, 한국 대법원은 강제징용 피해자들의 청구에 대해 '시효'가 완성되었다는 주장은 신의칙에 기반을 둔 권리남용 원칙에 비추어볼 때 허용할 수 없다고 판단했다.

한국 대법원은 일본의 국가총동원법(1938. 4. 1. 법률 제55호)이나 국민징용령(칙령 제451호) 등이 한반도 등 일본 이외의 지역에서 1943년의 칙령 제600호에 의해 같은 해 10월 1일부터 합법적으로 적용되었기에 강제동원이나 강제징용은 없었다는 주장을 허용할 수 없다고 보았다. 더 나아가 국민동원법이나 국민동원령이 합법이라고 해도 강제징용 사건의 피해자들처럼 생명을 잃거나 부상을 당하지 않도록 당시 식민통치 국가였던 일본이 강제징용 피해자들을 보호해야 할 의무를 부담하는데 이러한 의무를 위반한 잘못이 있다는 것이다.

네덜란드 법원이 판단했듯이 네덜란드 국가는 이러한 불법행위에 대한 죄책이 자신에게 있다는 점을 인지하고 있었는데, 그 증거로서 유엔 CGO의 보고서, 네덜란드령 인디아 총사령관 스뽀어(Spoor)와 해당 지역 법률고문관 펠더

37) 대법원 2012. 5. 24. 선고 2009다68620 판결; 대법원 2012. 5. 24. 선고 2009다22549 판결.

호프(Felderhof)의 서신이 판결문에서 언급되었다. 네덜란드령 인디아 총사령관과 법률고문관들은 그 당시의 법률에 따르더라도 즉결처형을 명령한 바이넨 소령은 기소 대상이었다는 것이다. 한국 대법원은 강제징용 관련 사안에 대해 피고인 일본 회사들이 일본국과 함께 공동불법행위를 저질렀다고 판단했는데, 라와게데 사건의 네덜란드 법원이 취한 논리에 따르면 피고회사가 심각성을 알면서도 강제노동을 시킨 것은 그 자체만으로도 불법행위가 성립된다.

네덜란드 법원은 네덜란드 국가의 '뭉개기식 태도'(wait-and-see attitude)도 상당성과 공정성 여부를 판단할 때 감안했다. 네덜란드 법원에 따르면 네덜란드 국가는 당시에 관련 행위의 심각성과 처벌 가능성을 인식했고 그로 인해 손해배상 책임을 부담하게 될 것이라는 점을 알았으면서도 뭉개기식 태도를 취했다. 그럼에도 시효완성을 주장하는 것은 상당성과 공정성에 반한다는 것이다.[38] 이 점에서 네덜란드 법원의 입장은 한국 대법원이 강제징용 사건에서 일본 기업들의 시효완성 주장이 '신의칙에 반하는 권리남용'이라고 판단한 것과 매우 흡사하다.

2) 추가수사 및 공소제기를 하지 않은 불법행위

(1) 소멸시효 완성 여부

라와게데 사건에서 원고들은 즉결처형에 대해 네덜란드 국가가 추가수사를 하지 않은 점 그리고 즉결처형 사건과 관련된 네덜란드 군인들을 기소하지 않은 불법행위에 대해 손해배상을 청구했다. 이에 대해 피고인 네덜란드 국가는 원고의 불법행위 주장에 이의를 제기하는 한편, 원고들이 주장하는 불법행위가 있었어도 소멸시효가 완성되었다고 주장했다. 이에 네덜란드 법원은 우

38) 라와게데 판결문, para. 4.15.

선 원고들이 주장하는 불법행위의 소멸시효가 완성되었는지의 여부에 대해서 판단했다.[39]

한국 강제징용 사건의 제1심 법원에서는 논리적으로는 불법행위 여부를 판단하는 것이 먼저이지만 원고가 주장하는 여러 가지 사항들이 "태평양전쟁 말기인 1944년부터 1945년 일본국의 패전 전후에 이르는 극도의 혼란기에 발생한 사실들이고, 그 발생으로부터도 60년 이상의 세월이 경과한 관계로 그에 대한 충분한 입증이 어려워 원고 등의 당사자 진술에 주로 의존할 수밖에 없는 특별한 사정"이 있기에 그러한 사실관계의 존부 판단을 먼저 하지 않고 설령 "이 부분청구 원인이 사실로 인정되더라도 그에 따른 원고들의 손해배상채권이 이미 시효 소멸되었다는 피고의 항변에 관하여 먼저 살펴보기로 한다"면서 결론적으로 피고의 소멸시효 항변을 기초로 원고의 청구를 기각했다.[40]

네덜란드 법원은 불법행위법[Unlawful Acts (Conflicts of Laws) Act] 제3조에 따라 불법행위지법을 적용하기로 하면서, 처형 사건에 대한 형사절차를 개시하지 않고 처형에 가담한 네덜란드 군인을 기소하지 않기로 한 결정은 네덜란드에서 내려졌기에 네덜란드 법을 적용했다. 네덜란드 법 중 불법행위 청구에 관한 준거법이 현행 민법인지 아니면 구민법인지의 여부에 대해서는 네덜란드 신민법인 현행 민법 내 경과 규정을 적용해서 판단했다. 네덜란드 법원은 1948년 바이넨 소령의 기소 여부를 조사한 후 재판에 회부하지 않기로 결정한 행위가 1948년에 '완성'되었다고 보고, 원고가 주장하듯이 이러한 불법행위의 법률위반 상태가 1969년, 1995년 불기소결정으로 인해 '지속'된다고 판단하지 않았다.[41]

39) 라와게데 판결문, paras. 4.21~4.22.
40) 부산지방법원 2007. 2. 2. 선고 2000가합7960 판결.
41) 라와게데 판결문, para. 4.22.

네덜란드 법원은 1948년에 불법행위가 완성되었기에 네덜란드 신민법 발효일인 1992년 1월 1일 이전에 발생한 행위에 대해서는 신민법의 경과 규정에 따라 구민법, 즉 1992년 1월 1일 이전에 적용되던 네덜란드 법이 적용된다고 판단했다. 네덜란드 법원에 따르면 국가에 대한 청구권 행사의 소멸시효는 단기소멸시효로서 금전채무 지급의무가 발생한 해의 말일부터 5년이기에 소멸시효는 1948년 12월 31일 개시하여 5년인 1953년 12월 31일 완성되는데, 이러한 사항은 신민법에서도 바뀌지 않았다는 것이다.[42)]

(2) 소멸시효 항변의 인용 여부

라와게데 사건의 원고들은 1948년 조사는 전면 비공개였고, 1969년과 1995년의 경우에도 네덜란드 국가로부터 문제된 불법행위와 관련해서 아무런 통지도 받지 않았기에 손해배상금을 청구할 수 없었다고 주장하면서, 네덜란드 국가의 금전채무 지급의무는 이 사건의 원고들이 금전채무 지급을 청구할 수 있었던 2008년이라고 주장했다. 이에 대해 네덜란드 법원은 채권자가 불법행위로 손해를 당한 순간 채무지급의무와 청구권은 동시에 발생하므로 채권자가 그러한 의무의 존재에 대해 알고 있어야 청구권을 행사하는 것은 아니라고 판단했다.[43)]

네덜란드 법원에 따르면 라와게데 사건의 작전 지휘관인 바이넨 소령에 대한 조사는 1948년에 완결되어 결국 기소하지 않기로 결정되었고,[44)] 1969년 네덜란드 의회에서 네덜란드 군인의 과도한 진압작전과 관련해서 토의한 바 있었기에 원고들이 네덜란드 국가의 불기소처분 결정에 관한 사항은 알 수 있

42) 라와게데 판결문, para. 4.23.
43) 라와게데 판결문, para. 4.23.
44) 라와게데 판결문, paras. 4.14, 4.22.

었는데도, 1969년 이후 원고 측에서 소멸시효의 진행을 중단시키려는 조치를 취하지 않았다고 판단했다.[45)]

네덜란드 법원은 라와게데 처형과 관련해서 네덜란드 국가가 추가적으로 수사하지 않은 점 그리고 처형에 책임이 있는 네덜란드 군인을 기소하지 않은 점에 대해서는 시효가 완성되었다는 점에서 원고의 청구를 배척했지만, 원고가 주장하는 네덜란드 국가의 불법행위 여부에 대해서는 평가하지 않았다.[46)]

한국 대법원은 강제징용 사건에서 "소멸시효는 객관적으로 권리가 발생하여 그 권리를 행사할 수 있는 때로부터 진행하고 그 권리를 행사할 수 없는 동안은 진행하지 않지만 여기서 '권리를 행사할 수 없는' 경우라 함은 그 권리 행사에 법률상의 장애사유, 예컨대 기간의 미도래나 조건 불성취 등이 있는 경우를 말하는 것이고, 사실상 권리의 존재나 권리 행사 가능성을 알지 못했고 알지 못함에 과실이 없다고 하여도 이러한 사유는 법률상 장애사유에 해당하지 않는다"(대법원 2006. 4. 27. 선고 2006다1381 판결 등 참조)고 판단했다. 또한 한국 대법원은 '채권자 보호의 필요성이 크고' "채무이행의 거절을 인정함이 현저히 부당하거나 불공평하게 되는 등의 특별한 사정이 있는 경우에는 채무자가 소멸시효의 완성을 주장하는 것이 신의성실의 원칙에 반하여 권리남용으로서 허용될 수 없다"(대법원 2011. 6. 30. 선고 2009다72599 판결 등 참조)고 판단했다.

한국 대법원은 강제징용 사건에서 원고 등이 대한민국에서 객관적으로 권리를 사실상 행사할 수 없었다고 판단했고, 이러한 판단은 파기환송심에서도 그대로 적용되었다.[47)] 강제징용 사건 파기환송심 사건에서 부산고등법원은

45) 라와게데 판결문, para. 4.24.

46) 라와게데 판결문, para. 4.25.

47) 한국 대법원은 원고 등이 권리를 행사할 수 없었던 사유로서 첫째, 1965년 6월 22일 한일국교수립이 있을 때까지 국교 단절로 인하여 피고에 대해 대한민국 판결을 받았

강제징용 사건의 원고들이 일본 소송의 제1심 판결을 선고받은 이후 2000년 5월 1일 한국 법원에 미쓰비시중공업 주식회사를 상대로 손해배상금 지급을 요구하는 소송을 제기할 때까지 청구권을 행사할 수 없는 장애사유를 갖고 있었다고 판단했다.[48] 한국 대법원의 강제징용 사건 판결의 법리와 거의 비슷한 법리를 적용한 서울고등법원의 파기환송심 판결에서도 원고 등이 2003년 10월 9일 일본 최고재판소의 상고기각 및 상고불수리 결정으로 일본 소송이 종료한 이후 2005년 2월 28일 한국의 서울중앙지방법원에 신일본제철을 상대로 손해배상금 지급을 요구하는 소송을 제기할 때까지 한국에서 객관적으로 권리를 행사할 수 없는 장애사유가 있었다고 판단하면서, 강제징용 사건의 원고들이 미쓰비시중공업 주식회사를 상대로 2000년 5월 1일 한국 내에서 소송을 제기한 사정만으로는 원고들에 대한 위 장애사유가 그 무렵 해소된 것으로 볼 수 없다고 판단했다.[49] 네덜란드 법원이 추가수사 및 공소제기를 하지 않은 불법행위 여부에 관한 원고들의 주장에 대해 그러한 행위의 불법성 여부

어도 집행할 수 없었고, 둘째, 1965년 한일국교수립 이후에도 한일청구권협정 관련 문서가 미공개된 상태에서 한일청구권협정 제2조와 그 합의의사록 규정으로 대한민국 국민의 일본국 또는 일본 국민에 대한 개인청구권이 모두 해결되었다는 견해가 일반적으로 받아들여져 있었고, 셋째, 일본이 1965년 청구권협정의 후속조치로서 일본 국내법 제144호인 재산권조치법을 시행했고, 넷째, 원고 자신의 청구권이 1965년 청구권협정으로 소멸되지 않았다는 견해가 1995년 12월 11일 일본 소송에서 그리고 2000년 5월 1일 한국에서 제기된 소송에서 부각되다가 2005년 1월 한국에서 청구권 관련 문서가 공개된 후 2005년 8월 26일 일본의 국가권력이 관여한 반인도적 불법행위나 식민지배와 직결된 불법행위로 인한 손해배상청구권은 청구권협정으로 해결되지 않았다는 민관공동위원회의 공식적인 견해가 표명된 사실을 들었다. 부산고등법원 2013. 7. 30. 판결 2012나4497 판결(이하 부산고법 파기환송심 판결), 27~28면.

48) 부산고법 파기환송심 판결, 13면, 28면.

49) 서울고등법원 2013. 7. 10. 선고 2012나4494 판결(이하 서울고법 파기환송심 판결), 9면, 25면.

를 판단하지 않고 곧바로 소멸시효 판단으로 나아간 후 소멸시효 항변을 인용한 것은 한국 강제징용 사건의 제1심 법원의 판단 과정과 유사하지만, 한국 법원과 달리 네덜란드 법원은 라와게데 사건과 관련하여 충분한 증거가 있다고 판단한 후 소멸시효 항변을 인용한 점이 다르고, 결과적으로 피고의 소멸시효 항변을 신의칙 또는 권리남용으로 배척하지 않은 것은 한국 대법원과 다르다.

4. 피해 구제

1) 재무협정에 의한 일괄타결 범위

라와게데 사건의 피고인 네덜란드 국가는 원고 등의 청구가 1966년 9월 7일 네덜란드와 인도네시아가 체결한 '네덜란드와 인도네시아 사이의 양국 간 미해결 재무 문제에 관한 협정'(Agreement between the Government of the Kingdom of the Netherlands and the Government of the Republic of Indonesia concerning the financial problems still outstanding between the two countries : 이하 1966년 재무협정)에 포함되었다고 주장했지만,[50] 라와게데 사건의 네덜란드 법원은 이러한 주장에 대해 명확한 판단을 내리지 않았다.

1966년 재무협정 서문에 따르면 양국은 아직 해결되지 않은 '재무 문제'(financial problems)를 '정의, 인도주의, 공평의 원칙'(principles of justice, humanity and equity)에 따라서 '총액 지급 방식으로 일괄타결합의'(single, all-inclusive agreement which shall include the payment of a lump sum)한다고 밝혔다. 1966년 재무협정으로 네덜란드 왕국과 인도네시아공화국은 각자가 청구하는 사항의 세부 항목을

50) 라와게데 판결문, para. 4.11.

제시하지 않기로 했으며, 상대방의 청구 사항을 평가하거나 인정하는 것이 아니라고 했다.[51)]

1966년 재무협정에 의해 양 당사국 사이의 재무 문제는 인도네시아 정부가 네덜란드 정부에 대해 6억 길더를 지급하여 '완전하고 최종적인 타결'(full and final settlement)을 하기로 했다.[52)] 이러한 재무 문제에는 네덜란드 국민이 서뉴기니/서이리안(West New Guinea/West-Irian) 지역에 소재하는 재산에 대해 권리를 행사하지 못함으로써 발생하는 손해도 포함하기로 했다.[53)] 이에 따라 1962년 8월 15일 이전에 인도네시아공화국의 입법, 행정조치로 인해 직접 혹은 간접적으로 네덜란드인들의 이익이 침해된 결과 발생하는 모든 재무 문제는 해소되었다.[54)] 하지만 양 당사국 사이의 통상관계 혹은 기존의 금전지급협정에서 발생하는 권리와 의무, 그리고 어느 일방 국가가 상대방 국가 국민에 대해 계약관계 또는 판결로 인해 부담하는 의무에 관한 사항은 제외하기로 했다.[55)] 1966년 재무협정은 '완전하고 최종적인 타결'(full and final settlement)이

51) 1962년 재무협정 제2조.

52) 1962년 재무협정 제4조 제2항.

53) 1966년 재무협정 제1조 제3항. 서이리안(West-Irian) 지역의 행정권한은 네덜란드가 유엔 임시위원회(UN Temporary Executive Authority : UNTEA)에 이양한 후 UNTEA가 인도네시아에 이양하기로 했는데, 1962년 서이리안협정[Agreement between the Kingdom of the Netherlands and the Republic of Indonesia concerning West New Guinea (West-Irian)] 제22조 제3항에 따르면 인도네시아가 서-이리안 지역의 행정권을 이양 받은 후에도 이 지역 주민의 이익과 경제발전에 부합하는 약속을 준수하도록 했다. 이를 위해 네덜란드와 인도네시아 양국은 공동위원회를 설치하여 특허계약(concessions)과 재산권의 성격에 대해 연구하기로 합의했다. 1962년 서이리안협정은 무력충돌이 종료된 후 분쟁 당사자들이 무력충돌로 인하여 발생한 문제를 처리하기 위해 체결한 일종의 평화협정이다. 〈http://peacemaker.un.org/indonesianetherlands-westguinea62〉

54) 1966년 재무협정 제5조.

55) 1966년 재무협정 제5조 제2항, 제1조 제2항.

라는 구절이 포함되어 있어서 일면 한일 양국이 체결한 1965년 청구권협정과 유사한 면이 있지만, 적어도 규정 방식, 금전지급 의무자, 일괄타결 대상의 범위라는 면에서 완전히 다르다. 1966년 재무협정은 네덜란드 국민의 경제적 이익을 보상하기 위한 것이었지 라와게데 사건으로 인한 피해자를 구제하기 위한 것이 아니다. 이러한 이유로 라와게데 사건 관련 네덜란드 법원은 이 사건 원고 등의 청구사항이 1966년 재무협정의 적용 범위에 포함되지 않는다고 판단한 것으로 보인다.

2) 라와게데 판결에 근거한 손해배상금 지급

라와게데 사건에서 네덜란드 법원은 피고인 네덜란드 국가가 라와게데 사건의 피해자와 그 유가족들에게 손해배상금을 지급할 의무가 있다고 하면서, 손해배상금은 후속절차에서 결정하도록 했다.[56] 2011년 11월 23일 네덜란드 외교부는 라와게데 사건 피해자 유가족들과 화해합의를 위한 협상을 개시했으며,[57] 네덜란드 정부는 피해자 유가족 9인에게 일인당 2만 유로(미화 2만 7,000달러 상당)의 손해배상금을 지급하는 데 합의했다.[58]

이후 네덜란드 정부는 네덜란드령 인디아 지역 내에서 발생한 즉결처형 사건의 피해자 미망인의 청구에 대해서도 법원을 통하지 않고 처리하기 위해 라와게데 사건과 남술라웨시 사건에 견주어 '동일한 사례에 대해 동일한 대우'를

56) 라와게데 판결문, para. 4.24.

57) "Consultations on settlement for families of Rawagede victims"(Nov. 23, 2011), 〈http://www.government.nl/news/2011/11/23/consultations-on-settlement-for-families-of-rawagede-victims.html〉

58) "The Netherlands apologies for Rawagede massacre, pays compensation", DutchNews.nl.(Dec. 5, 2011). 〈http://www.dutchnews.nl/news/archives/2011/12/the_netherlands_apologies_for.php〉

한다는 원칙을 세워서 적용하기로 했다. 이에 따르면, 손해배상금 지급 신청인은 네덜란드 군인의 즉결처형으로 사망한 피해자와 혼인관계에 있어야 할 것, 즉결처형은 라와게데 사건이나 남술라웨시 사건에서 다루어진 즉결처형 수준에 이르는 성질을 가질 것, 해당 즉결처형된 사건이 이미 공개된 것일 것, 신청인의 배우자가 즉결처형되었다는 점을 입증할 수 있는 목격자의 진술서를 첨부할 것, 2015년 9월 11일까지 신청서가 접수될 것을 요건으로 했다.[59)]

라와게데 사건 이후 네덜란드 정부는 법적 화해로서, 라와게데 사건에서와 마찬가지로 남술라웨시 사건 피해자의 미망인 10인에게 네덜란드 정부가 공식 사과하고 일인당 2만 유로의 배상금을 지불하기로 합의했다.[60)]

3) 개발지원금과 과거사 해결의 인과관계

라와게데 판결문에서도 언급된 사항이지만, 2009년 3월 당시 네덜란드 개발협력대사(Development Cooperation Minister) 베르트 쿤더르스(Bert Koenders)는 85만 유로를 라와게데[현 발롱사리(Balongsari)] 지원 자금으로 배정했다. 85만 유로의 금전은 학교·시장을 짓거나, 마을 병원을 증축하는 데 사용할 계획이었

59) Bastiaan Scherpen(Sept. 12, 2013), "Netherlands Apologizes for Indonesian Colonial Killings", *Jakarta Globe*, 〈http://www.thejakartaglobe.com/news/jakarta/netherlands-apologizes-for-indonesian-colonial-killings/〉; "Apology for summary executions in Dutch East Indies"(Sept. 13, 2013). 〈http://www.government.nl/news/2013/09/13/apology-for-summary-executions-in-dutch-east-indies.html〉

60) 술라웨시 사건은 1946~47년 네덜란드 동인도군(Royal Netherlands East Indies Army)의 특수부대가 베스테를링(Raymond Westerling)의 지휘 하에 당시 인도네시아 동부 지역 독립군의 주 활동무대였던 남술라웨시 지역에서 무장독립군 1,500명을 즉결 처분한 사건을 말하며, 라와게데 사건에서와 마찬가지로 이 사건에서도 작전 지휘관은 처벌받지 않았다.

다. 2011년 9월 판결이 있기까지 네덜란드 정부는 라와게데 사건에 대해 잘못이나 책임을 인정한 바 없었기에 이 자금은 순전히 개발원조금이고 피해회복조치로서의 배상이나 보상금이 아니었다. 이는 라와게데 마을을 위한 것이 아니고 발롱사리 지역 전체를 위한 자금이었으므로 라와게데 마을과는 아무런 관련이 없는 것이었다.

네덜란드가 배정한 개발원조금은 라와게데, 발롱사리, 카라왕 지역에 직접 지급되지 않고, 인도네시아 중앙정부인 자카르타 내무부에 입금되면 자카르타 내무부에서 학교 건설업자를 지정하고 시기를 지정하는 방식이었다. 네덜란드 정부는 인도네시아 내무부와 이미 협정을 체결했고, 배정된 발롱사리 원조금 중 일부가 2010년 12월 지급되었다고 했다. 하지만 현지 기관은 자카르타 중앙 담당 부서로부터 아무런 연락도 받은 바 없어서, 라와게데 지원금 배정 이후 30개월이 지난 2011년 9월까지 자금은 라와게데 지역에 지급되지 않았다. 자카르타 소재 네덜란드 대사관에서는 인도네시아 내부 행정의 난맥상을 이유로 들면서 보다 더 세부적인 사항을 마련하고 있다고 했지만, 그 세부적인 계획이 무엇인지 알려지지 않았다. 네덜란드 대사관과 인도네시아 관련 기관과의 협조도 순탄하게 진행되지 않았다. 2009년에 배정된 85만 유로 중 25만 4,500유로는 네덜란드 시민단체 히보스 재단(Dutch HIVOS Foundation)에 지급되었다. 히보스 재단은 이 원조금을 라와게데 지역 내 미소금융자본으로 활용하여 라와게데 마을 내 그리고 이웃마을에까지 대출해주었다. 수백 명의 주민들이 히보스 미소금융대출을 받아 총 10만 6,533유로가 대출금으로 지급되었다. 그러나 85만 유로 중 나머지 금액은 라와게데 주민을 위해 전혀 사용되지 않았다.[61)]

61) Michel Maas(Sept. 13, 2011), "Rawagede : still waiting for Dutch aid money", Radio Netherlands Worldwide, 〈http://www.rnw.nl/english/article/rawagede-still-waiting-dutch-aid-money〉

4) 피해회복조치로서 가해자의 사실 인정과 진정한 사과

'1969년 정부 보고서'(Note on Excess)를 통해 네덜란드 정부는 자국 군인들이 인도네시아에서 월권행위인 과도한 폭력행위를 저질렀다는 점을 인정하면서도 이는 '통제되지 않은 게릴라 전쟁'(unregulated guerilla war) 와중에 인도네시아인들의 매복 공격, 테러행위에 대응해서 수행한 소탕작전과 대테러행위라고 평가했다.[62] 1995년에는 라와게데 사건의 즉결처형은 범죄행위라는 점을 공식 확인하면서도 시효가 완성되었기에 네덜란드의 1971년 법에서 전쟁범죄나 반인도적 범죄의 경우 시효가 적용되지 않는다는 규정과 상관없이 기소할 수 없다는 입장을 취했다.[63]

네덜란드는 외교적으로 '유감 표시'(regret)라는 용어를 사용했지만 2011년 12월 9일까지 '사과'(apology)라는 용어를 사용한 적이 없었다. 2005년 네덜란드 각료 중 처음으로 인도네시아 독립 60주년 기념식에 참석했던 당시 네덜란드 외무장관 벤 보트(Ben Bot) 역시 네덜란드 군인의 '치안유지조치'는 역사상 오류였다고 하면서도 'apology' 용어는 사용하지 않았다.[64] 2008년에 라와게데 사건 피해자 추모식에 네덜란드 공직자로서는 처음 참석했던 네덜란드의 주인도네시아 대사 니콜라오스 판 담(Nikolaos van Dam)은 자신이 네덜란드 행정부와 의회를 대표해서 참석하는 것이며, 네덜란드 정부가 라와게데 사건

62) 라와게데 판결문, para. 2.11.

63) 라와게데 판결문, para. 2.15.

64) 네덜란드 외무장관 벤 보트는 개인적으로도 동인도 지역 파병 제대군인이었고, 바타비아에서 일본 수용소에 수감되었던 경험이 있었지만, 그의 발언은 정치적이고 도덕적인 차원의 '과거사 인정'이었을 뿐 법적으로 네덜란드의 책임을 인정하고 사과한 것은 아니었다. "Dutch withhold apology in Indonesia", *The New York Times Asia Pacific*(August 17, 2005). 〈http://www.nytimes.com/2005/08/16/world/asia/16iht-Indo.html?_r=0 〉

에 대해 유감을 표시한다고 발언했다.[65] 이 모임에서 2007년 10월 네덜란드 정부가 소멸시효 완성으로 인해 라와게데 사건 피해자들에게 배상금을 지급하지 않기로 결정한 후 네덜란드 시민단체에서 모금한 5,000유로(미화 6,240달러)가 9명의 미망인들과 1명의 생존자에게 전달되었다.

2011년 12월 9일에는 주인도네시아 네덜란드 대사인 치어드 데 즈완(Tjeerd de Zwaan)이 라와게데(현 발롱사리)를 방문하여 사과하면서 특히 자신의 사과는 네덜란드 행정부만의 사과가 아니라 의회와 네덜란드 국민의 지지 하에서 하는 사과라는 점을 강조했다.[66] 2013년 8월 30일 네덜란드 수상 마르크 뤼터(Mark Rutte)가 1945년에서 1949년 사이 인도네시아 내에서 네덜란드 군인들이 자행한 즉결처형에 대해 공식 사과했다.[67] 2013년 9월 12일 주인도네시아

---

65) "The Dutch Government regrets the actions of Dutch soldiers in Rawagede in 1947. This incident was one of the worst examples of the painful and violent relationship between the Netherlands and Indonesia at that time." "Netherlands regret Rawagede", *Jakarta Post*(December 10, 2008). 〈http://www.thejakartapost.com/news/2008/12/10/netherlands-regret-rawagede-tragedy.html〉

66) 연설문의 관련 부분은 다음과 같다. "I am not here today on behalf of the Dutch government alone: my presence here is also endorsed by parliament and has the broad support of the Dutch people …… In this context, and on behalf of the Dutch government, I apologise for the tragedy that took place in Rawagedeh on 9 December 1947." 〈http://indonesia.nlembassy.org/appendices/news/speech-ambassador.html〉

67) 마르크 뤼터 수상은 "식민통치에 대해서 그리고 치안조치와 관련해서 사과한다"(Usually when we talk about apologies, it's about our role in the colonial past or our role in the Police Actions)고 했으며, 2005년 네덜란드 외무장관 벤 보트가 말했듯이 "네덜란드가 역사적으로 잘못을 저질렀다"(the Netherlands at that time stood at the wrong side of history)는 말은 여전히 유효하다고 했다. Bastiaan Scherpen(Sept. 12, 2013), "Netherlands Apologizes for Indonesian Colonial Killings", *Jakarta Globe*. 〈http://www.thejakartaglobe.com/news/jakarta/netherlands-apologizes-for-indonesian-colonial-killings/〉

네덜란드 대사인 치어드 데 즈완이 남셀레베스(현 술라웨시)와 라와게데(현 발롱사리)에서 1945~49년 기간 중 발생한 즉결처형에 대해 다시 한 번 사과하면서 미래로 나아가기 위해 과거를 직시해야 한다고 강조했다.[68)]

5) 인도네시아에 대한 라와게데 사건 판결의 의미

라와게데 사건 판결을 계기로 인도네시아인들도 자신들의 굴곡진 역사를 성찰하고 국가 차원의 폭력행위로 인한 피해자를 구제해야 할 숙제를 안게 되었다. 수하르토 정부 당시 대 네덜란드 외교관계의 최우선 순위는 네덜란드의 경제 원조를 확보하는 것이었다.[69)] 당시 네덜란드 혹은 인도네시아 어느 쪽도 라와게데 사건과 같은 비극적인 사건을 조사하려 하지 않았다. 수십 년 동안 인도네시아 내외에서 제기되던 비판적 견해는 무시되었다. 네덜란드 여론이 나서서 베아트릭스(Beatrix) 네덜란드 여왕이 식민지배 시기에 대해 '사과'하도록 요구했을 때에도 인도네시아 외무장관은 "지나간 일을 문제 삼아 불편하게 할 일이 있는가?"(Do we have to raise old wounds)라고 했을 뿐이다.

2005년 네덜란드 외무장관 벤 보트가 인도네시아의 독립절에 참석한 자리에서 네덜란드는 1947년 대규모 군대를 인도네시아에 파병한 것은 역사적으로 잘못된 선택이었다고 하면서, "고통 받은 사람들에게 심심한 유감을 표시한다"(express my profound regret for all that suffering)고 했다. 이러한 발언에 대해 주

68) "INDONESIA: Dutch Ambassador to Indonesia, Tjeerd de Zwaan, presents a state apology for summary executions in the former colony carried out between 1945 and 1949"(Sept. 12, 2013). 〈http://www.itnsource.com/en/shotlist//RTV/2013/09/12/RTV120913050/?v=1〉

69) Aboeprijadi Santoso(Sept. 25, 2011), "Rawagede—why now, what next?", *The Jakarta Post*. 〈http://www.thejakartapost.com/news/2011/09/25/rawagede-%E2%80%93-why-now-what-next.html〉

인도네시아 네덜란드 대사관은 대사의 발언이 네덜란드의 인도네시아 식민통치에 대한 사과 표명이 아니라고 말했다. 나아가 중요한 것은 네덜란드 정부가 인도네시아의 독립일을 1949년 12월 27일이 아니라 1945년 8월 17일로 인정한 점이라고 재삼 강조했을 때에도 인도네시아 외무장관 하산 위라유다(Hassan Wirayuda)는 인도네시아 정부가 네덜란드에 대해 식민통치에 관한 사과를 요구한 적이 없다고 강조했다. 왜냐하면 수하르토 정권 자신이 인도네시아 아체(Aceh) 지역이나 파푸아(Papua) 지역 그리고 동티모르(Timor-Leste) 지역 내에서 유사한 범죄를 저질렀기에, 네덜란드에 대해 라와게데 사건과 같은 네덜란드 식민지배 기간 발생한 범죄를 단죄하도록 요구할 수 없었기 때문이다. 이제 라와게데 사건으로 인도네시아 정부도 자신의 범죄에 대해 배상해야 할 책임을 부담하게 된 것이다.

IV. 맺음말

라와게데 판결은 법과 역사 양쪽에 모두 걸쳐 있으며, 네덜란드 국가와 사회에 대해 그동안 외면했던 과거를 직시하도록 촉구하는 면이 있다. 라와게데 판결은 라와게데 사건 자체보다 더 넓은 견지에서 네덜란드 국가와 사회가 자신의 식민통치 시대를 뒤돌아볼 수 있는 계기를 만들어주었다는 데 더 큰 의미가 있다.

라와게데 판결이 내려질 수 있었던 것은 2010년대 들어 네덜란드에 신세대가 등장하면서 소멸시효 주장을 배척할 수 있는 사회적 분위기가 만들어졌기 때문이다. 라와게데 사건에서 네덜란드 법원은 즉결처형의 경우 시효완성의 효과를 제한했다. 네덜란드 법원이 즉결처형과 관련해서 자국 국내법 원칙을 적용했음에도 시효완성의 효과를 일부 제한할 수 있었던 것이다. 이는 현재의 국제법에서 반인도적 범죄를 포함한 국제범죄의 경우 시효제한을 없애는 추세에 부응하는 것이다.

라와게데 사건은 네덜란드 역사상 큰 오점이었으며, 라와게데 판결에 앞서 30년 아니면 40년 이전에 네덜란드가 이 사건의 피해자들에게 사과하고 손해배상금을 지급했어야 했다. 이 사건의 원고들이 소송 진행 중에 사망하거나 승소했을 당시에도 80세 혹은 90세를 넘긴 고령이었기 때문이다. 라와게데 판결을 통해 '심각한 인권침해는 시효가 없다는 점'이 부각되었으며, 라와게데 판결 이후 네덜란드 국가가 피해자들에게 일인당 2만 유로의 금전배상을 하기로 한 것은 정의를 세우는 해결책이 되었다. 뿐만 아니라 피해자에 대한 배상 이외에 과거의 잘못을 시정하기 위한 방법으로 네덜란드 국가의 진심어린 '사과'가 중시되었던 것도 주목할 만하다.

라와게데 사건이 기록으로 남을 수 있었던 것은 유엔 CGO의 공적이다. CGO가 라와게데 지역 내 잔혹행위에 대한 인도네시아공화국의 조사 요청을 받아들였기 때문이다. 네덜란드와 인도네시아는 링가자티협정 제17조 (B)항에서 협정의 해석과 관련하여 발생한 분쟁을 양자 협의 방식으로 해결하지 못하는 경우 양측이 의장을 선출하여 의사결정을 하도록 했다.[70] 이 협정 이후에도 양측이 무력사용을 중지하지 않자 유엔 안보리는 중재 혹은 다른 평화적

70) 링가자티협정의 관련 규정은 다음과 같다. "B The Netherlands Government and the Government of the Republic of Indonesia shall settle by arbitration any dispute which might arise from this agreement and which cannot be solved by joint consultation in conference between those delegations. In that case a chairman of another nationality with a deciding vote shall be appointed by agreement between the delegations or, if such agreement cannot be reached, by the President of the International Court of Justice."

분쟁 해결 방식을 활용하도록 촉구했다.[71] 유엔 CGO는 양 분쟁 당사자들이 자신들을 대변할 국가들을 1개국씩 선정하고 이들 양국이 세 번째 국가를 의장 국가로 선정하는 3개국으로 구성되었다. CGO가 네덜란드와 인도네시아 양측을 구속할 정도의 권한을 갖는 중재위원회의 성격을 갖는지에 대해서는 유엔 안보리에서 의견이 나뉘었지만 최종적으로 중재위원회의 기능을 수행하지 않는 것으로 정리되었다.[72] CGO와 같은 위원회를 구성할 경우 유엔사무총장을 활용하는 방법은 매우 중요하다.[73] 유엔 사무총장은 유엔사무국의 최고위직 공무원으로서 국제평화와 안전 유지에 위협이 되는 사항에 대해 유엔 안보리가 관심을 갖도록 하여 국제분쟁의 평화적 해결에 매우 중요한 역할을 수행할 수 있는데, 그중에서도 주선(good offices) 기능을 활용하도록 분위기 조성을 할 수 있기 때문이다. 유엔 CGO 방식은 한일 양국의 1965년 청구권협정 제3조에서 양 당사국들이 스스로 중재위원회를 구성하지 못할 경우 대안으로 제시되는 방식과 거의 동일한 점에서 주목할 만하다.[74]

71) 안보리 결의 S/459.

72) 1948년 2월 21일 유엔 안보리의 제252차 회의에서 CGO가 네덜란드와 인도네시아 양 분쟁 당사국의 요청 없이도 제안사항을 공개할 수 있는지에 대해 인도네시아 측은 CGO의 권한이 확대되어 중재위원회의 기능을 수행할 정도가 되어야 한다는 견해를 밝혔다. 그러나 네덜란드 측은 CGO의 권한 범위 내에서 양 측의 요청을 기다리지 않고 의견을 표명하는 데에는 반대가 없지만, 양 측의 사전 동의 없이 CGO 요구 사항을 공표하는 것은 주선위원회의 본래 성격에 맞지 않는다고 반대했다. 『유엔연감』, p. 380.

73) B. G. Ramcharan(1982), "The Good Offices of the United Nations Secretary-General in the Field of Human Rights", *76 American Journal of International Law 130*, p. 131.

74) 1965년 한일청구권협정 제3조의 관련 규정은 다음과 같다. "3. 어느 일방 체약국의 정부가 당해 기간 내에 중재위원을 임명하지 아니했을 때, 또는 제3의 중재위원 또는 제3국에 대하여 당해 기간 내에 합의하지 못했을 때에는 중재위원회는 양 체약국 정부가 각각 30일의 기간 내에 선정하는 국가의 정부가 지명하는 각 1인의 중재위원과 이들 정부가 협의에 의하여 결정하는 제3국의 정부가 지명하는 제3의 중재위원으로 구성한다."

부산고등법원 2013. 7. 30. 판결 2012나4497 판결.
서울고등법원 2013. 7. 10. 선고 2012나4494 판결.

"Apology for summary executions in Dutch East Indies"(September 13, 2013).
"Committee of Good Offices on the Indonesian Question, First Interim Report of the Committee to the Security Council"(February 10, 1948), S/649.
"Consultations on settlement for families of Rawagede victims"(November 23, 2011).
"Draft Resolution on the Indonesian Question submitted by the representative of Australia at the 171th meeting of the Security Council"(July 31, 1947), S/454.
"Draft Resolution on the Indonesian Question submitted by the representative of Australia at the 192nd meeting of the Security Council"(August 22, 1947), S/512, II.
"Draft Resolution on the Indonesian Question submitted by the representative of the United States at the 192nd meeting of the Security Council"(August 22, 1947), S/514.
"Draft Resolution submitted by the representative of Canada regarding the first Interim Report of the Committee of Good Offices on the Indonesian Question"(February 18, 1948), S/678.
"Dutch withhold apology in Indonesia", *The New York Times Asia Pacific*(August 17, 2005).
"INDONESIA: Dutch Ambassador to Indonesia, Tjeerd de Zwaan, presents a state apology for summary executions in the former colony carried out between 1945 and 1949"(September 12, 2013).
"Letter from the acting representative of Australia on the Security Council addressed to the Secretary-General dated 30th July 1947"(July 30, 1947),

S/449.
"Letter from the Netherlands representative to the United Nations addressed to the Secretary-General dated 4 September 1947"(September 9, 1947), S/545.
"Letter from the representative of Indonesia addressed to the President of the Security Council dated 18 September 1947"(September 23, 1947), S/564.
"Letter from the representatives of Australia and Belgium to the President of the Security Council dated 18 September 1947"(September 18, 1947), S/558.
"Netherlands regret Rawagede", *Jakarta Post* (December 10, 2008).
"Resolution on the Indonesian Question adopted by the Security Council at its 173th meeting"(August 1, 1947), S/459.
"Resolution on the Indonesian Question submitted by the representative of Australia and adopted at the 207th Meeting of the Security Council"(October 3, 1947), S/574.
"Resolutions on the Indonesian Question adopted at the 194th and 195th meeting of the Security Council"(August 26, 1947), S/525.
"Security Council Committee of Good Offices on the Indonesian Question, Report of the Rawahgedeh Observation Team"(January 12, 1948), S/AC.10/85.
"Six additional principles for the negotiations towards a political settlement submitted by the Committee of Good Offices at the 4th meeting of the Committee of Good Offices with the Parties on 17 January 1948 and accepted at the 5th meeting of the Committee with the Parties on 19 January 1948", S.649.
"Text of the Resolution on the Indonesian Question submitted by the subcommittee appointed by the Security Council at its 217th meeting, 31 October 1947"(November 1, 1947), S/594.
"The Netherlands apologies for Rawagede massacre, pays compensation", DutchNews.nl.(December 5, 2011).
Berg, Dion van den(2014), "Rekindling a National Debate. How Public and Private Recognition Can Shift the Dutch Discourse on Srebrenica", in Luc-

ien van Liere, Klaas Spronk (eds.), *Images of Enmity and Hope : Texts, Beliefs, Practices*, Lit Verlag.

Central Intelligence Group(June 9, 1947), "Basic Dutch-Indonesian Issues and the Linggadjati Agreement"(Ore 20).

Herik, Larissa van den(2012), "Addressing 'Colonial Crimes' through Reparations?–Adjudicating Dutch Atrocities Committed in Indonesia", *Journal of International Criminal Justice*, 10.

Maas, Michel(September 13, 2011), "Rawagede : still waiting for Dutch aid money", Radio Netherlands Worldwide.

Ramcharan, B. G.(1982), "The Good Offices of the United Nations Secretary-General in the Field of Human Rights", *76 American Journal of International Law 130*.

Santoso, Aboeprijadi(September 25, 2011), "Rawagede–why now, what next?", *The Jakarta Post*.

Scagliola, Stef(2007), "The Silences and Myths of a 'Dirty War': Coming to Terms with the Dutch–Indonesian Decolonisation War(1945~1949)", *European Review of History: Revue europeenne d'histoire*, 14:2.

Scagliola, Stef(2012), "Cleo's 'unfinished business': coming to terms with Dutch war crimes in Indonesia's war of independence", *Journal of Genocide Research*, 14(3-4).

Scherpen, Bastiaan(September 12, 2013), "Netherlands Apologizes for Indonesian Colonial Killings", *Jakarta Globe*.

Silan, Wisah Binti et al. v.(September 14, 2011). "The State of The Netherlands (Ministry of Foreign Affairs)", District Court of the Hague, The Netherlands.

Yearbook of the United Nations(1947~48).

중국인 강제연행·강제노동 사건 일본 최고재판소 판결에서의 중국 국민의 청구권 포기에 대하여

중대한 국제인도법 위반과 청구권포기조약

일본 변호사 **다카기 요시타카**

중국인 강제연행·강제노동 사건 일본 최고재판소 판결에서의 중국 국민의 청구권 포기에 대하여

중대한 국제인도법 위반과 청구권포기조약

일본 변호사 **다카기 요시타카[高木喜孝]**

I. 머리말

2005년 12월 16일, 유엔 총회결의(만장일치)

유엔 총회가 '국제인권법 및 국제인도법에 관한 중대한 위반에 대한 피해자가 구제 및 배상을 받을 권리에 관한 기본원칙과 가이드라인'(Basic Principles and Guidelines on the Right to a Remedy and Reparation for Victims of Gross Violations of International Human Rights Law and Serious Violations of International Humanitarian Law)을 채택하면서, 피해자의 개인청구권—승전국 국민·패전국 국민을 막론하고, 피해자 개인의 권리—이 명확해졌다.

이보다 앞선 2005년 4월 19일, 유엔인권위원회(2006년 6월에 유엔인권이사회로 승격) 채택.

동 인권위원회 전체 투표(40:0:13). 일본·중국은 찬성. 미국·독일은 기권.

독일의 의견 "국가책임의 원칙, 중대한 인권 침해에 대해서도 법적 권리를 개인에 주지 않는다."

현대의 유고슬라비아나 르완다 등의 임시 국제형사재판소의 활동과 제2차 세계대전의 독일·일본에 대한 전후 배상 소송 움직임이 같이 공진·공명.

이러한 동향은 2003년의 상설 국제형사재판소(ICC)의 발족과도 관련이 있다.

1991년부터 시작된 유엔 이라크배상위원회는 기업 등의 피해자 개인 청구를 바탕으로 각 정부가 모아서 제출하고 심사했다.

II. 일본 전후 배상 소송의 국제법적 쟁점 –청구권포기조약의 항변

1. '시간의 벽'과 미국 소송에 대한 기대

1) 헤이든(Hayden)법(2010년 말까지 소송시효 연장 1999년 캘리포니아주법)과 독일·일본을 피고로 하는 미국 소송의 발흥

일본 및 독일의 전후 보상 소송에서의 '시간의 벽'(소멸시효와 제척 기간)에 대해 캘리포니아 주가 소송시효를 특히 연장하는 헤이든법을 제정. 당시에 미국 소송에 기대가 집중되었다.

2) 소송시효의 항변을 대신하여 조약의 항변이 새롭게 등장

샌프란시스코평화조약 14조 (b)항의 연합국 국민의 청구권포기 조항.

미국 소송에서 처음으로 피고 일본 정부와 가해 기업은 샌프란시스코평화조약 및 중일공동성명으로 중국 국민의 청구권은 포기되었다는 조항을 항변으로 냈다. 이에 따라 연합국 국민의 청구권은 "소멸되었다"는 미국과 일본 쌍방의 정부의견서가 제출되었다(이 내용은 일본에서의 '원폭 소송'에서 일본 정부가 '외교보호권만 포기'했다는 주장과 완전히 다르다).

2000년 캘리포니아 북부 연방 지방재판소 워커(Walker) 판결(미국 포로·샌프란시스코평화조약으로 기각).

2001년 제2 워커 판결(중국·한국 강제노동 사건·헤이든법은 연방헌법 위반, 시효로 기각).

2001년 위안부 소송 판결(외국 주권 면제로 기각).

일본 및 가해 일본 기업을 피고로 하는 미국 소송은 조약의 항변(샌프란시스코평화조약의 국민청구권 포기 조항)에 따라, 헤이든법 자체를 연방 정부에 전속(專屬)하는 외교 권한을 침범하기에 헌법 위반이라 하여 패소했고, 2005년에 종결되었다. 냉전시대의 국제정치·외교의 벽을 명백히 했다(단, 중일공동성명이나 한일청구권협정에 관한 판단은 포함하지 않는다).

3) 미국에 있어서의 독일·기업피고소송 및 피고 독일 기업과 정부가 참가한 강제노동기금 설립

(1) 독일 국내 소송

독일과 관련해서는 전후의 평화조약은 없고, 냉전 하 1953년 '런던채무협정'을 통해 연기했다. 협정 당사국 외에 민간 기업에 대해서도 마찬가지.

'연방보상법' 같은 것을 바탕으로 나치의 박해를 받은, 주로 유대·로마(게다가 독일 영내의 거주자에게 대한)에 대한 보상체제를 정비했다.

1990년 독일 통일과 관련된 '2플러스 4조약'으로 "독일 문제는 해결했다"고 선언했다[배상 문제의 명문(明文) 없음].

그 후로도 독일 국내 소송에서는 "전쟁 배상 문제는 국가 간에 있어서만 해결"이라면서 개인 청구를 기각한다('머리말'의 유엔 결의에 대한 독일의 대응).

'2플러스 4조약'의 당사국이 아닌 동유럽·러시아와 각 '화해협정'을 체결했다.

독일 정부·기업에 대한 독일 국내 소송은 외국인 원고가 모두 패소했다.

(2) 1990년대 미국에서 독일 기업의 활동이 활발해짐에 따라 강제노동 사건의 가해 독일 기업을 피고로, 주로 유대인을 원고로 하는 1,000여 건의 제소가 집중되었고, 미국 전체의 사회 문제로 주목받았다. 냉전체제 하에 배상 문제에 관한 평화조약이 없는 미국과 독일 간의 전후 처리의 애매함이 드러났다.

1992년 프린츠(Printz) 판결(외국 주권 면제로 패소·화해).

1999년 지멘스(Siemens) 사건('정치 문제'이자 정부 간의 문제로 간주되어 관할 외).

2000년 7월 미국과 독일 양국 정부의 협의에 근거하는 독일 정부(독일 사회민주당·녹색당)와 기업부담금에 의한 강제노동기금('기억·책임 그리고 미래'기금)이 성립되면서 소송은 종결되었다. 동 기금은 냉전 종결에 대응해서 널리 동유럽 전역을 포함한 지역을 대상으로 삼았다(2007년까지 동유럽·러시아 등 약 100개국의 약 166만 5,000명에게 약 44억 유로를 지불했다).

2. 일본 소송에서의 청구권포기조약의 항변

1) 한일청구권협정("어떠한 주장도 할 수 없다")

'재산, 권리 및 이익' 및 '청구권'에 관한 외교보호권을 상호 포기(그에 더하여 국내법의 조치법에 따른 권리 소멸).

2) 샌프란시스코평화조약 국민의 청구권포기 조항의 해석

'외교보호권만 포기'(일찍이 일본의 '원폭 소송'에서 국민의 청구권을 포기한 책임을 추궁 받은 일본 정부는 외교보호권만을 포기했으므로 청구권은 소멸하지 않았고, 정부에 대한 손배 청구는 기각되어야 한다고 답변했다)에서 미국 소송에서의 새로운 항변을 거쳐 "상대국은 청구를 거절할 수 있다"로 크게 달라졌다(네덜란드 포로·억류시민 손배 소송 도쿄고등재판소 판결 2001년 10월 11일). 전후 배상 소송은 샌프란시스코평화조약이 승전국·패전국 모두 국제인도법 위반 같은 비인도적 행위의 개인 희생자를 묵살한 점을 명시했다.[1)]

3) 중일공동성명

중일공동성명 제5항("일본국에 대한 전쟁 배상의 청구를 포기한다")의 항변

중국 국민의 청구권 포기인가?

니시마쓰건설[西松建設] 중국인 강제연행·강제노동 사건 최고재판소 판결(2007년 4월 27일)은 "청구권의 '포기'란 청구권을 실체적으로 소멸시키는 것까지를 의미하는 것이 아니라, 해당 청구권에 입각하여 재판상 소구(訴求)할 권능을 잃게 되는 것에 그친다"고 판결했다.

(1) 판결이 주장하는 '샌프란시스코평화조약의 틀'

최고재판소 제2 소법정의 판결은 일본과 미·영·네덜란드·프랑스를 포함하는 연합국(중국 및 소련은 참가하지 않음)과의 샌프란시스코평화조약 제14조 b항(연합국 국민의 청구권 포기) 및 19조 a항(일본국 국민의 청구권 포기)의 정부에 의한 '청구권 포기'의 해석에 관해, 조약법에 관한 비엔나협약의 원칙, 즉 평화회의에 있어서의 양쪽 '국민의 청구권 포기' 조항에 관한 논의·협상 과정(동 비엔나협약 제32조 '조약 준비작업 및 조약 체결 시의 사정')을 일체 검토하지 않고, 단번에 다음과 같이 독

1) 다카기 요시타카[高木喜孝](2005), 「국제인도법과 개인청구권–네덜란드인 포로·민간억류자 소송 및 영국 등 구 연합국 포로·민간억류자 소송–헤이그조약의 정신은 냉전 후의 현대에 되살아난다」, 申惠丰·高木喜孝·永野貫太郎 편저, 『전후 보상과 국제인도법 개인의 청구권을 둘러싸고』, 일·영 대역, 明石書店.

단한다.

> 평화조약을 체결하면서 전쟁 수행 중에 발생한 각종 청구권에 관한 문제를 사후적·개별적인 민사재판상의 권리행사로써 해결한다는 처리 방식을 세웠다면, 이는 앞으로 어느 국가 또는 국민에 대해서라도 평화조약 체결 시에는 예측 곤란한 과대한 부담을 지게 만들고, 혼란을 야기하게 될 우려가 있으며, 평화조약의 목적을 달성하는 데 방해가 된다는 생각에 의한 것이라고 풀이된다.

최고재판소 제2 소법정은 정부에 의한 '국민의 청구권 포기' 조항이 무엇을 의미하는지, 그 '조약 준비작업 및 조약 체결 시의 사정'에 대해, 실제로는 회의에서 네덜란드 정부가 "자국민의 개인청구권의 수용을 의미하는 것은 아니다"라고 강력하게 주장하고 있던 점을 알고 있다.

네덜란드 정부는 14조 b항에 대해 "이 청구권의 포기에는 사권(私権)을 수용하는 효과는 없으며, 네덜란드 국민은 일본 재판소에 일본 정부나 일본 국민을 상대로 제소할 수 있지만, 네덜란드 정부는 이를 지지할 수 없다는 의미"(이것은 원폭 소송에서의 일본 정부가 일찍이 '외교보호권만' 포기한다는 논리에 가깝다)라는 해석을 일본 측에 통고하고 동의를 구해왔다.

네덜란드 정부의 입장으로서는 헌법이 국민의 사권을 수용할 수 없다고 정한 사정도 있었고, 청구권의 소멸을 받아들이기 어려운 국민 여론도 있었던 것이다.

이에 대해 일본 측은 "사권 몰수의 효과를 가지는 것이 아니라, 다만 조약의 결과 국민은 청구권을 일본 정부 또는 일본 국민에게 추궁할 수 없게 되는 것에 그친다"고 주장했고, 네덜란드 대표 스티커(Stikker)는 이를 알고 격노했다. 이러한 내용들은 판결이 언급하지 않은 공공연한 사실이다.

즉 샌프란시스코평화조약 14조 b항에 대해서는 회의가 한창인 때에 그러한 '국민의 청구권 포기'의 법적 효과에 관해 결정적이라고 할 만한 해석의 차이를 내포하고 있었던 것이다.

실제로 일본 정부는 1956년 네덜란드 정부와 '모종의 개인청구권에 관한 의정서'를 체결하고, 당시 1,000만 미 달러를 지불했으며, 게다가 동 의정서 제3조에서 "네덜란드 정부는 동 정부 또는 네덜란드 국민이 제2차 세계대전 동안 일본국 정부 기관이 네덜란드 국민에게 준 고통에 대해 어떠한 청구도 일본국 정부에 대해 제기하지 않을 것을 확인한다"고 되어 있다. 결국 '국민의 청구권 포기' 조항에 대해 그 모호함은 현저하다는 최고재판소 제2 소법정의 주장은 사실과 다르며, 이것은 공공연한 사실이다.

즉 네덜란드 정부는 '국민의 청구권 포기'에 대해 일본에 실제로 배상을 지불한다는 취지를 약속 받고[요시다[吉田]-스티커(Stikker) 서한] 비로소 14조 b항의 표현을 허용한 것으로, 포기한 후 일본이 자발적으로 배상을 지불했다는 최고재판소 제2 소법정의 해석은 뒤집어졌다. 그것은 일본 정부의 해석을 모방한 것에 지나지 않는다.

최고재판소 제2 소법정이 정부에 의한 '국민의 청구권 포기'에 대해 이전의 원폭 소송에 있어서의 도쿄 지방재판소 판결처럼 명백하게 "국민의 청구권은 소멸했다"고 판시하지 않고, 다음과 같이 매우 애매한 표현을 하는 것은, 위와 같은 결정적 해석의 차이가 있다는 것을 충분히 알고 있었기 때문이다.

> 그리고 샌프란시스코평화조약의 틀에서의 청구권 포기의 취지가 위에서 말한 바와 같이 청구권의 문제를 사후적·개별적인 민사재판 상의 권리 행사에 의한 해결에 맡기는 것을 피한다는 점에 있는 것에 비추어보면, 여기에서

말하는 청구권의 '포기'란 청구권을 실체적으로 소멸시키는 것까지를 의미하는 것이 아니라, 해당 청구권에 입각하여 재판상 소구할 권능을 잃게 하는 데 그치는 것으로 해석하는 것이 타당하다.

이 최고재판소 제2 소법정의 지극히 애매한 표현은 위에서 언급한 샌프란시스코평화회의에서 일본 정부가 네덜란드 정부에 대해 설명한 그대로이다.

(2) 중일공동성명으로 중국 정부는 중국 국민의 청구권을 포기했나?

최고재판소 제2 소법정은 중일공동성명으로 중국 정부가 중국 국민의 청구권을 포기했는가 하는 중대한 외교 문제에 대해 중국 정부의 견해를 전혀 들으려 하지 않고, 사법부라고는 생각할 수 없는 매우 비약에 가득 찬 정치적 논리로 "중국 정부가 중국 국민의 청구권을 포기했다"고 판결했다.

최고재판소 제2 소법정의 판결은, ① 중일공동성명은 "평화조약의 실질을 갖는다", ② 중일공동성명에서 전쟁 배상 및 청구권의 처리에 대해 "샌프란시스코평화조약의 틀과 같은 규정이 이루어졌다", ③ "중화인민공화국 정부는 중일공동성명 제5항을 전쟁 배상뿐만 아니라 청구권의 처리도 포함해서 모든 전후 처리를 한 창설적인 규정이라고 파악하고 있는 것은 명확하다"는 구성에 따르고 있다.

원래 중일공동성명 제5항은 "중화인민공화국 정부는 중일 양국 인민의 우호를 위해 일본에 대한 전쟁 배상의 청구를 포기할 것을 선언한다"고 표현되었고, '국민의 청구권'은 전혀 언급하지 않았다. 최고재판소 제2 소법정도 이는 부정할 수 없다. 따라서 사법 해석으로서는 앞서 말한 조약법에 관한 비엔나협약 제32조에 따른 것 말고는 없다. 또 원칙적으로는 그 이전에 중국 정부의 견해도 들어야 한다.

그러나 최고재판소 제2 소법정은 중일공동성명 제5항의 해석에 있어서 중국 정부의 견해를 들으려 하지 않았고, 변호인단이 중국 정부의 공식 견해를 청취해야 한다고 주장한 것을 당일 각하하면서 이를 무시했다.

최고재판소 제2 소법정은 상기와 같은 해석을 하는 것에 대해 "공표된 중일 국교정상화 협상의 공식 기록이나 관계자의 회고록 등에 입각한 협상을 거쳐 이제는 공공연한 사실이 된 협상 경위 등을 바탕에 두고 생각했다"고 말했다. 하지만 구체적으로 그러한 공식 기록 및 회고 등을 일체 적시하지 않은 이상, 어차피 단순히 일본 측에 치우친 자료에만 의거하는 것에 지나지 않는 점은 명백하다.

이러한 편파적이고 일방적인 해석이 조약법에 관한 비엔나협약 제32조에 명기되어 있는 "조약의 준비작업 및 조약의 체결 시의 사정"을 검토한 결과라고 할 수는 없다. "평화조약의 실질을 갖는" 것이 '샌프란시스코평화조약의 틀'과 같다고 추론하는 것도 요컨대 일본 정부 측의 정치적 의도에 대해 그것을 모방하는 것에 지나지 않으며, 공동성명의 다른 한쪽인 중국 정부의 준비작업이나 사정 등에도 입각하지 않았기 때문에 당연히 공식 견해로 뒷받침되지 않는다.

따라서 최고재판소 제2 소법정의 판결은 중국 정부 견해의 근거가 완전히 결여된, 일본 정부 측의 정치적 의사만을 반영한 이상한 정치적 판결일 뿐이다. 정치적 판단이라 하더라도 사법 판단으로서는 실격이다.

이러한 정치적 판단은 중국 국민의 청구권에 관해 중국 정부와의 외교 문제를 야기하게 될 것이다. 실제로 중국 외교부 류젠차오[劉建超] 보도국장은 같은 날 이 판결에 대해 "위법이므로 무효"라는 담화를 발표했다.

단, 중국 정부는 동 판결에 대해 "위법이므로 무효"라고 항의했지만, "국

민의 청구권은 포기하지 않았다"라고까지는 표명하지 않았다.[2)]

동 판결에 따라 중국인 원고의 일본 소송은 종결로 향했다.

(3) 동 판결의 부언 '당사자', 즉 일본국 정부와 가해 기업이 "피해의 구제를 위해 노력을 하는 것이 기대되는 시점이다"에 바탕을 둔 가해 기업과 화해의 동향

가해 기업과의 화해는 2000년 11월 29일 하나오카[花岡]광산 중국인 강제연행 사건의 화해 성립을 위한 '하나오카평화우호기금'이 설립되었다.

2004년 9월 29일 오에야마[大江山] 중국인 강제연행·강제노동 사건에 대한 화해가 성립되었다.

2009년 10월 및 2010년 4월 니시마쓰건설과 화해가 성립되었다.

2011년 이래 미쓰비시 머티리얼과의 화해가 협상 중이며, 이러한 동향이 다른 가해 기업 약 20개 회사로 파급되는 것은 불가피하다(이 미쓰비시 머티리얼과의 협상이 난항을 겪은 사건이 최근 베이징 제1 중급인민법원이 수리한 사건).

2) 「중국 정부는 중국 국민의 청구권을 포기했는가?－니시마쓰건설(西松建設) 중국인 강제연행·강제노동 사건의 최고재판소 제2 소법정 판결(2007년 4월 27일)에 대해서」, 『중국연구월보』 2007년 7월, 제61권 제7호, 중국연구소; 『변연협통신』 제95호(중국어판 있음).

III. 피해자가 속한 나라의 법원에서의 소송 −조약의 항변, 냉전체제의 국제법 해석을 초월하여

전후 배상 소송은 가해국인 독일·일본의 법원에서의 소송 및 미국 소송부터 피해자가 속하는 나라의 법원에서의 소송으로 전개되었다.

가해국이자 냉전체제의 '수익국'인 독일과 일본의 법원은 조약의 항변을 용인하기 쉽다. 일본에서의 전후 배상 소송은 결국에는 냉전체제의 '조약의 항변'(독일에서는 분단으로 인해 평화조약이 없음)을 용납하는 큰 정치체제의 벽에 부딪쳤다. 한편 냉전 후에 피해자가 속한 나라의 법원에서는 냉전체제의 정치적 문맥이 소멸되어, 가해국 법원과는 반대로 '외국 주권 면제'나 조약의 항변을 초월하여 국제인도법을 우선시킨다. 이것은 독일에 대해서도 마찬가지이며, 동아시아에서 일본에 대한 전후 배상 소송에 대해서도 마찬가지이다.

1. 유럽

그리스 2000년 5월 4일, 그리스 대법원이 디스토모(Distomo)마을 사건에 대해 '외국 주권 면제'의 원칙을 배제하고, 원고 승소 판결을 내렸다(단, 특별대법원에서 뒤집힘).

이탈리아 2008년 10월 21일, 이탈리아 파기원(破棄院)은 치비텔라(Civitella)마을 사건에 대해 '외국 주권 면제'의 원칙을 배제하고, 독일과의 청구권포기협정이 있는데도 불구하고, 원고 승소 판결을 내렸다(이외에 24지방법원·2항소심).

(2004년 3월 11일 강제노동 사건의 펠리니(Ferrini) 판결)

국제인도법에 대한 중대한 위반행위에 대해서는, ① 외국 주권 면제를 배제, 그리고 ② 평화조약의 국민청구권 포기는 무효가 된다. 이러한 동향은 국제인도법에 있어서의 피해자 개인의 권리를 우선시키는 획기적인 것으로서 국제인도법의 미래를 여는 내용이다.

독일은 2008년 12월 23일 국제연합의 사법기관인 국제사법재판소(ICJ)에 제소(2011년 1월 12일, 그리스도 소송에 참가)해서 소송했다. 국제인도법에 관한 신구(新旧) 두 사상의 싸움이 되었지만, 2012년 2월 3일 외국 주권 면제를 우선시켜 국제인도법 위반을 예외로 하지 않는 판결(12 대 3)로 독일은 승소했다. 낡은 사상이 여전히 ICJ에서는 우세하다. 트린다데(Trindade) 반대 의견은, 국제인도법에 대한 중대한 위반에는 '외국 주권 면제'의 원칙을 배제하고 피해자를 구제해야 한다고 했다.

피해자가 속하는 나라의 법원에서 국제인도법이 전진하는 것을 ICJ(2009년 2월 6일~2012년 2월 5일 오와다[小和田] 소장)가 가로막았다. 실로 지금도 냉전체제의 정치적 문맥을 끌어오는 현대 국제정치체제의 벽이다.

2. 한국 – 한일청구권협정으로 청구권은 "완전하게 최종적으로 해결된" 것인가

2012년 5월 24일 한국 대법원은 1심·2심 패소(일본 소송에서는 최고재판소 판결로 패소 확정)한 징용공의 청구(① 히로시마미쓰비시[広島三菱] 징용공 피폭자 사건, ② 신일본제철[新日鉄] 징용공 사건)에 대해, ① 반인도적 불법행위의 피해는 한일청구권협정의 범위에 포함되지 않는다, ② 본 건에 대해 원고들은 한국 내에서 청구하지 못한 객관적인 사정이 있었으므로 소멸시효의 주장은 부당하며, 신의에 반하는 권리 남용이므로 허용할 수 없다, ③ 일본 최고재판소 판결은 전쟁 동원을 합법적인 것으로 보고 있으나, 한국 헌법의 정신에 반하는 것이므로 승인할 수 없다고 환송하여 판결을 내렸다(2013년 7월 10일 서울고등법원, 같은 달 30일 부산고등법원에서 원고 승소 판결).

동시에 동 판결은 청구권 포기 조항에 대해 외교보호권의 포기에 그치며, 일본의 국내 조치로 소멸되었다고 하더라도 한국이 이것을 외교적으로 보호하는 수단을 상실했을 뿐이라고 했다. 이것은 니시마쓰건설 중국인 강제연행·강제노동 사건의 최고재판소 판결이 조약의 국민청구권 포기 조항에 의해 개인의 청구권은 소멸하지 않으나 "재판상 소구할 권능을 상실했다"고 인정한 것과 얼핏 비슷하지만, 실제로는 결정적으로 다르게 인정하는 것이다.

즉 위의 일본 최고재판소 판결은 문맥상 어느 나라에서도 "재판상 소구할 권능을 상실했다"('구제 없는 권리')고 하는 데 반해, 본 판결은 일본의 국내 조치로 소멸되었다고 하더라도 한국이 이것을 외교적으로 보호하는 수단을 상실한 것일 뿐이기 때문에 한국 법원에서의 청구권은 소멸하지 않았으며, 재판상 소구할 권능이 있으므로 용인할 수 있다는 것이다. 동아시아에서도 피해자가 속한 나라의 법원에서의 소송에서는 조약의 항변을 초월하여 인도법을 우선하는 커다란 길이 열렸다(여전히 한국 대법원 판결은 외교보호권의 포기의 법적 효과에 대해 상기 판결 취지에서 문맥상 반인도적 불법행위의 피해에 입각한 청구권으로 한정하는 것으로 이해할 수 있다).

3. 중국

1) 2000년 12월 27일, 중국 변호사들이 강제연행·강제노동 사건에 대해 가해기업 5개 회사를 피고로 하여 허베이성[河北省] 고급인민법원에 제소했다. 그러나 이러한 제소는 2000~2014년 2월까지 불수리 상태가 계속되었다.

2002년, 중화전국율사(律師)협회가 '대일민간색배소송공작지도소조(対日民間

索賠訴訟工作指導小組)'를 발족했다.

2010년 9월 새롭게 '지도소조' 외의 중국 변호사가 산둥성[山東省] 고급인민법원에 제소했지만, 2014년 4월 현재 불수리 결정도 없이 불수리 상태가 계속되고 있다. 중국 민사소송법 제112조의 불수리 결정도 없다. 소송법에 근거한 불수리 결정이 아니라, 정치적인 불수리 상태이외에는 있을 수 없다. 중국에서는 이렇게 여전히 '피해자가 속한 나라의 법원'에서의 소송은 시작되지 않았다.

강제노동 사건에 관해 2009년 10월, 2010년 4월에 니시마쓰건설과 화해가 성립한 뒤, 나머지 20여 개 회사 중 1개 회사인 미쓰비시 머티리얼과 사실상 화해 협상을 계속했지만 난항을 겪었다.

2014년 3월, 베이징 시 제1 중급인민법원이 사건을 정식으로 수리. 처음으로 강제노동 사건에 대해서 소송이 수리되었다. 단, 선행 및 후속 소송에 대해 아직 수리·불수리는 결정되지 않고 있다.

2) 중국 정부는 '강제연행·강제노동', '위안부', '유기 독가스 무기'(2012년 4월, 독가스무기금지조약에 근거하는 유기화학무기 처리에 대해 중일 양국 정부가 10년을 더 연장하기를 신청. 1조 엔을 넘는 규모가 될 것으로 상정되고 있다)를 3가지 전쟁 유류 문제로 보고 있다. 중국 정부의 민간배상 문제에 대한 태도는 애매하지만, 만일 중일공동성명으로 중국 국민의 민간전쟁배상청구권이 포기되었다고 하더라도 이 3가지의 국제인도법에 대한 특히나 더 중대한 침범은 그 범위 밖에 있다는 의미일 것이다. 적어도 이 문제에 대해서는 일본 정부와 중국 정부의 협력을 통해 국제인도법의 정신에 입각한 해결이 필요하다. 그것이 동아시아에 있어서의 도의와 국제인도법에 기반을 둔 평화체제를 만든다.

IV. 맺음말

전후 배상 소송은 국제인도법 위반의 피해자 개인을 묵살한 제2차 세계대전의 전후평화조약=냉전체제의 재검토를 요구하는 것이다.

일본에서의 전후 배상 소송은 아시아·태평양에 있어서 전승국과 패전국을 불문하는 국제인도법의 확립과 평화를 지향하는 국제연대의 행동이다.

전후 배상 소송과 관련하여 나온 조약에 의한 청구권 포기가 법적인 의미에 관한 모든 예를 정리해두었다. 시대에 따라 또 재판소에 다라 크게 법적 해석이 다르며, 또 변천하고 있다. 청구권 포기의 법적인 의미는 원래 한결같지 않다.

1-1. 미국 소송에서의 미일 양국 정부의견서
청구권은 소멸했다. "extinguished"
1-2. 원폭 소송의 도쿄 지방재판소 판결 상동(上同) 소멸

2. 니시마쓰건설 일본 최고재판소 판결
"청구권을 실체적으로 소멸시키는 것까지를 의미하는 것이 아니며, 해당 청구권에 입각하여 재판상 소구할 권능을 잃은 것에 그친다."(2007년 4월 27일)

3. 네덜란드 포로·억류 시민소송 항소심 일본 정부 주장
"국내법상의 권리에 입각한 청구에 응하는 법률상의 의무가 소멸한 것으로서 이를 거절할 수 있다."(2001년 2월 27일)

4. 원폭 소송 일본 정부 주장
외교보호권의 포기에 그쳤고, 국민의 청구권은 소멸하지 않았다(따라서 정부에 보상 책임은 없다. 전후 보상 소송에서 3에 의해, 사실은 3과 같다는 것이 폭로되었다).

5. 한국 대법원 판결(2012년 5월 24일)
(반인도적 불법행위에 의한 청구권은 한일청구권협정의 범위에 포함되지 않으며, 설령 포함된다 하더라도) 외교보호권의 포기에 그쳐 동 청구권을 소멸시키지 않는다.

6-1. 이탈리아 파기원의 치비텔라(Civitella)마을 학살 사건 판결(2008년 10월 21일)
독일-이탈리아 간의 청구권포기협정은 무효.
6-2. 1949년 제네바 4조약의 공통조항 국제인도법에 대한 중대한 위반행위를 면책

시키는 조약은 무효.
(고문 혹은 비인도적 대우 등 국제인도법에 대한 중대한 침범행위와 관련하여) "자국이 져야 할 책임을 모면하거나, 또는 다른 체약국을 그 나라가 져야 할 책임에서 모면시켜서는 안 된다."('전시에 있어서의 문민 보호에 관한 1949년 제네바조약' 148조)
전쟁에 관해서 국가는 더 이상 전부가 아니다. 국가는 현대의 국제인도법에 열후(劣後)하다.

• 참고자료 2

'전후 보상 소송 문제를 생각하는 변호사연락협의회'(변연협)
전후 보상 소송의 발흥과 1992년 12월의 호소, 일본 소송의 변호인단을 망라한 상호 협력조직(사무국 주임 발표자).
변연협 회의(1993년 3월 12일 제1회 변연협 회의~제112회)와 『변연협사무국통신』 전송 1호~123호.
전후보상재판 공개 포럼 제17회(2014년)

사이트(일본어): http://www.koukun.com/sengohoshou/
사이트(중국어): http://www.koukun.com/sengohoshou/minjiansuopei/

일본의 '전후 보상' 현황과 국가관행의 문제점

전후보상네트워크 간사대표 **아리미쓰 켄**

일본의 '전후 보상' 현황과 국가관행의 문제점

전후보상네트워크 간사대표 **아리미쓰 켄[有光健]**

I. 전후 처리에 관한 주요 일본 법률·조치의 사례

1. 일본 정부의 기본방침

'사죄 · 보상'이 아니라 '원호'(배상·보상은 조약·협정에 의해 해결 완료).

1) 후생성 소관

- 전상병자 특별원호법.
- 중국 잔류 일본인 등의 원활한 귀국 촉진 및 영주 귀국 후의 자립 지원에 관한 법률.
- 전상병자 전몰자 유족 등 원호법.
- 전몰자 등의 유족에게 대한 특별조위금지급법.
- 전상병자 등의 처에 대한 특별급부금지급법.
- 원자폭탄 피폭자에게 대한 원호에 관한 법률(피폭자원호법).

＊ http://www.mhlw.go.jp/stf/seisakunitsuite/bunya/hokabunya/senbotsusha/seido03/index.html에서

① 전상병자 전몰자 유족 등 원호법에 기초를 두는 원호.

② 전상병자 특별원호법에 근거하는 원호 등.

③ 각종 특별급부금지급법 및 특별조위금지급법에 근거하는 원호.

• 장애인연금⇒일본 연금기구.

2) 총무성 소관

• 은급법(참고: http://www.soumu.go.jp/main_content/000215762.pdf).

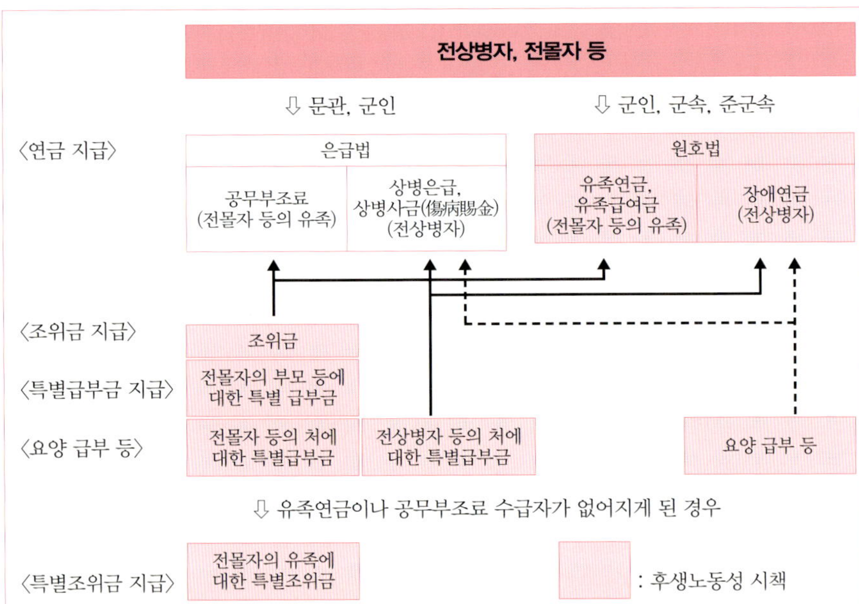

〈그림 1〉 일본 후생노동성과 총무성의 전후 보상 시책

2. 상기 이외의 입법·조치

① 대만 전 일본군인·군속 전상병자에 대한 조위금 지급(1987·88년 의원입법, 1인 200만 엔을 2만 9,645명에게, 총 592억 9,000만 엔).

② 시베리아 억류·귀환자 등 위로·위령(1988년 평화기념사업특별기금 10만 엔의 국채+10만 엔 여행권 지급, 2010년 폐지 예정이었던 것을 2013년까지 연장)⟹'전후 강제 억류자 특별조치법'(2010년 제정, 2012년 3월까지 약 6만 8,000명에게 1인당 25~150만 엔 지급, 약 6만 7,000명에게 총액 약 200억 엔을 평화기념사업 특별기금에서 지급).

③ 사할린 잔류 한국·조선인 귀국 지원책(1988~2007년도까지 약 70억 엔 거출, 이산가족재회·일시귀국을 거쳐 영주귀국 지원으로. 일본적십자사/대한적십자사에 위탁).

④ 재일 전 일본군인·군속 전상병자에의 조위금 지급(2000년 의원입법·'평화조약 국적이탈자 등인 전몰자 등에 대한 조위금 등의 지급에 관한 법률', 전몰자 1명 260만 엔·전상병자 400만 엔을 414명에게 지급, 총액 8억 5,280만 엔).

⑤ '위안부'·여성을 위한 아시아 평화 국민기금(1995~2007년·민간기금·모금에 의한 '보상금' 지급, 피해자 반발, 약 50억 엔 정부 거출, 피해자에게는 5억 엔, 한국·대만·필리핀 285명만, 1인 200만 엔+의료복지지원금 120~300만 엔. 별도 네덜란드 79명에게 1인 300만 엔을 지급. 2007년 3월 해산).

⑥ 중국 잔류 일본인 지원(잔류 고아 총 약 2,700명, 그 중 2,476명과 잔류 부인 등 3,775명이 일본으로 귀국. 1994년 의원입법, 영주귀국자의 9할인 약 2,000명이 제소. 재판을 받아서 2007년 11월 의원입법으로 중국 잔류 일본인 등 지원법을 개정, 연금·생활 지원을 대폭 증액. 2013년 말에는 배우자에게도 지원을 확대).

⑦ 재외피폭자 지원·원호법 해외 적용(1991년 대한적십자사에 40억 엔, 2003년 말 이후, 국가 패소 후, 해외 적용으로. * 91년 당시 한국 피해자 요구 3,450억 엔, 재한 피폭자에 대한 의료비 지급을 인정한 10/24오사카[大阪] 지방재판소 판결을 받고, 현재 정부가 의료비 조성 증액을

검토 중).

⑧ 대만 확정채무 반환(1994년 8월 31일 '무라야마[村山] 담화'에 입각하여, 1995~2000년 일률 120배로 총 350억 엔 지불, * 대만 측의 요구는 7,000배).

⑨ 중국 유기화학무기 처리(1999~2007년도까지 약 778억 엔 투입, 30~40만 발의 처리에 향후 20년 이상, 경비는 몇 천억 엔 이상으로 전망).

II. 해외에서 요구되고 있는 전후 보상 사례

① 전시 성폭력 피해('위안부'·강간 피해, 한국·북한·중국·대만·필리핀·인도네시아·티몰·파푸아뉴기니·네덜란드 외).

② 강제 연행·강제 노동(미지급 임금·공탁금도, 중국·한국·북한).

③ 한국·조선인 전 군인·군속(상이자·유골 미반환·시베리아 억류, * 대만·재일은 일단 대응 완료).

④ 한국·조선·대만인 전 BC급 전범.

⑤ 연합국원 포로·민간억류자(미국·영국·호주·뉴질랜드·캐나다·네덜란드 등).

⑥ 학살 피해(중국·필리핀·인도네시아·파푸아·싱가포르 등).

⑦ 731부대 세균전·인체 실험 피해(중국 외·연합국 포로·조선인).

⑧ 독가스·포탄 유기 피해(중국).

⑨ 무차별공폭 피해(중국).

⑩ 사할린 잔류 한국·조선인(중국 잔류).

⑪ 외국적 원폭 피폭자(각국에 거주, 2세).

⑫ 경제 피해(군표(軍票)·확정 채무 등, 홍콩·대만·필리핀·말레이시아 외).

⑬ 인도네시아 피징용자(병보(兵補)·로무샤-노무사).

⑭ 토착민 피해(북방 소수민족·대만 고산족·하이난 섬 등).

III. 일본에서의 재판 결과

1. 재판 결과

1) 재외 피폭자·건강관리수당 등의 소송 이외에는 패소. 하급심에서는 일부 승소

1998년 '위안부' 1심 야마구치[山口]지방재판소, 2001년 '우키시마[浮島]호' 1심 교토[京都]지방재판소.

입법에 의한 해결을 재촉하는 판결.

2) 패소 이유·국가와 기업 측 논거

① 1965년 한일청구권협정으로 해결 완료.

② 국제법상으로도 개인의 청구권 없음.

③ 시간의 벽(시효·반대).

④ 국가무대답책.

2. 화해

① 일본제철 가마이시[釜石] 소송 : 유족 11명에게 위령 비용으로 1인당 5~200만 엔, 총 2,005만 엔 지불(1997. 9. 21 신일본제철과 법정 외 화해, 국가와는 최고재판소 패소).

② 일본강관(日本鋼管) 소송 : 원고 1인 410만 엔(1999. 4. 6 도쿄[東京]고등재판소).

③ 제1차 후지코시[不二越] 소송 : 원고 3명+미제소 4명+유족회+원고단장에게 일괄 3,500만 엔, 1인 200~600만 엔(2000. 7. 11 최고재판소).

④ 하나오카[花岡] 소송 : 원고 11명⇒986명 전체 피해자·유족 대상, 피고 가시마[鹿島]가 하나오카평화우호기금에 5억 엔 기탁(1인당 50만 엔, 2001. 9. 27 지불 시작)(2000. 11. 29 도쿄고등재판소).

⑤ 일본야금(日本冶金) 오에야마[大江山]니켈광산 소송 : 중국인 원고 6명(그중 2명은 고인으로 유족이 계승)에게 1인당 350만 엔, 총 2,100만 엔을 해결금으로서 지급(2004. 9. 29 오사카[大阪]고등재판소, 국가와는 최고재판소 패소).

⑥ 니시마쓰건설[西松建設] : 히로시마[廣島] 야스노[安野]·원고 8명⇒360명 전체 피해자·유족 대상, 니시마쓰가 기금 2억 5,000만 엔을 자유인권협회에 기탁(1인 약 70만 엔, 2009. 10. 23). 나가노[長野] 시나노가와[信濃川] 소송·원고 5명⇒183명 전체 피해자·유족 대상, 니시마쓰가 기금 1억 2800만 엔을 중국인권발전기금회에 기탁(1인 약 70만 엔, 2010. 4. 26).

IV. 일본 정부의 입장 – 개인청구권을 둘러싸고

원칙적으로는 개인청구권을 부정하지 않고 있지만, 실태적으로는 권리 행사할 수 없다.

구제 입법은 가능(입법 재량).

1. 1991년 8월 27일 참의원 예산위원회 야나이 순지[柳井俊二] 외무성 조약국장 답변

"소위 한일청구권협정에서 양국 간의 청구권 문제는 최종적으로 동시에 완전히 해결한 셈입니다. 그것이 의미하는 바는 한일 양국 간에 존재하고 있던 각각의 국민의 청구권을 포함하여 해결했다는 것입니다만, 이것은 한일 양국이 국가로서 가지고 있는 외교보호권을 서로 포기했다는 것입니다. 따라서 소위 개인의 청구권 그 자체를 국내법적인 의미에서 소멸시켰다는 것이 아닙니다. 한일 양국 간 정부 차원에서 이것을 외교보호권의 행사로서 다룰 수는 없다는, 이러한 의미입니다."

2. 1992년 2월 26일 중의원 외무위원회 야나이 순지 외무성 조약국장 답변

"그렇다면 그 개인의 소위 청구권이라고 하는 것을 어떻게 처리했는가인데, 이 협정에서는 소위 외교보호권을 포기했다는 것으로 한국 분들에게 말씀드리자면, 한국 분들이 우리나라에 대해 개인으로서 그러한 청구를 제기하는 것까지는 막고 있지 않다, 그러나 한일 양국 간에 외교적으로 이를 다루는 것은 외교보호권을 포기하고 있기 때문에 그것은 불가능하다, 이런 것입니다. …… 그 국내법에 의해 소멸시키지 않고 있는 청구권은 그렇다면 무엇인가 하게 됩니다만, 이것은 그 개인이 청구를 제기하는 권리라고 해도 좋다고 생각합니다만, 일본의 국내 재판소에 한국의 관계자 분들이 소송을 제기하는 것까지는 막지 않고 있다는 것입니다.

…… 단지, 이것을 재판의 결과, 어떤 식으로 판단할 것인가 하는 것은, 이것은 사법부 쪽 판단에 따른다는 것은 있습니다."

3. 1999년 9월 8일 참의원 결산위원회 노나카 히로무[野中廣務] 관방장관 답변

"과거 대전의 배상 및 재산 및 청구권의 문제에 관해서는 기존에 말씀드린 대로, 샌프란시스코평화조약이나 2국 간의 평화조약, 그리고 기타 관련된 조약 등에 따라 성실하게 대응을 해왔습니다. 이 조약들의 당사국 간에는 해결 완료된 셈입니다. 이 조약 등을 근거로 하여 이른바 일본군'위안부' 문제에 관해서 새로운 입법을 포함시켜 어떤 조치를 취할지는 이 조약들이 규정하고 있는 문제가 아니라고 생각할 수 있는 바입니다. 또 그러한 조치를 취하는 것이 헌법상의 문제를 발생시킬 일은 없다고 생각하는 바입니다."

V. 한국 측 견해의 변화

한국 사법부의 결정이 한국 정부 견해의 변경을 촉진시키고 있다.

① 2011년 8월 30일 헌법재판소가 '위안부'·피폭자의 경우는 1965년 한일청구권협정의 대상외인지의 여부를 일본 정부와 협상하도록 한국 정부 외교부에 명하는 결정.

② 2012년 5월 24일 대법원은 강제 노동 피해자들의 주장을 인정하고, 피해자들이 패소한 원심을 파기하고, 원고 승소의 취지로 원심에 환송. 2013년 서울·부산고등법원이 미쓰비시중공[三菱重工]·신일본제철에 배상

을 명하는 판결.

VI. 문제점 – 확대되는 한일의 불일치

① 한일 양국 사법부의 정반대의 결론.

② 한국 사법의 판단으로 촉진되는 한국 정부의 변화·궤도 수정이 낳는 알력.

③ 내셔널리즘, 미디어의 영향을 배경으로 한일 양국 여론의 반발.

④ 일본 측의 근저에 식민지지배·점령에의 반성·가해의식, '전후 보상'에 대한 국가의사의 결여(역사 인식·전쟁의 총괄 부족, 인권 의식의 미숙).

VII. 해결에 대한 제언

① 1965년 청구권협정의 '완전하고 동시에 최종적으로 해결론'의 극복⇒새 협정·추가 협정 체결.

② '위안부'·'징용공'·'사할린'·'피폭자'·'문화재' 등을 포괄하는 종합적인 패키지의 필요성(일본 측의 식민지지배·강제동원에 대한 역사적인 책임의 자각과 명확화를 촉구)⇒1998년 한일공동선언의 '실패'를 인정하고, 과거도 미래도 소중히 하는 기본 원칙을 서로 널리 크게 확인하는 새로운 공동선언이 필요(역사적·정치적 책임에 대한 인식이 모자란 상태에서의 개별 대응으로는 한계).

③ ②의 사업을 실현·실시하기 위한 포괄적인 기금이 필요⇒독일 기금의 예를 배우고, 일본 국내의 역사적인 휴면재원(休眠財源)도 활용.

식민지지배와 전쟁을 둘러싼 또 하나의 폭력에 대하여

도시샤대학 교수 **오타 오사무**

식민지지배와 전쟁을 둘러싼 또 하나의 폭력에 대하여

도시샤[同志社]대학 교수 **오타 오사무[太田修]**

I. 식민지지배·전쟁이라는 폭력과 그 책임

20세기 전반 일본의 식민지지배와 전쟁은 아시아 사람들에게 틀림없는 폭력이었다. 특히 조선에서는, 1930년대부터 1945년까지의 식민지지배 하에서의 전쟁 동원으로 인해 사람들의 인권이 침해되고, 생활이 파괴되었다. 아시아 사람들은 1945년부터 현재까지 이러한 폭력에 대한 책임을 일본에 물어왔다. 이제 그 물음은 지구상의 온갖 국가폭력 및 인권침해로 향하고 있다. 오늘 새삼 확인해둬야 할 것은 식민지지배와 전쟁은 국가에 의한 폭력 그 자체이며, 그 책임에 대한 추궁과 피해의 청산이 세계 사람들의 과제로 대두되고 있다는 것이다. 2013년 7월 서울과 부산고등법원, 11월 광주지방법원의 판결도 그러한 조류 속에서 파악할 수 있을 것이다.

2013년 7월 한국의 서울고등법원과 부산고등법원에서 일본의 식민지지배 하의 조선인 강제동원 피해자에 대한 보상을 명하는 판결이 나왔다. 전자는 한국인 전 징용공 4명이 신일철주금(구일본제철)을 상대로 손해배상을 청구한 환송 공소심의 판결로, 서울고등법원은 7월 10일 전 징용공의 개인청구권을 인정하면서 1인당 1억 원의 배상 지급을 명했다. 후자도 마찬가지로 한국인 전 징용공 5명이 미쓰비시[三菱]중공업을 상대로 손해배상을 청구한 환송 공소심의 판결로, 부산고등법원은 30일에 전 징용공의 개인청구권을 인정하고 1인당 8천만 원의 지급을 명했다.

그런데 피고인 신일철주금과 미쓰비시중공업 측과 일본 정부, 일본의 주요 언론은 이에 대립하는 견해를 표명했다. 신일철주금과 미쓰비시중공업 측은 "징용공의 보상을 포함한 청구권 문제는 국가 간의 정식 합의로 완전하고도 최종적으로 해결되었다. 그것을 부정하는 부당한 판결"이라면서 상고했다.[1] 일본 정부도 "한일 간의 재산청구권 문제는 한일청구권협정에 의해 완전히, 그리고 최종적으로 모두 해결되었다"고 하고, "우리나라로서는 용서할 수 없다"면서 외교 루트를 통해 대응하겠다고 했다.[2] 일본의 주요 언론도 한결같이 "한일청구권협정으로 모두 해결"되었다는 입장을 취하면서 비판적으로 논했다. 일본 사회에서는 이번 판결이 "한일청구권협정으로 모두 해결"이라는 한일 양쪽의 합의를 깨고 "한일관계를 악화"시키는 정치적인 판결이라는 인식이 확산되었다고 해도 좋을 것이다.

11월 1일에는 '여자근로정신대원'으로 징용되어 미쓰비시중공업의 나고야[名古屋] 군수공장에서 강제로 일했던 여성과 유족 5명이 이 회사에 피해 배상을 요구한 소송에 대한 판결이 광주지방법원에서 내려졌다. 법원은 원고들의 개인청구권을 인정하고, 위자료로 여성 1인당 1억 5천만 원, 유족에게는 8,000만 원을 지급하도록 명했다. 그러나 이에 대해 역시 미쓰비시중공업과

1) 『아사히신문[朝日新聞]』(2013. 7. 11); 『도쿄신문[東京新聞]』(2013. 7. 31).
2) 『도쿄신문』(2013. 7. 31).

일본 정부는 "한일 간의 재산청구권 문제는 모두 해결"되었다고 했고,[3] 미쓰비시중공업은 판결에 불복하여 공소했다.[4]

이러한 상황 속에서 식민지지배·전쟁이라는 폭력의 책임과 그 피해의 청산 문제를 어떻게 생각해야 할 것인가. 여기에서 굳이 말하자면, 필자는 원고와 피고, 법정, 일본 정부, 주요 언론 사이에 있는 "한일청구권협정으로 해결 완료"된 것인지 아닌지를 둘러싼 법적 논쟁에 뛰어들지 않고, 역사로서 생각해보고자 한다. 역사로서 생각한다는 것은 1945년 이후 식민지지배·전쟁으로 인한 폭력과 그 피해의 청산을 둘러싸고 어떠한 논의와 실천이 이루어져왔는지를 규명한다는 것이다. 이를 통해 일본 정부가 주장해오고 있는 '한일청구권협정으로 해결 완료'론의 비정의(非正義)를 논하고, 일본 정부와 일본 사회에는 식민지지배·전쟁 피해의 청산을 위해 어떠한 과제가 놓여 있는지, 생각해보고자 한다.

II. 1965년체제에 생겨난 균열

우선, 일본과 한국 간에 식민지지배·전쟁으로 인한 폭력과 그 피해의 청산이 어떻게 생각되고 처리되어왔는지를 되돌아보겠다.[5]

한국은 정부 수립 직후 『대일배상요구조서』를 작성하면서 일본에 식민지

3) 『아사히신문』(2013. 11. 2).
4) 『아사히신문』(2013. 11. 19).
5) 이에 대해서는 오타 오사무[太田修](2013), 「이제 "한일청구권협정으로 모두 해결"로는 해결되지 않는다—조선인 강제동원 피해자에 대한 전후 보상을 둘러싸고[もはや"日韓請求権協定で解決済み"ではすまされない−朝鮮人強制動員被害者への戦後補償をめぐって]」(『세카이[世界]』, 2013년 10월)에서도 논했다.

지배·전쟁책임 문제를 처음으로 제기했다. 그러나 샌프란시스코강화조약 제4조 (a)에서는 한일 양국의 '재산' 및 '청구권'의 처리는 "일본국과 이들 당국 간의 특별협정의 주제로 한다"고 되어 있을 뿐이었다.

그런데 지금까지의 연구에서 밝혀진 바와 같이 강화조약은 식민지지배의 책임을 애초에 묻지도 않았다. 일찍이 식민지지배를 행했던 구미 제국과 마찬가지로 일본 정부도 '시혜'론과 근대화론을 통해 식민지지배는 정당하다고 생각하고 있었기 때문이다. 따라서 제4조 (a)에 규정된 '재산' 및 '청구권'은 식민지지배의 책임을 묻지 않았다.

1951년부터 시작된 한일국교정상화협상(이하 한일회담)에서는 이러한 강화조약 제4조 (a)에 입각하여 청구권 협상이 시작되었다. 청구권 협상에서는 '법률관계'와 '사실관계'가 충분히 증명되는 것이 그리 많지 않아서 경제협력으로 처리되었다. 그 결과 1965년의 한일청구권협정 제2조에서는 양국 및 그 국민의 '재산' 및 '청구권' 문제가 "완전하고도 최종적으로 해결"되는 것으로 정해졌다. 그러나 이 조약에서 식민지지배·전쟁피해의 청산은 일체 언급되지 않았다. 일본 정부는 애당초 식민지지배·전쟁피해를 청산할 의사가 없었다. 그럼에도 이 한일청구권협정을 포함한 한일조약의 체결에 따라 식민지지배·전쟁책임을 불문에 부치는 체제가 만들어지고 만다.

그 후 동서냉전체제 하에서 미국에 의해 수호되었던 일본에서 1965년 체제는 크게 도전받는 일 없이 유지되었다. 마찬가지로 미국의 보호를 받았던 한국에서는 박정희 정권이 식민지지배·전쟁책임을 묻는 피해자들의 목소리를 억누르고 있었다.

1965년체제에 균열이 생기기 시작한 것은 한국의 정치적 민주화와 동서냉전 붕괴 후인 1990년대 초에 일본군'위안부' 등 식민지지배·전쟁피해자들이 본격적으로 보상을 요구하는 목소리를 내기 시작하면서부터였다.[6] 이에 따라 일본 정부는 1993년의 '고노[河野] 내각관방장관 담화'와 1995년의 '무라야마[村山] 담화'를 통해 '식민지지배와 침략'에 대한 '반성'과 '사죄'를 표명하지 않을 수 없게 되었다. 강제동원 피해자들이 일본에서 제소한 것도 1990년대 후반의 일이다.

2001년 남아프리카공화국의 더반에서 개최된 '인권주의, 인종차별, 외국인혐오 및 이와 관련된 불관용 철폐를 위한 세계회의'에서 나온 선언에서는 "식민지주의로 인해 고통이 초래되고, 식민지주의가 일어난 곳에서는 어디에서든지 언제든지 비난받고, 그것의 재발은 방지되어야만 한다"는 것이 확인되었다.[7] 이 선언은 1965년체제를 비판하는 커다란 힘이 되었다.

이러한 흐름을 배경으로 한국 정부는 2005년 민관공동위원회의 공식 견해를 통해 일본군'위안부' 등 식민지지배 하의 '반인도적 불법행위'가 한일청구권협정으로 해결된 것으로 간주하지 않는다면서 그때까지의 입장을 수정했다. 노무현 정권의 지지 기반이었던 한국 민주화운동 세대의 힘이 이를 가능하게 한 것이라고 해도 좋을 것이다. 그리고 노무현 정권에 의해 이루어진 이러한 수정은 일본 정부의 '한일청구권협정으로 해결 완료'론과 정면으로 충돌하게 되었다.

나아가 2011년에 한국 헌법재판소에서 일본군'위안부' 문제에 대한 한국 정부의 부작위는 위헌이라는 결정이 내려졌다. 이듬해인 2012년에는 대법원 판결이 내려져, 특히 '한일청구권협정으로 모두 해결'론에 대해서는 "일본의 국가 권력이 관여한 반인도적 불법행위와 식민지지배에 직결된 불법행위로

6) 김창록(2013), 「한일 과거청산의 법적 구조」, 『법사학연구』, 제47호, 85~113쪽.

7) 前田朗(2010), 『ヘイト・クライム―憎悪犯罪が日本を壊す』, 三一書房労働組合, 96~97쪽.

인한 손해배상청구권이 청구권협정의 적용 대상에 포함되었다고 간주하는 것은 곤란"하며, 따라서 원고들의 손해배상청구권은 한일청구권협정으로는 소멸되지 않았다고 결론지어졌다. 그 영향을 받아 2013년 7월에는 앞에서 소개한 두 개의 환송 공소심의 고등법원 판결이 나왔다. 식민지지배·전쟁책임을 불문에 부치는 한일청구권협정체제에 발생한 균열이 메우기 힘든 균열로 확대되어버린 것이다.

III. '해결완료'론은 왜 비정의(非正義)인가 —법에 의한 또 하나의 폭력

일본군'위안부', 강제동원 피해자들의 보상 요구에 대한 일본 정부의 입장은 "한일청구권협정으로 해결 완료"되었다는 것이다. 한일 국교정상화 협상 결과, 다음과 같은 내용의 한일청구권협정이 체결되었다.

> 제2조
>
> 1. 양 체약국은 양 체약국 및 그 국민(법인을 포함한다)의 재산, 권리 및 이익과 양 체약국 및 그 국민 간의 청구권에 관한 문제가 1951년 9월 8일에 샌프란시스코 시에서 서명된 일본국과의 평화조약 제4조 (a)에 규정된 것을 포함하여 완전히 그리고 최종적으로 해결된 것이 된다는 것을 확인한다.
>
> 3. 2의 규정에 따르는 것을 조건으로 하여 일방 체약국 및 그 국민의 재산, 권리 및 이익으로서 본 협정의 서명일에 타방 체약국의 관할 하에 있는 것에 대한 조치와 일방 체약국 및 그 국민의 타방 체약국 및 그 국민에 대한 모든 청구권으로서 같은 날 이전에 발생한 사유에 입각한 것에 관해서는 어떠한

주장도 할 수 없는 것으로 한다.[8)]

한일 간의 조약으로서의 청구권협정에는 "재산, 권리 및 이익과 양 체약국 및 그 국민 간의 청구권에 관한 문제"는 "완전히 그리고 최종적으로 해결"되었다고 규정되어 있다. 따라서 일본군'위안부', 강제동원 피해자(군인·군속, 노동자)들의 배상 청구는 "한일청구권협정으로 해결 완료"되었다는 것이 일본 정부의 주장이다.

이러한 '한일청구권협정으로 해결 완료'론에 대해서는 지금까지 많은 논자들이 비판해왔지만, 협정의 체결로부터 반세기를 맞이하는 2015년 시점에서 무엇이 비정의인지를 다시 한 번 정리해두고자 한다. '한일청구권협정으로 해결 완료'론은 식민지지배·전쟁으로 인한 폭력의 피해자에게 다음과 같은 세 가지 이유로 정의롭지 않은 것이었다라고 할 수 있다.

첫 번째 이유로 한일청구권협정은 1950~1960년대라는 동서냉전 하에서 이루어진 협상의 산물이었다는 점을 들 수 있다. 잘 알려진 바와 같이 한일회담은 한국전쟁 하에서 자본주의 진영의 중심 세력인 미국이 공산주의 세력과의 체제 간 경쟁을 유리하게 전개해가기 위해 추진한 협상이기도 했다. 이 회담에서는 일본에 동북아시아 자본주의 진영의 '중심' 위치를 부여하면서 한국의 경제적 발전을 도모함으로써 자본주의체제의 우위를 보여준다는 냉전의 논리가 중시되었다. 그 결과 한일청구권협정에서는 1945년 이전의 재산 및 청구권이 무상 3억 달러, 유상 2억 달러, 기타 상업적 차관의 경제협력으로 처리되었다.

이 경제협력을 통한 처리 방식은 한일청구권협상에서 발명된 새로운 아이

8) 『官報(号外)』(1965. 12. 18), 大蔵省印刷局.

디어가 아니었다. 1950년대의 필리핀이나 인도네시아, 베트남 등 동남아시아 각국에 대한 일본의 '배상'은 사실상 경제협력이었다. 이러한 경제협력 방식은 일본과 동남아시아의 자원 산출 지역을 미국의 '봉쇄' 전략이라는 장대한 구상에 결부시키는 것이었다.

동시에 한일청구권협정에서의 경제협력에는 "야만을 문명화한다"는 식민지주의가 작동하고 있었던 점에도 유의해야 한다. 1960년대 초 제6차 한일회담으로 경제협력이 활발하게 논의되기 시작했을 때, 오히라 마사요시[大平正芳] 외무장관이나 이세키 유우지로[伊關佑二郎] 외무성 아시아국장은 경제협력금을 '독립축하금'으로도 불렀는데, 이것은 단순한 레토릭이 아니었다. 향후 상세하게 검토해야 하겠지만, 일본 당국자는 구미 제국이 제2차 세계대전 후 아시아·아프리카 지역의 식민지 독립에서 경제협력을 '독립축하금'으로 진행했던 것을 참고했을 가능성이 높다. 이러한 구식민지 지배국의 경제협력에 대해 식민지지배를 체험한 사람들은 일제히 신식민지주의라면서 규탄했다.[9)]

중요한 것은 경제협력을 통해서는 식민지지배와 전쟁으로 인한 폭력의 책임이 추궁된 적이 없었고, 피해의 청산이 이루어지지 않았다는 사실이다. 이러한 냉전의 시대에는 공산주의의 '봉쇄'와 식민지주의가 강조되었고, 식민지지배와 전쟁의 폭력은 은폐되었다. 동서냉전체제 붕괴 후인 1990년대에 일본군 '위안부'나 강제동원 피해자들이 일제히 소리를 내기 시작한 것은 폭력을 은폐하고 있었던 냉전체제가 무너졌기 때문이었다.

두 번째 이유로, 한일청구권협정으로 '해결'되었다고 여겨지는 '청구권' 자체가 식민지지배·전쟁의 책임을 불문에 부치고 그 피해를 청산하는 것이 아

9) 오타 오사무 저·송병권 역(2008), 『한일교섭-청구권문제 연구』, 선인, 360~363쪽.

니었음을 들 수 있다.[10] 전술한 바와 같이 한일청구권협상은 샌프란시스코평화조약 제4조 (a), 즉 한일 간의 '재산' 및 '청구권'의 처리는 양국 간의 '특별협정의 주제'로 한다는 내용에 입각하여 시작되었다. 따라서 반대로 한일청구권협정으로 '해결'되었다고 여겨지는 '청구권'은 이 샌프란시스코평화조약 제4조 (a)의 '청구권'에 규정되어 있었다고 할 수 있다.

그런데 이 샌프란시스코평화조약 제4조 (a)가 작성된 배경에는 연합국 측의 식민지지배책임을 물어서는 안 된다는 방침이 있었다. 식민지지배책임을 불문에 부친다는 방침 위에, 일본 정부의 '식민지지배 정당·적법'론, "각 지역의 경제적·사회적·문화적 향상과 근대화"에 '공헌'했다는 '시혜(施惠)론'과 '근대화론' 및 "조선의 독립은 국제법상에서 말하는 분리의 경우"라는 '영토분리론'이 접목되어, 식민지지배와 전쟁의 책임과 죄를 묻지 않는 샌프란시스코평화조약 제4조 (a)의 '청구권' 규정이 형성되었다. 한일청구권협상은 바로 이 '청구권'을 처리하기 위해 행해진 것이었다. 따라서 한일청구권협정으로 처리된 것은 식민지지배의 책임과 죄가 추궁되지 않는, 한일 간의 "단순한 영토분리 시의 국가의 재산 및 채무의 계승 관계"에서 생겨난 '청구권'이었다. 식민지지배·전쟁으로 인한 폭력의 책임과 죄는 추궁되지 않은 것이다.

특히 일본군'위안부', 강제동원된 군인·군속, 노동자의 피해는 식민지 조선에서 중일전쟁 및 아시아태평양전쟁에 동원된 데에서 발생한 것이다. 한일회담에서 일본 정부는 이러한 전시 하의 강제동원으로 인한 피해에 대해서도 기본적으로 "단순한 영토분리 시의 국가 재산 및 채무의 계승 관계"에서 발생한 '청구권' 문제로 처리하려고 했다. 예를 들면 제6차 한일회담에서 일본 측

10) 이 점에 대해서는 오타 오사무(2013), 「식민지주의의 '공범'-두 개의 강화조약에서 초기 한일교섭으로」[이동준·장박진 편저(2013), 『미완의 해방: 한일관계의 기원과 전개』, 아연출판부]에서 논했다.

대표가 강제동원된 노동자나 군인·군속의 보상금을 요구한 한국 측에 대해 다음과 같이 발언했던 것은 그러한 사실을 여실히 말해주고 있다.

> 집단 이입 한국인 노무자의 보상금에 관해서, …… 일본 측으로서는 쇼와[昭和] 14년 이래 쇼와 20년 4월경까지 자유 모집, 관 알선, 마지막에는 국민징용령을 통해 상당수의 조선인 노무자가 집단 이입된 사실은 인정하지만, 이러한 노무자들은 일본인으로서 내지로 건너와서 내지인과 함께 근로한 것으로, 이들에 대해 일본 측으로서 한국 측 요구와 같은 보상금을 지불할 법률적 근거가 없다. 또 이 노무자들 가운데 근로 계약 기간 동안 부상 내지 사망한 사람에 대해서는 그 당시에 위문금 내지 조위금을 각 고용주가 지불하고 있었기에 일본 측으로서 중복되게 어떠한 조치를 강구할 법적 근거는 없다고 생각한다.
>
> 조선인 군인·군속에게 대한 보상금에 관해서, …… 일본 측으로서는 이들 군인·군속에 대한 보상금의 지불은 실정법상 매우 곤란하다. 다시 말해, 군인에 대한 연금은 연합국 최고사령관의 명령에 의해 쇼와 21년 1월 이후 중지되었다. 또 군속에 대한 제조치도 동시에 중지되었다. 평화조약 발효 후 군인·군속에 대해 전상병자 전몰자 유족 등 원호법의 제정 및 군인 은급(연금)의 부활이 있었지만, 이러한 것들에 입각한 원호 내지 연금 지급은 일본 국적 보유자로 한정되어 있기 때문에, 한국인 군인·군속은 대상이 될 수 없는 것이다.[11]

이렇게 일본 측은 강제동원된 노동자나 군인·군속의 보상 문제에 대해 '법률적 근거'가 없다면서 한국 측의 보상 요구를 거부했다. 이것은 일본 측이 식민지지배·전쟁의 책임과 죄를 인정하고 그것을 청산하는 입장에 있지 않았고, "단순한 영토분리 시의 국가 재산 및 채무의 계승관계"에서 발생한 '청구

11) 일본 외무성 공개 한일회담 문서[문서번호 1757](1962. 3. 12), 「한일 간의 청구권 문제에 관한 미야카와 대표 발언 요지[日韓間の請求権問題に関する宮川代表発言要旨]」.

권' 문제로 처리하려 했기 때문이다.

따라서 식민지지배·전쟁으로 인한 폭력의 책임과 죄는 샌프란시스코평화조약 제4조 (a)의 '청구권'에서도, 한일청구권협정에서도 추궁되지 않아, 피해에 대한 보상 문제는 조금도 해결되지 않은 것이다.

세 번째 이유로 한일청구권협정은 국가 권력 간에 정해진 협정으로, 기본적으로는 피해자들의 목소리를 한없이 경시했다는 점을 들 수 있다. 한일청구권협정은 박정희 정권이 아무리 비민주적이었고, 당시의 한일 양국의 국회에서의 심의가 아무리 불충분한 것이었다고 해도, 국가 간에 맺어진 조약임에는 틀림없다. 그러나 한편으로 피해자들이 과거의 폭력의 비인도성을 호소하고, 피해에 대한 보상을 요구하는 소리를 냈지만, 당시 한일 양국 정부가 거기에 제대로 귀를 기울이지 않은 것도 엄연한 사실이다. 그러한 사실은 1960년대 당시부터 영화감독이나 저널리스트들이 다루었으며, 그 후의 조사나 연구에서도 지적되어왔다.

예를 들면, 히로시마[廣島]에서 피폭당한 곽귀훈(郭貴勳) 씨, 이종욱(李鍾郁) 씨, 오남연(吳男連) 씨 등은 "한일회담에서 원폭 피해자의 보상 문제를 제기하면 좋겠다"고 한일 정부에 호소하고 미 대사관과 신문사 등에도 진정서와 탄원서를 제출하면서 보상을 촉구했지만 받아들여지지 않았다.[12] 오시마 나기사[大島渚] 감독의 다큐멘터리 「잊혀진 황군(皇軍)」의 '전 일본군 재일한국인 상이군인회'는 수상 관저와 외무성, 주일 한국대표부를 방문하여 보상을 요구하고 가두에서 일본 서민들에게 호소했지만, 아무도 상대해 주지 않았다. '한국 출신 전범자 동진회(同進會)'도 일본의 국책에 의한 종군의 강제, 종군 중의 차별대우, 전후 "일본 정부의 손에 의한 직접 구금의 도의적 책임과 비인도성", "정

12) 오타 오사무(2008), 『한일교섭-청구권문제 연구』, 414쪽.

신적 육체적 손실" 등에 대한 보상을 일본 정부에 요구했으나, 이 또한 거절 당했다.[13)]

이렇게 목소리를 낼 수 있었던 사람은 피해자로서의 자기의 존재를 호소할 수 있었던 것만으로도 그나마 다행이었을지 모른다. 일본군'위안부'나 대부분의 강제동원 피해자들은 폭력의 격렬함이나 심각함 때문에, 또 폭력으로 인한 정신적 피해의 상흔이 깊어 떠올리는 일조차 고통이었기 때문에, 한일회담 당시에는 목소리를 낼 수 없었다.

이러한 식민지지배·전쟁의 폭력을 당한 사람들의 목소리나 아픔을 국가는 받아들이지 않고, 조약-법으로 "완전하게 동시에 최종적으로 해결"해버린 것이다.

1945년 이전의 식민지지배와 그 아래에서 이루어진 전쟁에서의 폭력은 당연히 문제의 핵심이지만, 그러한 폭력으로 인한 피해를 1945년 이후에도 불문에 부친 체제나 법 자체도 식민지지배·전쟁피해자에게는 또 하나의 폭력이지 않았을까? 이런 점에서 1945년 이후의 세계에서 전후 처리의 일환으로 행해진 평화조약 체결 협상, 그에 이어진 한일청구권 협상 및 평화조약과 조약-법 그 자체의 폭력성은 반드시 추궁되어야 한다.

IV. 일본 정부와 일본 사회에 요구되고 있는 것

오늘날의 일본 정부와 일본 사회는 식민지지배·전쟁의 폭력을 둘러싸고 무엇을 요구받고 있을까? 2013년 7월의 서울·부산고등법원 판결에 대한 일

13) 오타 오사무(2008), 『한일교섭-청구권문제 연구』, 420~423쪽.

본 정부, 기업, 언론, 일본 국민의 대응을 검토하면서 살펴보고자 한다.

먼저 일본 정부는 2013년의 세 가지 판결 당시에 '한일청구권협정으로 해결 완료'론을 되풀이했다. 일본 외무성이 2013년 5월 13일자로 부산고등법원에 제출한 의견서는 이러한 일본 정부의 사고방식을 가장 잘 보여준다.

> 한일청구권협정 제2조의 '청구권'에 대해서는 동 협정 제2조 3에서 "일방 체약국 및 그 국민의 타방 체약국 및 그 국민에게 대한 모든 청구권으로서 같은 날(주 : 협정 서명일인 쇼와 40년 6월 22일) 이전에 발생한 사유에 입각한 것에 관해서는 어떠한 주장도 할 수 없는 것으로 한다"고 되어 있으며, 동 협정 제2조 1에서 "청구권에 관한 문제가" "완전히 그리고 최종적으로 해결된 것이 된다"는 것이 확인되고 있다. 이러한 '재산, 권리 및 이익'에 대한 조치 및 기타의 '청구권'에 대해서 어떠한 주장도 할 수 없으며, 완전히 그리고 최종적으로 해결되었다는 것은 한국 및 한국민이 어떤 근거를 바탕으로 일본국 및 그 국민에게 청구하려고 해도 일본국 및 그 국민은 이에 따를 법적 의무는 없다고 하는 의미다. …… 따라서 원고들의 청구권이 '재산, 권리 및 이익'에 해당하는 경우라도, 그 이외의 '청구권'에 해당하는 경우라도 어찌됐든 원고들의 청구에 대해 피고 기업이 응할 법적 의무는 없다.[14)]

여기서 일본 정부는 한일청구권협정과 그에 따른 국내법 체계가 강제동원 피해자들의 보상 요구를 포함하는 모든 호소를 봉쇄할 수 있게끔 "완전히 그리고 최종적으로 해결된" 것이라고 주장하면서, 피고 기업이 피해자들의 호소에 응할 의무는 없다고 단언하고 있다.

국가가 만들어낸 조약과 법 체계는 "완전하고 동시에 최종적"인 것으로 보인다. 그러나 본질은 거기에 있는 것이 아니다. 중요한 것은 동서냉전 하에,

---

14) 일본국 외무성(2013. 5. 13),「의견서」.

또 한국에서 오랫동안 지속된 권위주의체제 하에 식민지지배·전쟁의 피해자들이 폭력의 책임을 물으며 피해 보상을 요구하는 것이 곤란했다는 점, 그리고 일본 정부가 식민지지배 정당론 입장에서 만들어낸 "완전하고 동시에 최종적"인 조약과 법 체계가 피해자들에 있어서는 또 하나의 폭력이었다는 역사를 어떻게 생각할 것인가 하는 점이다.

이는 다시 말해 동서냉전이 붕괴되고 한국의 정치적 민주화가 달성됨으로써 피해자들이 드디어 본격적으로 보상을 요구하기 시작했고, 일본 정부도 그를 무시할 수 없게 되면서 식민지지배와 침략전쟁을 '반성'하는 입장으로 바꾸지 않을 수 없게 된 것, 국제사회에서도 독일에서 있었던 나치스의 홀로코스트에 대한 책임과 죄에 대한 철저한 추궁을 비롯하여, 21세기에 들어와서는 더반선언에서 볼 수 있는 바와 같이 과거의 식민지지배·전쟁에 있어서의 '반인도적 행위'에 대한 책임과 죄가 문제시되고 있는 상황을 어떻게 생각할 것인가 하는 것이다. '한일청구권협정 해결 완료'론을 수정하고, 피해자나 유족과 대화해 그들의 보상 요구에 응할 수 있는지를 일본 정부는 요구받고 있는 것이다.

이번 재판으로 피고가 된 신일철주금이나 미쓰비시중공업은 판결에 불복한다면서 한국 대법원에 상고하는 조치를 취했다. 그 후 신일철주금은 "대법원에서 패소가 확정했을 경우에는 세계적으로 사업을 전개하는 기업으로서 배상에 따르지 않을 수 없"다면서 배상 의향이 있음을 표명했다.[15] 광주지방법원 판결 직후인 11월 6일에는 일본경제단체연합회, 일본 상공회의소, 경제동우회, 일한경제협회의 4단체가 연명으로 성명을 발표했다. 거기에서는 '한반도 출신 구 민간인 징용공 등의 일본 기업에 대한 청구권 문제'에 대해 "양

15) 『도쿄신문』(2013. 8. 19).

호한 양국 경제관계를 해치지 않을까 깊이 우려"하고 있으며, 일본 경제계로서는 "조속히 이 문제를 해결하고, …… 양국 정부 및 경제계가 협력해가야 한다"는 점이 강조되었다.[16] '해결 완료'론으로 시종일관하던 일본 정부의 주장과 다르게 "조속히 이 문제를 해결"할 것에 중점을 두고 있어, '일본 기업에 대한 청구권 문제'가 해결되지 않았음을 시사하고 있다고도 해석할 수 있는 내용이다. 피고 기업이 판결을 받아들여야 한다고도 할 수 없고 '해결 완료'라고 억지를 부릴 수도 없는 경제계 측의 딜레마가 엿보이는데, 일본 경제계가 구체적으로 어떻게 할지를 보여주지 못한 한계가 있다.

오늘날 국제사회에서는 식민지지배·전쟁으로 인한 비인도적 행위의 책임은 면제되어서는 안 된다는 사고방식이 힘을 얻고 있다. 더반선언은 말할 필요도 없고, 2012년 영국 식민지시대 케냐에서의 민족운동 '마우마우단운동'의 케냐인 투사 3명이 고문을 받았다면서 영국 정부에 보상을 요구한 소송에서 런던의 고등법원이 개인보상청구권을 인정하는 판결을 내린 것은 국제사회의 이러한 움직임을 상징하는 사건이었다.[17] 식민지지배·전쟁 하에서 강제동원에 관여한 기업에게 그러한 국제사회의 조류를 직시할 것인지 여부를 묻고 있는 것이다.

일본의 전국지(全國誌)를 포함하는 주요 언론은 대개 한국 법원의 판결을 비판적으로 논평했다.[18] 『도쿄신문』은 "판결은 전후 한일관계의 출발점이 된

16) 일반사단법인 일본경제단체연합회·일본 상공회의소·공익사단법인 경제동우회·일반사단법인 일한경제협회(2013. 11. 6), 「양호한 한일 경제관계의 유지 발전을 향해서[良好な日韓経済関係の維持発展に向けて]」.

17) 『마이니치신문[毎日新聞]』(2012. 10. 6) 석간; 『도쿄신문』(2013. 10. 19).

18) 예를 들면 "〈사설〉 한일 두 정부 모두에게 무거운 짐으로[日韓両政府とも重荷に]", 『도쿄신문』(2013. 7. 12); "〈사설〉 한국의 배상 판결 국가 간의 합의에 반한다[韓国の賠償判決 国家間の合意に反する]", 『마이니치신문』(2013. 7. 15). 『산케이신문[産経

협정을 부정하는 것이다", "한일협정에 따라 일본은 유상 2억 달러, 무상 3억 달러의 경제협력(청구권 자금)을 공여했고, 당시의 박정희 정권이 인프라 구축 정비에 충당하여 경제 약진의 기초를 이룩했다"고 논평했다. 『마이니치신문』도 "총액 8억 달러 이상의 청구권 자금을 일본이 공여했고, 한국 측은 개인의 미지급 임금 등도 포함하는 대일청구권을 포기하는 것에 합의했다", "국교정상화 후의 일본의 행보는 총체적으로 결코 불성실하지 않았다", 이번의 판결은 "국가 간의 합의에 반하는 것"이며, "한국 정부는 한일청구권협정을 계속해서 존중해야 한다"고 주장했다. 예전에는 피해자들의 보상 문제를 호의적으로 다루던 『아사히신문』마저 지금까지의 한국 정부의 견해, 조치와 이번 판결이 모순되고 있다는 점에서 "납득하기 어렵다"고 비판했다.[19)]

확실히 일본 측도 강제동원 피해자의 '미지급금'에 대해서는 한일회담 중에 해결하려 했던 사실이 최근 공개된 일본 측 한일회담 문서를 통해 밝혀졌다. 또한 '개인청구권 보유자'에 대해 한국 정부가 "보상 의무를 진다"는 판단을 하고 있었던 것이 2005년에 공개된 한국 측 한일회담 문서를 통해 밝혀졌다.[20)] 그리고 그에 입각하여 민관공동위원회는 한국 측이 "'고통을 받은 피해사실'에 근거해 정치적 차원에서 보상을 요구하고, 이러한 요구가 양국 간의 무상자금 산정에 반영되었다고 간주해야 한다"고 하면서, 청구권협정으로 해

新聞]』, 『요미우리신문[読売新聞]』의 비판은 예상되고 있었지만, 『도쿄신문』, 『마이니치신문』이 강한 어조로 비판 것이 이번 미디어 대응의 특징이었으며, 그것은 놀라움이었다.

19) "〈사설〉 징용공의 보상 혼란 회피를 위해 지혜를 짜라[徴用工の補償 混乱回避へ知恵しぼれ]", 『아사히신문』(2013. 7. 25).

20) 太田修(2008), 「日韓財産請求権問題の再考－脱植民地主義の視角から」, 笹川紀勝·李泰鎮 編(2008), 『国際共同研究　韓国併合と現代－歴史と国際法からの再検討』, 明石書店, 698~699쪽.

결 완료라는 견해를 밝혔다.[21] 이러한 해석을 바탕으로 한국 국회는 2007년에 '국외 강제동원 희생자 등 지원법'을 가결했고, 구 일본 군인·군속·노동자로 강제동원되어 사망, 부상한 사람의 유족에게 1인당 최고 2,000만 원, 장애를 갖게 된 피해자나 유족에게도 2,000만 원 이하의 범위에서 보상금이 지급되었다.

이러한 경위로 강제동원 피해자의 미지급금에 대해서는 한일청구권협정으로 해결했다고 생각할 수도 있을 것이다. 그러나 반드시 그렇다고는 할 수 없다.[22] ① 최근의 연구에서 일본 정부가 독자적으로 행한 미지급금 조사는 불충분한 것이었다는 사실이 밝혀진 점,[23] ② 앞서도 지적한 바와 같이, 일본 정부가 식민지지배·전쟁 하에서의 강제동원에 따른 생활의 파괴나 정신적 고통 등에 대한 보상에는 일체 응하지 않은 점, ③ 그리고 무엇보다도 일본 정부가 한일회담 및 한일청구권협정 체결 당시 식민지지배·전쟁의 책임과 죄를 인정하지 않고, 반대로 식민지지배를 정당화하는 입장에 서 있던 점이다. 이러한 세 가지 점에서 강제동원 피해자의 보상 문제는 해결되지 않았다고 할 수 있다. 일본의 주요 언론은 그러한 복잡한 역사를 잘라버리고, 그 자체가 피해자에 대한 또 하나의 폭력이 되는 것이 아닐까 하는 소박한 우려마저 결여시킨 채, 단순화된 '해결 완료'론을 지지한 것이다.

더욱 심각한 것은 일본 국민의 의식이 폭력을 당한 사람들의 목소리나 아픔을 차단한 채 국가가 만들어내고 언론이 선전하는 '한일청구권협정 해결 완

---

21) 국무조정실 보도자료(2005. 8. 26),「한일회담 문서 공개 후속대책 관련 민관공동위원회 개최」.

22) 이에 대해서는 太田修(2013),「日韓会談文書公開と「過去の克服」」(『歴史学研究』, No. 908, 2013년 8월호)에서도 기술했다.

23) 竹内康人 編(2012),『戦時朝鮮人労働調査資料集 2－名簿·未払い金·動員数·遺骨·過去清算』, 神戸学生センター出版部.

료'론을 당연한 것으로 여기는 방향으로 조성되어가고 있다는 점이다.

식민지지배를 하고, 전쟁 하에 강제동원을 하고, 그 후로도 식민지지배·전쟁책임을 애매하게 해온 것은 일본이다. 그러한 역사에 뚜껑을 덮을지 말지, 그리고 무엇보다도 식민지지배·전쟁의 폭력을 받은 사람들이 그 후로도 일상적으로 신체적·정신적 피해로 고통 받아온 사실, 그러한 피해자들이 책임 추궁하는 가운데 대부분의 사람들이 침묵해온 것을 어떻게 받아들일지를, 일본은 요구받고 있는 것이다.

V. 해결의 길

이러한 상황에서 식민지지배·전쟁 피해를 어떻게 극복해가면 좋을까. 그 길을 모색하는 것은 쉽지 않다. 암담한 기분을 억누르고, 이 문제를 계속해서 생각할 필요가 있다. 마지막으로 이 점에 대해 고찰하고자 한다.

지금까지 '과거 청산'이라는 개념은 독일(나치스의 전쟁 범죄), 아메리카합중국(흑인에 대한 보상 문제), 남아프리카공화국(아파르트헤이트 문제), 한국(식민지지배·전쟁피해를 포함하는 국가폭력·인권침해 문제) 등에서의 논의와 실천을 통해 심화되어왔다. 이를 통해 오늘날 '과거 청산'이란 식민지지배·전쟁피해를 포함하는 모든 국가폭력·인권침해에 대해, ① 진실 규명, ② 책임 추궁(사법적 처벌), ③ 피해에 대한 사죄, ④ 경제적 보상, ⑤ 교육, 기억(위령비, 기념비, 박물관 등), 법적·제도적 장치의 정비를 실시해가는 것이라고 여겨지게 되었다.

이러한 '과거 청산'의 지표에 입각하여 오늘날 일본의 식민지지배·전쟁피해의 청산에 대해 생각한다면, 그 개요는 다음과 같다.

①의 진실 규명은 '과거 청산' 가운데 가장 핵심적인 것이다. 단기적으로는

책임 추궁이나 사죄와 명예 회복, 보상을 위한 작업이며, 장기적으로는 교육·기억, 법적·제도적 장치 정비의 기초가 되는 작업이기 때문이다. 진실 규명 작업은 1990년대 이전에는 한일의 NGO나 연구자들에 의해 그럭저럭 진행되고 있다가, 금세기 들어 한국 정부 하에 '일제강점하 강제동원피해 진상규명위원회'나 '대일항쟁기 강제동원 피해조사 및 국외강제동원 희생자 등 지원위원회'가 설치되면서 크게 진전되었다. 현재는 한국의 '태평양전쟁피해자보상추진협의회'나 일본의 '강제동원 진상규명 네트워크' 등의 NGO가 활발한 활동을 전개하고 있다. 유감스럽지만 일본 정부는 1990년대에 일본군'위안부' 문제를 조사한 것 말고는 진실 규명에 거의 공헌하지 않고 있다. 진실 규명은 앞으로도 영속적으로 실시해가야 할 작업일 것이다.

②의 책임 추궁은 기본적으로는 행해지지 않고 있다. 일본이 일으킨 침략전쟁의 책임은 연합국에 의해 도쿄 재판에서 그 일부가 문제시되었지만, 그것도 충분한 것이었다고는 할 수 없다. 일본군'위안부' 문제에 대해서는 NGO가 개최한 '일본군 성노예제를 심판하는 2000년 여성국제전범법정'에서 일본 국가의 책임이 추궁되었다. 그것은 획기적인 사건이었지만, '민중법정'에서의 판결로서 공적인 구속력은 가지지 않았다. 결국 식민지지배의 책임과 죄는 공식적으로는 한 번도 문제된 적이 없다.

③의 사죄는 일본군'위안부' 문제에 대해서는 1993년의 '고노 내각관방장관 담화'로 사죄가 이루어졌다. 식민지지배와 침략전쟁에 대해서는 1995년의 '무라야마 담화'와 그에 근거한 1998년의 '한일공동선언', 2001년의 '북일평양선언'으로 사죄가 이루어졌다. 단, 일본 정부가 진실 규명에 적극적으로 열을 올리지 않은 점이나 '한일청구권 해결 완료'론을 방패로 하여 피해자들의 보상 요구를 계속해서 거부하고 있는 점이 문제가 되고 있다. 또 현재 아베[安倍] 정권이 '고노 내각관방장관 담화'나 '무라야마 담화'를 부정하는 듯한 언동

을 하고 있는 것은 한반도나 아시아의 사람들 사이에 '사죄'에 대한 불신을 불러일으키고 있다.

④의 경제적 보상은 완전히 이루어지지 않았다고는 할 수 없지만, 불충분했다. 일본 정부는 일본군'위안부', 재한 피폭자, 사할린 재주 한국인, 재일한국인 군인·군속 문제에서는 '인도적 견지'에서 특별조치[24]를 강구했지만, 그것이 국가 보상을 전제로 하는 것은 아니라고 말하고 있다. 강제동원 피해자에 대해서는 한국 정부에 의해 1970년대와 2000년대에 두 차례 유족과 피해자에게 보상금이 지불되었다. 그러나 피해자들은 이러한 일본 정부와 한국 정부의 조치로는 불충분하다고 생각하고 있다. 경제적 보상은 진실 규명, 책임 추궁, 사죄가 있은 다음에 이루어져야 할 것으로, 피해자가 납득할 수 있는 형태로 이루어져야 한다.

⑤의 교육, 기억, 법적·제도적 장치의 정비는 분야에 따라서는 진전되는 것도 있지만, 전체적으로는 충분하다고 할 수 없다. 정부 수준에서는 2002년에서 2010년까지 2회에 걸쳐 '한일 역사 공동 연구'가 진행되었다. 특히 한일의 NGO나 연구자들은 역사 교재 만들기나 상호교류를 통해 역사 인식에서의 화해를 위해 노력해왔다. 앞으로도 교육, 기억, 법적·제도적 장치의 정비

24) 예를 들면 재한 피폭자 문제에 대해서는 1990년에 재한피폭자 의료지원금 40억 엔의 거출이 결정되었고, 1991년과 93년에 지원이 실시되었다. 재일한국인 군인·군속 문제로는 2000년 6월에 '평화조약 국적이탈자 등인 전몰자 유족 등에 대한 조위금 등의 지급에 관한 법률'이 공포되어, 중도(重度)전상병자에게는 위문금·생활지원금 등 400만 엔, 유족에게는 260만 엔이 지급되었다. 일본군 '위안부' 문제로는 1995년에 설립된 '아시아여성기금'을 둘러싸고 한일 정부, 시민 간에 논쟁이 일었는데, '아시아여성기금'을 통해 전 일본군 '위안부'에게 '배상금 200만 엔', '의료복지지원사업', '전 위안부 분들에 대한 내각총리대신의 사과의 편지' 등이 전달되었다(디지털기념관 위안부 문제와 아시아여성기금, http://www.awf.or.jp/3/korea.html, 2014년 6월 6일).

에 더욱더 노력을 기울여야 할 것이다.

마지막으로 이상과 같은 '과거 청산'의 현상을 바탕으로 하여 작년부터 주목받고 있는 강제동원 피해자의 보상 문제에 대해 어떠한 해결 방법이 제기되고 있는지 살펴보고자 한다.[25)]

강제동원 피해자의 보상이 한일청구권협정에서는 해결되지 않았다고 보는 한일 양국의 NGO가 대안으로 제시한 것이 기금의 창설을 통한 해결책이다. 2000년에 중국인 강제노동 문제의 해결을 위해 마련된 '하나오카[花岡]평화우호기금'이나 같은 해에 독일에서 제정된 '보상기금설립법'과 그에 기초한 보상기금 '기억, 책임 그리고 미래' 등을 참고로 구상되고 있는 해결책이다. 이번 두 가지 소송의 전 징용공 변호인단장인 장완익(張完翼) 변호사는 "한일 양국 정부와 일본의 피고 기업, 일본으로부터 경제협력을 받은 한국 기업이 재단을 설립해서 보상에 임하는" 방법도 있다고 말했다.[26)] 일본의 NGO '강제노동 피해자 보상 입법을 위한 한일 공동행동'도 이러한 제안을 지지하고 있다. 한국에서는 2001년부터 구체적인 논의가 시작되었다. 2011년에는 '대일항쟁기의 강제동원 피해조사 및 국외강제동원 희생자 등의 지원에 관한 특별법'이 개정되어, 재단 규정이 신설되면서 구체적인 논의가 이루어지고 있다.[27)] 문제는 일본 정부가 '한일청구권협정으로 해결 완료'론을 되풀이할 뿐, 이러한 보상기금의 설립 움직임에 관심을 보이지 않고 있는 것이다.

모든 피해자의 보상 문제를 소송을 통해 해결하는 것은 불가능하다. 따라

25) 이하는 「もはや〝日韓請求権協定で解決済み〟ではすまされない−朝鮮人強制動員被害者への戦後補償をめぐって」에서도 논했다.

26) 『도쿄신문』(2013. 7. 31).

27) 장완익(2013), 「강제동원피해자를 위한 재단의 필요성」, 한국국회동북아역사왜곡특별위원회 보고서, 2013년 11월 22일.

서 보상기금 설립으로 해결하는 것이 현 시점에서 바랄 수 있는 최선의 방법이라고 나도 생각한다. 미쓰비시중공업 소송의 원고들 5명 가운데 4명은 이미 고인이 되었다. 생존해 있는 피해자도 고령화되고 있다. 보상기금 설립이라는 제안에 대해 적극적으로 검토를 진척시켜가야 할 것이다.

2015년은 패전/해방으로부터 70년, 한일조약으로부터 50년을 맞이하는 해이다. 그러나 아베 정권은 일본의 식민지지배·전쟁책임을 사실상 부정하는 '담화'를 발표했다. 이는 한반도나 아시아 사람들의 반발을 불러일으켰고, 일본의 고립을 재촉하고 있다.

일본은 '한일청구권협정으로 해결 완료'론을 수정하는 방향으로 나아가야 한다. 식민지지배·전쟁피해자들의 목소리를 받아들여서 한국 정부와 협의해야 한다. 이를 통해 강제동원 피해자, 일본군 '위안부', 재한 피폭자에 대한 보상을 실천하는 역사가 새로운 무대에 올라야 한다.

국무조정실 보도자료(2005. 8. 26), 「한일회담 문서 공개 후속대책 관련 민관공동위원회 개최」.

김창록(2013), 「한일 과거청산의 법적 구조」, 『법사학연구』 제47호.

오타 오사무[太田修] 저·송병권 역(2008), 『한일교섭-청구권문제 연구』, 선인.

오타 오사무[太田修](2013), 「식민지주의의 '공범'-두 개의 강화조약에서 초기 한일교섭으로」, 이동준·장박진 편저(2013), 『미완의 해방: 한일관계의 기원과 전개』, 아연출판부.

오타 오사무[太田修](2013), 「이제 "한일청구권협정으로 모두 해결"로는 해결되지 않는다-조선인 강제동원 피해자에 대한 전후 보상을 둘러싸고[もはや〝日韓請求権協定で解決済み〟ではすまされない-朝鮮人強制動員被害者への戦後補償をめぐって]」, 『세카이[世界]』, 2013년 10월.

일반사단법인 일본경제단체연합회·일본 상공회의소·공익사단법인 경제동우회·일반사단법인 일한경제협회(2013. 11. 6), 「양호한 한일 경제관계의 유지 발전을 향해서[良好な日韓経済関係の維持発展に向けて]」.

일본 외무성 공개 한일회담 문서[문서번호 1757](1962. 3. 12), 「한일 간의 청구권 문제에 관한 미야카와 대표 발언 요지[日韓間の請求権問題に関する宮川代表発言要旨]」.

일본국 외무성(2013. 5. 13), 「의견서」.

장완익(2013), 「강제동원피해자를 위한 재단의 필요성」, 한국국회동북아역사왜곡특별위원회 보고서, 2013년 11월 22일.

前田朗(2010), 『ヘイト·クライム-憎悪犯罪が日本を壊す』, 三一書房労働組合.

竹内康人 編(2012), 『戦時朝鮮人労働調査資料集2-名簿·未払い金·動員数·遺骨·過去清算』, 神戸学生センター出版部.

太田修(2008), 「日韓財産請求権問題の再考—脱植民地主義の視角から」, 笹川紀勝·李泰鎮 編(2008), 『国際共同研究　韓国併合と現代—歴史と国際法からの再検討』, 明石書店.
太田修(2013), 「日韓会談文書公開と「過去の克服」」, 『歴史学研究』, No. 908, 2013년 8월호.

"〈사설〉 한국의 배상 판결 국가 간의 합의에 반한다[韓国の賠償判決　国家間の合意に反する]", 『마이니치신문[毎日新聞]』(2013. 7. 15).
"〈사설〉 한일 두 정부 모두에게 무거운 짐으로[日韓両政府とも重荷に]", 『도쿄신문[東京新聞]』(2013. 7. 12).
"〈사설〉 징용공의 보상 혼란 회피를 위해 지혜를 짜라[徴用工の補償　混乱回避へ知恵しぼれ]", 『아사히신문[朝日新聞]』(2013. 7. 25).
『官報(号外)』(1965. 12. 18), 大蔵省印刷局.
『도쿄신문』(2013. 7. 31).
『도쿄신문』(2013. 10. 19).
『도쿄신문』(2013. 7. 31).
『도쿄신문』(2013. 7. 31).
『도쿄신문』(2013. 8. 19).
『마이니치신문』(2012. 10. 6) 석간.
『아사히신문』(2013. 7. 11).
『아사히신문』(2013. 11. 19).
『아사히신문』(2013. 11. 2).

디지털기념관 위안부 문제와 아시아여성기금(http://www.awf.or.jp/3/korea.html).

일본의 불법적 식민지배와 반인도적 범죄행위에 대한 국가책임

대구대학교 법학부 교수 **최철영**

※ 이 논문은 2014년 『일본문화학보』 제63집에 일부 수정되어 게재되었다.

일본의 불법적 식민지배와 반인도적 범죄행위에 대한 국가책임

대구대학교 법학부 교수 **최철영**

I. 머리말

2015년은 우리나라가 일본의 강점에서 해방된 지 70년이 되는 해이다. 또한 한일청구권협정이 체결된 지 50년이 되는 시기다. 이를 앞두고 2010년 7월 28일 '역사적 정의'에 입각하여 1,118명의 한일 양국 지식인들이 "1910년 한일병합조약은 원천무효"라는 공동성명을 발표했다.[1] 이 공동성명을 계기로 2011년 우리 헌법재판소는 일본군'위안부' 및 원폭 피해자의 배상 문제와 관련하여 우리 정부에게 한일청구권협정 제3조의 규정에 따른 외교채널을 통한 교섭이나 중재에 적극적으로 나서야 하는 작위의무가 있다고 전제하고, 그럼에도 이를 이행하지 않은 것은 헌법에서 유래하는 작위의무를 위반한 것이라는 위헌결정을 내렸다.[2] 이어 2012년에는 우리 대법원이 불법인 일제강

1) 동 공동성명의 주요 내용과 의의에 관해서는 도시환(2012), 「한일조약체제와 '식민지' 책임의 국제법적 재조명」, 『국제법학회논총』, 제57권 제3호, 35쪽.

2) 「대한민국과 일본국 간의 재산 및 청구권에 관한 문제의 해결과 경제협력에 관한 협정

점기의 강제징용 자체를 합법으로 보는 일본의 판결이 우리 헌법의 핵심적 가치와 정면으로 충돌하여 그 효력을 인정할 수 없으며 한일청구권협정에 의해 개인청구권이 소멸된 것이 아니라고 판결했다.[3] 종래의 보수적 법 논리에서 벗어나 정의에 기초한 진보적 판결을 통해 일제식민지배 불법행위의 국가책임 문제를 일본에 본격 제기할 수 있는 국내적 발판을 마련한 것이다.[4]

한일 간의 역사 문제이면서 동시에 국제법적 문제인 '일본군 강제위안부', '원폭 피해자' 그리고 '강제징용'의 문제는 일본의 조선인에 대한 인적 약탈 과정에서 자행된 불법행위로서 이와 관련된 국가적 권리로서 외교적 보호권과 피해자 개인의 청구권은 법리적으로 다른 영역의 문제이다. 외교적 보호권은 개인청구권의 행사가 입법, 사법, 행정의 어떠한 방식으로도 불가능할 때 자국민에게 피해를 입힌 가해국가에 대한 국가적 주권 차원의 국제청구권 문제이며 청구권 행사의 원인이 된 "당해" 사건에 대해 국가가 포기할 수 있는 것이다. 이와 달리 개인청구권은 외교적 보호권의 행사에서 기초가 되는 개인의 권리로서 외교적 보호권의 포기와 함께 동시에 자동적으로 포기되는 권리가 아니다. 국가가 개인의 청구권을 포기할 수 있다는 사고는 반인권적 사고이며, 현대적 국제법체제로 전환되지 못한 채 근대 베스트팔렌(Westphalia)체제에 머무른 국가주의적 사고의 결과라고 할 수 있다.

그럼에도 그동안 우리 사법부는 일제피해자 소송에 대해 일본 법원의 판결문에 제시된 법리를 그대로 답습해왔다. 일본의 사법부는 일제의 한국 강제병합을 합법으로 전제하고 이에 따라 일제의 조선인 강제동원 당시 제정된 법제

제3조 부작위 위헌확인 결정」(헌재 2011. 08. 30, 2006헌마788, 공보 제179호, 1285).

3) 대법원 2012. 5. 24.

4) 최봉태(2013), 「헌법재판소와 대법원의 개인청구권 인정 이후의 과제」, 『한일협정 47년 특별기자회견 국민보고 자료집』(2013. 6. 21), 7~8쪽.

에 정당성을 부여하고 있기 때문에 조선인은 비록 이등 국민이지만 일본인이라는 허구적 사실판단에 기초한 수구적인 국제법 이론을 전개해왔다. 일본 정부는 식민지배의 인적 약탈 사례로서 강제위안부 피해자 및 강제징용 피해자에 대한 법적 구제와 관련하여 식민통치 불법성에 대한 인정 거부,[5] 일본군 강제위안부 및 강제연행 등 식민지지배 하에서 일본이 범한 수많은 위법행위에 대한 사실 부정,[6] 1965년 한일청구권협정을 통한 개인청구권의 소멸 등을 주장하고 있다. 하지만 일본이 한국을 강제병합하고 식민지배하는 과정에서 자행한 국제법 위반의 불법행위로서 일본군 강제위안부 문제, 강제징용 피해자 문제, 사할린 한인 문제, 3·1독립운동 가담자 처벌 문제, 관동대지진 관련 조선인 학살 문제 등은 청구권협정 협상 과정에서 논의되지 않았다.

그럼에도 일본 정부가 이러한 불법적 식민지배행위에 대해 책임을 부정하는 것은 제2차 세계대전 후 일본 전범의 처벌을 위한 극동국제군사재판과 연합국의 개별적 전범처벌재판이 일본 정부와 국민에 대한 전쟁 책임을 적절히 추궁하지 못했기 때문이다. 즉 도쿄국제군사재판에서 전범 국가 일본의 국가수반인 히로히토 국왕에 대한 처벌을 하지 못하고,[7] 인도에 반하는 범죄에 대

5) 한일병합조약이 동양평화를 위한 것으로 도덕적으로나 법적으로 아무런 문제가 없으며, 양국 간 자유의지와 평등을 기초로 적법한 절차에 따라 체결되었다는 일본 우익의 견해이다. 현재 일본의 다수 학자와 정치인들의 견해는 한반도 침략에 대한 도덕적·윤리적 책임은 있으나 한일병합조약이 법적으로는 문제가 없다는 '유효부당론'이다. 도시환(2012), 「한일조약체제와 '식민지'책임의 국제법적 재조명」, 21쪽, 각주 11.

6) 아베 신조[安倍晋三] 일본 총리는 2014년 4월 17일 공개된 미국 시사잡지 『타임(*TIME*)』과의 인터뷰에서 현재 일본 정부가 고노[河野] 담화 수정을 고려하지는 않는다면서도 군 위안부 강제연행의 증거가 없다는 주장을 재차 거론했다. "아베, '군위안부 강제연행 증거없다' 재확인", 『연합뉴스』(2014. 4. 18).

7) 일왕 히로히토와 전쟁에 참여한 그의 아들들을 포함하는 왕실 가족을 처벌하지 않기로 한 결정은 일본군에 의해 자행된 참화에 대한 국가적 그리고 국민적 수치심과 죄책감을 희석시키는 예상치 못한 중대한 결과를 초래했다. 최철영(2013), 「일제강제징용피

한 논의도 진행하지 않았으며, 전쟁범죄의 전체 범주에 대한 합의와 불법행위자들에 대한 처벌에 실패한 것이 일본이 불법적 식민지배행위에 대한 책무를 부정하는 바탕이 되었다.

이 글에서는 일본군의 '강제위안부' 동원을 중심으로 일본의 국가책임이 성립하는 국제법적 근거와 법리를 제시하고 일본 정부가 1965년 한일청구권협정을 근거로 일본군에 의한 성노예제의 피해자들에 대한 법적 책임을 부정하는 것이 야기하는 법적 모순을 지적하고자 한다. 이러한 법 논리를 기초로 하여 한일 간의 역사적 그리고 법적 문제의 궁극적이며 영구적인 해결을 모색할 수 있는 방안으로 진실의 확인과 인정 그리고 정의에 기초한 화해와 평화가 이루어질 수 있는 "한일 간 진실과 화해위원회"(Korea-Japan Commission for Truth and Reconciliation)가 필요함을 제안하고 국제사회에서 진실과 화해위원회 설치의 법리와 운영 사례를 검토하고자 한다.

II. 일본의 불법적 식민지배와 반인도적 범죄행위

일본의 식민지 조선인 강제동원을 통한 국제범죄행위는 다양한 방식으로 나타났다. 특히 위안부 강제동원이라는 불법행위는 첫째, 사술과 납치라고 하는 폭력적인 동원, 둘째, 감시와 압박 하에서 감금되어 강제된 노예적 성 노동, 셋째, 학대와 차별적 대우라는 특징을 가지고 있었다. 이로 인해 식민지배 하

해 배상판결의 법정책적 과제」 토론문, 『일제 강제징용피해 배상판결과 법정책적 과제』(2013. 12. 3), 한국외국어대 법학연구소.

에서 조선인 여성들은 대규모의 가족 이산, 비인간적 처우를 통한 중대한 인권 침해, 사망, 부상, 행방불명, 미귀환, 유골 방치 등의 심각한 피해를 당했다.[8)]

1. 인도에 반하는 범죄행위로서 성노예제

1932년에서부터 제2차 세계대전 말기까지 일본 정부와 일본제국주의 군대는 20만 명이 넘는 여성에게 아시아 전역의 강제위안소에서 성노예 행위를 하도록 강요했다. 이들 강제위안소는 "위안소"라는 완곡한 용어로 언급되었으며 피해자들은 이른바 "위안부"로 불렸다.[9)] 일제의 강제위안부 동원 범죄의 희생자 대부분은 조선 출신이며 중국, 인도네시아, 필리핀 그리고 일본의 지배하에 있던 다른 아시아 국가의 국민도 포함되어 있었다.

일본의 잔혹한 국제인도법 위반 범죄행위의[10)] 생존 피해 여성들은 지난 20년 이상의 기간 동안 자신들이 당한 범죄에 대해 구제를 받고자 했다. 피해 구제를 위한 소송은 일본과 미국의 국내법원에 제기되었다.[11)] 일본의 지방정부와

8) 최철영(2008), 「강제동원 관련 한인(조선인) 소송에 있어 개인배상청구권 연구」, 『동북아역사논총』, 19호, 238쪽.

9) '위안부'라는 용어는 가해자인 일본군부가 사용한 표현으로 역사적 의미로 사용된 경우가 아니면 사용하지 않아야 한다. '위안부' 피해자들이 당한 피해상황을 고려하면 '성노예'라는 표현이 더 정확하다. 이 글에서는 피해의 강제성과 역사성을 고려하여 '강제위안부'라는 용어와 '성노예제'라는 표현을 혼용한다.

10) 버락 오바마 미국 대통령은 2014년 4월 25일 일본군'위안부' 문제에 대해 "위안부 피해자들의 목소리를 우리가 들어야 하고, 그들은 존중을 받아 마땅하다"고 말했다. 오바마 대통령은 또 "끔찍하고 매우 지독한(terrible and egregious) 인권침해 문제라고 생각한다. 위안부 피해 여성들이 인권을 침해당한 것은 전쟁 상황임을 감안하더라도 충격적인(shocking) 일이었다"고 강조했다. "오바마 "위안부문제 끔찍·지독·쇼킹한 인권침해"", 『연합뉴스』(2014. 4. 25).

11) 김창록(2012), 「'식민지 책임'의 청산과 일본군'위안부' 문제」, 『한일협정체제와 「식

미국의 의회, 그리고 서구 각국은 "위안부 결의안"의 채택을[12] 통해 정의의 회복과 배상을 요구했다. 많은 국제연합의 기구들 또한 이 문제에 대한 조사 보고서를 제출하고 결의를 채택했으며, 일본이 자국 군대가 과거에 행한 범죄 행위에 대해 완전한 책임을 부담할 것을 요청했다. 그럼에도 불구하고 아직까지 이러한 범죄 행위에 대한 구제나 피해자들에 대한 배상, 책임자들에 대한 처벌은 이루어지지 않고 있으며 일본 정부에 의한 완전한 법적 책임의 수용도 없는 상태다.

일본은 고노 담화를 통해 공식적으로 자신들이 제2차 세계대전 중 강제위안소를 설치하고 감독 및 관리를 했다는 사실에 대해 인정한 바 있다. 제2차 세계대전 중 강제위안소에서의 여성 성노예화 행위에 대한 일본 정부의 법적 책임은 일본 정부의 사실 인정에 기초해야 한다. 일본의 식민지배 불법 행위는 매우 다양하게 이루어졌다. 하지만 이 글에서는 특히 국제법상 강행규범으로[13] 인정되고 있는 노예 행위 금지 위반이라는 국제범죄와 인도에 대한 범죄, 전쟁범죄에 대한 법적 책임에 중점을 두고 논의한다.

민지」책임의 재조명』(동북아역사재단 한일협정 50년사의 재조명 국제학술회의 자료집), 140~145쪽.

12) 2008년 3월 다카라즈카 시의회의 위안부 관련 결의 채택 이후 지바 현 후바나 시와 교토부 나가오카 시의 의회에서도 일본 정부의 대응을 요구하는 결의가 채택되었다. 주요 내용은 최철영(2011), 「일본의 전후책임에 대한 외교적, 정치적, 그리고 법적 접근」, 『대구법학』, 제8권 2호, 48~51쪽.

13) UN의 국제법위원회에서는 강행규범의 실례로서 무력에 의한 식민지배의 수립 또는 유지, 노예제, 집단살해 또는 인종분리정책 등이 언급된 바 있다. 안토니오 카시지저, 강병근·이재완 역(2014), 『국제법』, 삼우사, 257쪽.

2. 강제위안소의 성격과 범위

일본 정부와 군대가 제2차 세계대전 당시 아시아 지역에 강제위안소를 설치했다는 것은 이미 명백하다. 일본군에 의해 이들 강제위안소에 감금된 여성들은 성폭력과 성적 학대의 심각한 피해를 당했다.[14]

일본 정부와 민간의 합동조사팀은 강제위안소를 첫째, 일본군의 직접통제관리 하에 있는 강제위안소, 둘째, 형식적으로는 민간의 관리 하에 있지만 실제적으로는 일본군이 통제하며 일본군과 군무원들만 이용하는 강제위안소, 셋째, 일본군의 혜택을 받으며 민간업자들이 운영하는 위안소 등 3개의 범주로 구분했다.[15] 이들 중 두 번째 형태의 강제위안소가 가장 일반적이었던 것으로 알려져 있다. 일본 정부는 강제위안소에 일본군이 연루된 사실에 대해 "도덕적 책임"을 인정하면서도 법적 책임은 인정하지 않고 있다.[16]

1) 강제위안소 설치

강제위안소는 당시 군 당국의 요구에 따라 여러 지역에 설치되었다. 당시 정부내부문서는 강제위안소 설치 이유를 일본군이 점령한 지역 내에서 일본

---

14) Karen Parker and Jennifer F. Chew(1994), "Compensation for Japan's World War II War-rape Victims", *Hastings International and Comparative Law Review*, vol. 17, pp. 498~499.

15) Yoshiaki Yoshimi(1994), "The First Report on the Issue of Japan's Military", Center for Research and Documentation on Japan's War Responsibility, pp. 3~4.

16) Yoshiaki Yoshimi(1994), "The First Report on the Issue of Japan's Military", International Labour Conference, 83rd sess., Report of the Committee of Experts on the Application of Conventions and Recommendations, Report III(Part 4A), paras. 103~107, 114.

군이 저지르는 강간과 각종 범죄 행위로 인해 들끓는 반일감정을 막고, 성병과 기타 질병으로 인한 전투력의 약화를 예방하며, 스파이 행위를 방지하기 위한 필요성에 따른 것이라고 언급하고 있다.[17)]

강제위안소는 1932년 만주사변 때 상해에 주둔한 군대를 위해 설치되었다. 이를 기초로 추정해보면 강제위안소는 1932년 이전부터 존재하여 제2차 세계대전이 종료될 때까지 존속했음을 알 수 있다.[18)]

2) 강제위안소 운영과 관리에 있어 군대의 관여[19)]

비록 일부 지역에서는 당시 일본 군대가 직접 강제위안소를 운영하는 경우도 있었지만 많은 강제위안소들은 일본군이 지정한 민간업자들에 의해 운영되었다. 강제위안소가 민간업자에 의해 운영되는 경우에도 당시 일본군은 강제위안소의 설치 허가, 장비 제공, 운영시간과 요금 그리고 강제위안소 사용관련 규정 제정 등의 방법으로 강제위안소 설치와 운영에 직접적으로 연루되어 있었다.

또한 강제위안부의 감독과 관련하여 당시 일본군은 강제위안소 운영규정의 일부로서 피임약의 강제 복용 그리고 성병 및 기타 질병 감염 여부를 확인하기 위해 군의관에 의한 정기적인 강제위안부의 건강상태 확인과 같은 조치를 부과했다.

---

17) U.N. ECOSOC, Commission on Human rights(1996), "Note Verbale from the Permanent Mission of Japan", U.N. Doc. E/CN.4/1996/137(Mar. 27, 1996) Annex 1, p. 14.

18) U.N. ECOSOC, Commission on Human Rights(1996), "Note Verbale from the Permanent Mission of Japan", pp. 14~15.

19) 정남용(2004), 『20세기특대형범죄-일본군성노예제도』, 평양 : 과학백과사전출판사, 17~19쪽.

3) 강제위안부의 모집과 이동의 자유 제한[20)]

민간 모집업자들은 많은 경우 일본군 당국의 요청을 대변하는 강제위안소 운영자들의 요청에 따라 강제위안부의 모집에 나섰다. 전쟁이 확대되면서 강제위안부의 수요가 증가하자 이들 민간 모집업자들은 많은 경우 감언이설과 협박으로 여성들을 자신의 진정한 의사에 반하여 모집했으며 경우에 따라서는 정부와 군이 직접적으로 이러한 모집에 참여하기도 했다. 몇몇 경우에 모집된 강제위안부들은 군함에 의해 전쟁터에 보내졌으며 일본은 전투에서 패배한 후 이들을 남겨 놓고 떠났다.

일부 강제위안소는 규정을 통해 위안부들의 이동 시간뿐만 아니라 이동 목적지까지 통제했다. 어떤 경우든 전투 지역에서 이들 강제위안부들은 상시적인 군대의 통제 하에서 군대와 함께 이동해야 했으며 자유를 박탈당하고 처참한 생활을 하도록 강제되었다. 이러한 사실들은 당시 강제위안부 피해 여성들이 일본군에 의해 직접적으로 또는 일본군의 인식과 지원 하에 강제위안소에서 노예적 상태로 착취당했다는 것을 명백하게 증명해준다.

3. 일본 정부의 입장

일본군이 제2차 세계대전 중에 직접적으로 강제위안소를 설치하고 감독한 사실을 오랫동안 부인해오던 일본 정부는 1993년 8월 4일 일본 관방장관이었던 고노 담화의 기초가 되었던 정부 공식 보고서 "전시 '위안부' 문제"와[21)] 당시 총리의 성명을 통해 결국 사실을 인정했다. 이 보고서는 전시 문서들에

20) 정남용(2004), 『20세기특대형범죄-일본군성노예제도』, 19~24쪽.

21) E/CN.4/1996/137, annex Ⅰ.

대한 검토와 함께 당시 군인 그리고 '위안부' 피해자들과의 인터뷰를 포함하고 있다. 1993년의 연구는 '위안부'들이 자신의 생활에 대한 개인적인 결정권이나 성적인 자기결정권이 없었으며 그들의 건강관리가 노예적인 형태로 이루어졌음을 강조했다.

1995년 7월 당시 일본의 총리 무라야마는 전쟁의 상처가 아직 심각하게 남아 있으며, 전쟁 당시 일본군이 관여한 소위 '전시 위안부' 문제는 수많은 피해 여성들의 명예와 인격에 심각한 오점을 남긴 상처의 하나임을 인정하면서 이는 결코 용서될 수 없는 일이라고 밝혔다. 또한 치유될 수 없는 정서적·신체적 상처를 입은 모든 피해 여성들에 대한 심심한 사과를 표명했다.[22] 그러나 이러한 사과와 인정에도 불구하고, 일본 정부는 일본군의 강제위안소 설치 및 관리와 관련된 행위에 대한 법적 책임을 지속적으로 부정하고 있다.[23]

특히 UN의 여성에 대한 폭력위원회 특별보고관 라디카 쿠마라스와미(Radhika Coomaraswamy)에 의해 작성된 보고서에 대해 일본 정부는 몇 가지 근거를 내세우며 강력하게 반발했다.[24] 즉 첫째, 최근 발전된 국제형사법 법리는 소급 적용될 수 없다. 둘째, 노예 범죄는 강제위안소 설치를 통해 만들어진 시스템을 정

22) 하지만 무라야마 담화는 일본 외무성 종합외교정책국의 주도 하에 추진된 것으로 포괄적인 반성과 사죄는 표명하되 일본군 '위안부' 문제를 포함한 모든 배상과 재산청구권 문제는 법적으로 모두 해결되었고, 정부가 개인보상을 하지 않는다는 내부방침을 전제로 한 것이었다. 도시환(2012), 「한일조약체제와 '식민지'책임의 국제법적 재조명」, 20쪽, 주8 재인용.

23) 도시환(2012), 「한일조약체제와 '식민지'책임의 국제법적 재조명」.

24) U.N. ECOSOC, Commission on Human Rights(1996), "Report of the Special Rapporteur on Violence Against Woman, its Causes and Consequences: Mission to the Democratic People's Republic of Korea, the Republic of Korea and Japan on the Issue of Military Sexual Slavery in Wartime", U.N. Doc. E/CN.4/1996/53/Add.1(Jan. 4, 1996).

확하게 설명하지 못하며 노예 금지는 제2차 세계대전 당시 적용 가능한 국제법의 관습규범으로서 확립되어 있지 않았다. 셋째, 전쟁 중의 강간 행위는 1907년 헤이그 제4협약에 부속된 규정이나 제2차 세계대전 당시의 국제법 관습규범에 의해 금지되지 않았다. 넷째, 전쟁법은 일본군이 교전국가의 국민에 대해 행한 행위에만 적용되며 일본 및 제2차 세계대전 당시 일본에 병합된 조선의 국민과 관련된 일본군의 행위에는 적용되지 않는다고 주장했다.[25)]

일본 정부는 일본군의 강제위안소 직접 연루에 대한 사죄 이후, 1995년 7월 일본 및 국제사회의 여성인권 보호를 명목으로 '여성을 위한 아시아 평화 국민기금'(소위 '아시아여성기금')을 설치했다. 하지만 아시아여성기금은 정부 차원의 배상을 위한 기금이 아닌 민간의 자발적 기금 성격이었으며, 당시 전달된 하시모토 수상의 편지는 법적인 책임이 대한 언급은 물론이고 위안부 동원에서의 강제 사실에 대한 언급도 하지 않았다.[26)]

III. 일제식민지배 범죄 관련 국제관습법의 적용

1. 노예화 및 노예매매

노예화 및 노예매매는 강제위안소의 설치 이전에 이미 국제사회에서 명백

25) U.N. ECOSOC, Commission on Human Rights(1996), "Report of the Special Rapporteur on Violence Against Woman, its Causes and Consequences: Mission to the Democratic People's Republic of Korea, the Republic of Korea and Japan on the Issue of Military Sexual Slavery in Wartime".

26) 김창록(2012), 「'식민지 책임'의 청산과 일본군'위안부' 문제」, 139쪽. 아시아여성기금은 2007년 3월 해산되었다.

하게 금지되어 있었다.

19세기 초에 이미 국제사회의 많은 국가들은 노예의 수입을 금지했다.[27] 노예수입의 금지는 노예제도 및 노예매매를 종식시키려는 많은 나라들을 통해 다수의 국제조약으로 발전되었다.[28] 1855년의 국제중재사건 판례는 노예매매가 모든 문명국가에 의해 금지되어 있으며 국제법에 위반된다고 지적했다.[29] 1900년대에는 전형적인 노예제도가 거의 모든 국가에서 전면적으로 철폐되었다.[30] 특히 일본은 1872년 노예범죄를 범한 페루인에 대해 유죄판결을 하면서 일본의 역사에서 노예매매를 사실상 금지했다.[31]

1932년에는 노예매매, 노예제도 또는 노예 관련 관행들을 금지하는 최소 20개의 국제협약이 체결되었다. 더욱이 1944년 대표적 국가샘플조사에서 일

27) Renee Colette Redman(1994), "The League of Nations and the Right to Be Free from Enslavement: The First Human Right to Be Recognized as Customary International Law", *Chicago–Kent Law Review*, vol. 70, p. 759.

28) U.N. ECOSOC, Sub–Commission on Prevention of Discrimination & Protection of Minorities(1998), "Report of the Special Rapporteur on Systematic Rape, Sexual Slavery and Slavery and Slavery–like Practices During Armed Conflict", para. 46, n. 33, UN Doc. E/CN.4/Sub.2/1998/13(June 22, 1998). 이하 McDougall Report.

29) B. Moore(1995), "History and Digest of the International Arbitration to which the United States has been a Party"(U.S. Government Printing Office, Washington D.C., 1898(reprinted in 1995), pp. 2824~25.

30) M. Cherif Bassiouni(1991), "Enslavement as an International Crime", *New York University Journal of International Law and Politics*, vol. 23; Gay J. McDougall(2013), "Addressing State Responsibility for the Crime of Military Sexual Slavery during the Second World War: Further Attempts for Justice for the "Comport Women"", *Korean Journal of International and Comparative Law*, vol. 1, no. 2, p. 143.

31) Gay J. McDougall(2013), "Addressing State Responsibility for the Crime of Military Sexual Slavery during the Second World War: Further Attempts for Justice for the "Comport Women"", p. 144.

본을 포함하여 사실상 모든 국가가 국내법으로 노예제도를 금지하고 있었다.[32] 제2차 세계대전 이전에 노예제도에 대한 국제적 비난의 확산으로 인해 국제연맹에 의해 주도되고 노예를 "자신의 모든 권리가 소유주의 권리에 부속되고 소유주에 의하여 행사되는 상태의 사람"으로 정의한 1926년 노예협약은 최소한 제2차 세계대전 당시까지의 국제관습법을 명시적으로 선언한 것이다.[33] 따라서 제2차 세계대전 기간 동안 아시아 지역에서 자행한 일본군의 여성 성노예화 행위는 노예화 행위를 금지하고 있는 국제관습법규범과 강행규범의 명백한 위반이다.

노예 금지의 관습적 성격은 민간인의 처우를 규율하는 전쟁법 체계에서도 동일하게 명백하다. 20세기에 채택된 가장 기본적인 전쟁법 규범문서 가운데 하나인 1907년 헤이그 제4협약은 민간인과 전투원들이 노예화되거나 강제노동에 동원되지 않도록 보호되어야 한다고 규정하고 있다. 더욱이 뉘른베르크 국제군사재판은 1907년 헤이그협약이 제2차 세계대전 당시 국제관습법을 선언한 것이라고 확인했다.[34] 뉘른베르크 국제군사재판은 헌장 제6조 (c) 전쟁범죄에 "강제노동 또는 다른 목적으로 점령지의 민간인을 착취하거나 강제이동시키는 것"을 포함하고 있었다. 또한 극동국제군사재판소 헌장 제5조 (c) 또한 유사한 내용을 포함하고 있었다. 국제군사재판은 집단적 학살, 노예화 또는 민간인의 강제이동과 같은 행위들을 국제범죄라고 명시적으로 확인한

---

32) M. Cherif Bassiouni(1991), "Enslavement as an International Crime"; Gay J. McDougall(2013), "Addressing State Responsibility for the Crime of Military Sexual Slavery during the Second World War: Further Attempts for Justice for the "Comport Women"", p. 144.

33) Yoshiaki Yoshimi(1994), "The First Report on the Issue of Japan's Military", p. 29.

34) Finn Seyersted(1966), *United Nations Forces in the Law of Peace and War*, A. W. Sijthoff, pp. 180~182.

것이다.[35] 특히 노예화 금지는 확고하게 강행규범(*jus cogens*)의 지위를 확보하고 있었다.[36] 이들 성문 국제법규범들은 제2차 세계대전 이전부터 이미 존재하고 있던 노예금지원칙에 기초한 것이다.[37]

2. 전쟁범죄로서 강간

노예화와 함께 전쟁법은 강간 및 강제적 매춘을 금지하고 있다. 1863년 리버규칙(Lieber Code)을[38] 포함하여 초기의 권위 있는 전쟁법 규범들은 전시에 강간과 여성에 대한 학대를 명백하게 금지했다.[39] 더욱이 제2차 세계대전 직후 많은 사람들이 강제매춘과 강간혐의로 소추되었으며 그러한 행위는 범법행위

35) R. Jackson(1971), "The Nurnberg Case xiv–xv, The Final Report to the President on the Nuremberg Trials"(Oct. 7, 1946); Gay J. McDougall(2013), "Addressing State Responsibility for the Crime of Military Sexual Slavery during the Second World War: Further Attempts for Justice for the "Comport Women"", p. 143 재인용.

36) Karen Parker and Jennifer F. Chew(1994), "Compensation for Japan's World War II War–Rape Victims", p. 521; M. Cherif Bassiouni(1991), "Enslavement as an International Crime", p. 458.

37) "Affirmation of the Principles of International Law Recognized by the Charter of the Nurnberg Tribunal", G.A. res. 95(1) U.N. GAOR, 1st Sess. U.N. Doc. A/236(Dec. 11, 1946); Yvonne P. Hsu(1993), "'Comport Woman' from Korea : Japan's Sex Slaves and the Legitimacy of Their Claim for Reparation", *Pacific Rim Law and Policy Journal*, vol. 2, p. 97.

38) 리버규칙은 미국 남북전쟁 시 성문화된, 전투행위에 적용해야 하는 법규칙이다. 1863년 4월에 북군의 전시 훈령 100호로서 공포되었다. 포로의 대우, 게릴라의 지위, 재산의 징발 등에 대한 인도성에 기초한 규칙으로 평가되어 유럽 여러 나라에서도 채택했다. 1874년의 브뤼셀선언도 이 영향을 받았으며, 1899년의 '육전의 법 및 관습에 관한 규칙'에도 반영되었다.

39) Theodor Meron(1993), "Rape as a Crime under International Humanitarian Law", *The American Journal of International Law*, vol. 87, p. 428.

로 확립되었다.[40] 1907년 헤이그협약은 "가족의 명예와 권리는 반드시 존중되어야 한다"고 규정하고 있다. 여기에서 가족의 명예존중이라는 표현은 성노예 강제행위에 대한 금지를 지지하는 국제법적 근거이다.[41] 국제관습법을 성문화한 제네바협약의 제4의정서 제27조는 헤이그협약의 가족의 명예라는 용어를 답습하면서 "여성은 특히 강간, 강제매춘 또는 모든 형태의 외설적 행위 등 자신의 명예에 대한 공격으로부터 보호되어야 한다"고 명시했다. 비록 강간의 성격을 폭력범죄가 아닌 여성의 명예에 대한 범죄로 한 점에서 부정확한 측면이 있긴 하지만 이는 강간과 강제적 매춘이 최소한 강제위안소가 설치되던 당시의 국제관습법에 의해 금지되고 있었음을 분명히 하는 것이다.[42]

3. 인도에 반하는 범죄

광범위하거나 체계적인 노예화, 특히 무력충돌 시에 발생하는 노예화는 역사적으로 인도에 반하는 범죄로 인정되어왔다. 뉘른베르크 헌장의 제6조 (c)와 제2차 세계대전 후 독일 내의 전쟁범죄자에 대한 추가적 국내 소추를 용이하게 할 수 있도록 제정된 관리이사회규정(control council law) 제10호는 "민간인에 대해 자행된 노예화, 강제이동 그리고 기타 비인간적 행위"들을 인도에 반하는 범죄로 열거했다. 이와 유사하게 극동국제군사재판소 헌장의 제5조 또한 노예화, 노예노동을 위한 강제이동 그리고 기타 비인간적 행위를 인도에

40) Theodor Meron(1993), "Rape as a Crime under International Humanitarian Law", p. 426.

41) Yvonne P. Hsu(1993), "'Comport Woman' from Korea : Japan's Sex Slaves and the Legitimacy of Their Claim for Reparation", p. 107.

42) Yvonne P. Hsu(1993), "'Comport Woman' from Korea : Japan's Sex Slaves and the Legitimacy of Their Claim for Reparation", p. 111.

반하는 범죄로 열거했다.

노예화에 덧붙여 광범위하거나 체계적인 강간 또한 뉘른베르크 국제군사재판소 헌장과 극동국제군사재판소(도쿄국제군사재판소) 헌장에 포함된 인도에 반하는 범죄의 전형적인 형태로서 "비인도적 행위"의 일반적 금지에 해당된다. 보다 최근에 성문 법규범화된 인도에 반하는 범죄는 국내적 또는 국제적 무력충돌 과정에서 발생하는 강간을 "기타 반인도적 범죄"라는 문구에 의존하기보다는 명시적으로 인도에 반하는 범죄로 나열했다.[43] 반인도적 행위를 위한 계획, 정책 수립 또는 정책 구상의 증거는 인도에 반하는 범죄의 소추에 있어서 필요요건이기는 하지만 광범위한 위반행위가 자행되고 있음에도 이에 대한 조치를 채택하지 않은 것만으로도 이러한 필요요건을 입증하는 데 충분하다고 할 수 있다.[44]

4. 실정 국제법의 적용

일본군의 강제위안부 피해 여성들에 대한 처우는 통상적 의미에서 노예 및 노예매매에 해당하며 1926년 노예협약의 노예에 대한 정의를 충족한다. 일본 정부의 보고서에도 나타난 것처럼 이들 강제위안부 여성들은 자유를 박탈당하고 자신의 의지에 반하여 모집되었다. 더욱이 일부 여성은 매매되었기 때문에 전형적인 노예에 해당된다. 그러나 금전의 거래가 유일하거나 가장 중요한

43) 인도에 반하는 범죄에 대한 최근의 성문법규범에는 구유고연방국제형사재판소(ICTY) 규정 제5조와 르완다국제형사재판소(ICTR) 규정 제3조가 포함된다. 이들 두 조약의 규정은 분명하게 노예화와 강간을 인도에 반하는 범죄의 구성행위로 나열하고 있다.

44) U.N. Security Council(1994), "Final Report of the United Nations Commission of Experts Established Pursuant to Security Council Resolution 780, 1992, Annex II(Rape and Sexual Assault: A Legal Study)", para. 2. U.N. Doc. S/1994/674/Add.2(vol. 1), (Dec. 28, 1994).

노예화 판단의 기준은 아니다. 제2차 세계대전 당시의 모든 성노예들은 심각한 자율성의 상실을 경험했으며, 이로 인해 일본군이 자신들을 마치 물건처럼 취급하도록 내버려 둘 정도였다. 따라서 노예화에 대한 형사책임은 범죄행위를 한 범죄자들과 그들의 윗선 공무원들 모두에게 부과되어야 한다.

일본 정부가 노예에 해당되지 않는다고 주장할 수 있는 일부 사례에서도 강제위안부 피해 여성들은 여전히 강간당하고, 허용 가능한 강제노동에 해당될 수 없는 조건 하에서 전쟁 지역에 붙잡혀 있었다.[45] 강제매춘과 강간에 대해 일본 정부는 많은 여성의 명예와 인격을 심각한 피해를 준 행위였음을 인정하고 있다. 일본 정부는 일본군의 인도에 반하는 범죄행위로 인한 강제위안부 피해 여성들의 피해에 대해 배상을 제공할 지속적인 의무가 있다.[46]

IV. 일본 정부의 주장 검토

1. 법의 소급적용

뉘른베르크 전범재판 당시에 피고들과 일부 해설가들은 당해 범죄가 군사재판소의 헌장에 의해 새롭게 정의되었기 때문에 인도에 반한 범죄에 대한 소추가 합법성을 갖지 못하며 피고인들의 행위는 당해 행위들이 발생할 당시의

45) Yoshiaki Yoshimi(1994), "The First Report on the Issue of Japan's Military", p. 72.

46) Gay J. McDougall(2013), "Addressing State Responsibility for the Crime of Military Sexual Slavery during the Second World War: Further Attempts for Justice for the "Comport Women"", p. 147.

국제법을 위반하지 않았다고 주장했다.[47] 일본 또한 유사한 주장을 하고 있다. 하지만 뉘른베르크 국제군사재판소는 "이 협약에 규정된 규칙들은 1939년까지 모든 문명국에 의해 승인되었으며, 이는 전쟁법과 관습의 선언으로 간주된다"고 판시했고,[48] 도쿄국제군사재판소 또한 "협약은 어떤 주어진 상황 하에서 적용될 관습법을 결정하는 데 있어서 다른 모든 허용할 수 있는 증거와 같이 재판소에 의해 국제관습법의 중요한 근거로 남아 있다"고 판시했다.[49] 이는 제2차 세계대전 중 일본군에 의한 강간과 노예화 등이 명확하게 국제관습에 의해 금지되지 않았기 때문에 행위가 발생하던 당시에는 불법행위가 아니었다는 일본 정부의 주장이 옳지 않음을 증명한다.

2. 강간과 강제매춘

강간의 금지는 제2차 세계대전 중 구속력 있는 국제법으로서 "가족의 명예"의 개념에 포함되었다. 그럼에도 불구하고 일본 정부는 1907년 헤이그 제4협약의 "가족의 명예" 개념을 제2차 세계대전 당시 성노예제의 불법성 근거로 적용하려는 해석에 대해 부정하고 있다. 일본 정부는 헤이그협약이 "오로지 협약 당사자들이 강제노동의 금지를 국내법에 도입하는 데 있어 수용할 수

47) Yvonne P. Hsu(1993), "'Comport Woman' from Korea : Japan's Sex Slaves and the Legitimacy of Their Claim for Reparation", p. 109.

48) International Military Tribunal sitting at Nurenberg(1946), *The Trial of German Major War Criminals*, p. 65; 김명기(1993), 『정신대와 국제법』, 법지사, 111쪽에서 재인용.

49) International Military Tribunal sitting at Nurenberg(1946), *The Trial of German Major War Criminals*, p. 65; 김명기(1993), 『정신대와 국제법』, 111쪽에서 재인용.

있는 일반적 원칙"을 규정하고 있을 뿐이라고 주장한다.[50] 일본 정부 주장의 핵심은 강간 행위가 헤이그협약 또는 제2차 세계대전 당시 전쟁법에 의해 명시적으로 금지되어 있지 않았다는 것이다. 하지만 이러한 해석은 헤이그협약이 전쟁법을 규율하는 국제관습법으로 인정되었으며 다른 전쟁법 규범들 또한 무력충돌 시 민간인에 대한 강간을 국제적으로 금지하고 있었다는 점에서 잘못된 주장이다.

3. 당시 한국의 국제법상 지위

일본은 또한 조선인 여성들이 노예화 및 강간을 금지하는 관습국제법 규범에 의해 보호받지 못한다고 주장하며 책임을 부정하려 한다. 그 근거로 일본 정부는 이러한 규범들이 전쟁법을 기초로 하는 것이고 전쟁법의 규범들은 점령지의 민간인만을 보호하는 것이며 자국 내의 민간인을 보호하기 위한 규범이 아니기 때문이라고 주장한다. 문제가 되는 시기에 조선은 일본에 병합되었기 때문에 전쟁법의 규범들이 조선인 여성들에게 적용될 수 없다는 주장이다.

하지만 한국 대법원은 일제 강점기 일본의 한반도 지배는 규범적인 관점에서 불법적인 강점에 지나지 않는다고 판결했다.[51] 1910년 강제병합을[52] 통

50) 이러한 일본 정부의 입장은 여성에 대한 폭력에 관한 UN특별보고관의 보고서에 대한 일본의 입장으로, 일본 정부가 인권위원회 제51차 회의에서 비공식적으로 배포했다. International Military Tribunal Sitting at Nurenberg(1946), *The Trial of German Major War Criminals*, p. 65; 김명기(1993), 『정신대와 국제법』, 111쪽에서 재인용.

51) 김창록(2012), 「'식민지 책임'의 청산과 일본군'위안부' 문제」, p. 152.

52) 1910년 한일강제병합 관련 조약의 유효·무효와 관련된 이태진(李泰鎭) 교수와 운노 후쿠쥬[海野福壽] 교수 간의 논쟁에 관해서는 이장희 외(2011), 『1910년 '한일병합조약'의 역사적·국제법적 재조명』, 아시아사회과학연구원, 182~190쪽 참조.

한 일본의 한반도 지배 자체를 불법이라고 선언하여 당시 조선이 일본 영토의 일부가 아니었음을 분명히 한 것이다. 더 나아가 일본의 주장에 따라 당시 한국이 일본에 병합되었다고 할지라도 책임을 면할 수 없다. 왜냐하면 노예제는 전쟁범죄라는 근거에서만 금지되는 것이 아니기 때문이다. 전시 및 평시의 모든 상황에 적용되는 관습국제범죄행위로서 그리고 인도에 반하는 범죄로서 노예화 및 강간은 그러한 행위가 자행되던 당시 한반도의 영토적 지위와 관련 없이 국제관습법의 심각한 위반행위로서 명백하게 금지된다. 결국 노예화 및 강간을 금지하는 국제관습법은 점령지의 민간인인지 여부와 관계없이 조선인 여성에게도 동일하게 적용된다.[53)]

V. 국제법에 따른 배상과 구제

2001년 국제법위원회(ILC)의 국제불법행위에 대한 국가책임 초안의 본문에 따르면 강제위안소의 세 가지 형태 모두 일본의 국가행위로 귀속되는 기준에 해당된다.[54)] 일본군의 행위는 노예제 금지의 강행규범을 위반한 국제불법행위이며 일본은 피해 여성들에 대해 법적 배상 및 구제의무가 있다.

일반 국제법의 강행규범에 대한 국제의무의 중대한 위반이 있는 경우 위반 국가는 다중적인 배상 및 구제의무를 부담한다. 위반 국가는 위반행위를 종료

---

53) Gay J. McDougall(2013), "Addressing State Responsibility for the Crime of Military Sexual Slavery during the Second World War: Further Attempts for Justice for the "Comport Women"", p. 149.

54) International Law Commission(ILC)(2001), "Draft Articles on the Responsibility of States for Internationally Wrongful Acts", art. 4–8, U.N. GAOR, 56th Sess., Supp. No. 10, U.N. Doc. A/56/10(Nov. 2001).

해야 하고, 재발 방지를 위한 조치를 취해야 하며, 당해 범죄행위에 대한 개별적 형사책임을 조사하고, 당해 범죄를 소추하고 처벌해야 한다. 위반 국가는 또한 피해를 입은 국가와 개인에 대해 물질적·정신적 배상을 해야 하며, 피해자를 구제하기 위한 제도를 마련해야 한다. 이러한 의무는 위반한 의무의 성격과 위반행위의 성격에 따라 다른 국가나 국제사회 전체에 대한 것일 수 있다.[55] 위반 국가의 피해자 개인에 대한 책임은 피해국가 그리고 개인 모두에 대해 동시에 존재한다.[56]

1. 외국인 보호의 실패에 대한 책임

국제법 위반에 대한 1차적 책임(original liability)은 국제불법행위를 행한 국가에게 있다. 국제불법행위는 국제법적 의무 위반행위로서 국가에 의해 권한을 위임받았거나 명령을 받은 공무원의 국제불법행위는 국가의 행위로 간주된다. 더 나아가 국가는 자국 공무원의 위법행위에 대해 당해 행위가 비록 권한 없이 한 행위라 할지라도 통상적인 공무에 속하는 행위라면 배상할 책임이 발생한다. 따라서 일본은 일본군의 요구에 의해 강제위안소를 운영하고 이익을 얻은 민간인 개인을 포함하여 일본군과 일본군의 관계자들이 행한 국제불법행위로서 강제위안소 운영행위에 대해 책임이 있다. 물론 민간업자에 의해 운영된 위안소에서의 여성 처우에 대해서는 일본 정부가 직접적인 책임을 지지 않아도 되는 예외적인 사례들이 있을 수 있다. 그러나 그러한 경우에도 일본

55) International Law Commission(ILC)(2001), "Draft Articles on the Responsibility of States for Internationally Wrongful Acts", art. 4–8.

56) International Law Commission(ILC)(2001), "Draft Articles on the Responsibility of States for Internationally Wrongful Acts", art. 33.

은 자국 내에 거주하는 외국인에 대해 공무원 또는 자국민이 행한 침해행위에 적용되는 "대위책임"(vicarious liability) 이론에 따른 책임이 있다.

일본 정부는 또한 제2차 세계대전 당시 성적 노예제 피해자들에게 가해진 위해의 발생 예방에 실패한 데 대한 책임을 진다. 국제관습법에 따라 국가는 외국인에 대한 위해행위 예방의무 이행 실패에 대한 책임을 지는 것이다. 제2차 세계대전 당시 국제관습법을 반영하고 있는 1907년 헤이그 제4협약의 제3조는 1907년 협약을 위반한 협약 당사자는 협약 위반에 대한 책임이 있으며 자국 군대의 일부를 구성하는 사람이 행한 모든 행위에 대해 책임을 져야 한다고 규정하고 있다. 이러한 책임과 배상의 원칙은 국가가 자국 군의 행위에 대해 책임을 지도록 하기 위해 사용자 책임(*respondeat superior*)의 원칙을 국제법에 적용한 것이다.[57] 헤이그협약의 제3조에 따르면 각국은 중대한 인권 위반과 기본권·자유권 위반을 예방, 조사하고 처벌할 의무가 있다. 일본 정부는 여성에 대한 침해 발생을 예방하지 못하고 가해자들을 처벌하지 못한 데 대한 독립적 책임이 있다.[58]

57) Frits Kalshoven(1997), "Article 3 of the Convention(Ⅳ) concerning the Laws and Custom of War on Land, signed at The Hague, 18 October 1907, in Remembering What We Have Tried to Forget", *ASCENT*, p. 9.

58) U.N. ECOSOC, 48th Sess, Commission on Human Rights(1996), "Revised Set of Basic Principle and Guidelines on the Right to Reparation for Victims of Gross Violation of Human Rights and Humanitarian Law", U.N. Doc. E/CN.4/Sub.2/1996/17(May 24, 1996); Japan Federation of Bar Association(JFBA)(1995), "Recommendations on the Issue of "Comport Women"", Jan. 1995, pp. 22~25.

2. 가해자에 대한 개별적 책임 추궁

강제위안부 피해자 문제와 관련하여 충분한 증거가 존재하고 생존 가해자들을 확인할 수 있기 때문에 가해자들은 일본의 국내법원 또는 국제법이나 보편적 관할권 원칙에 따라 다른 국가의 국내법원에 기소되었어야 한다.

이러한 기소의 선례는 오래전부터 있었다. 1946년 인도네시아 바타비아(Batavia)에 설치된 임시군사재판소는 강제매춘 및 강간의 목적으로 소녀 및 여성을 납치한 일본군의 범죄에 대해 유죄 판결했다.[59] 이와 유사하게 필리핀 재판소는 일본군 장교의 강간범죄에 대해 종신형을 선고했다.[60] 국제관습법을 적용함에 있어서 뉘른베르크와 도쿄국제군사재판소는 개별 군장교들과 그들의 상급자들 그리고 독일과 일본 정부에게 전쟁범죄와 인도에 반하는 범죄를 행한 데 대한 책임이 있다고 판단했다. 1946년 UN 총회는 1946년 12월 11일 결의 제95 (I)호를 통해 도쿄국제군사재판소 헌장이 UN 회원국들에 의해 일반적으로 인정된 국제관습법이라고 재확인했다.[61]

더욱이 샌프란시스코평화조약의 제11조는 일본이 극동국제군사재판과 기타 연합국 전쟁범죄재판의 판결을 받아들여야 한다고 규정했다. 뉘른베르크 헌장 또한 "인도에 반하는 범죄"라는 새로운 용어를 사용하고 있지만 이는 새

59) David Boling(1995), "Mass Rape, Enforced Prostitution, and the Japanese Imperial Army: Japan Eschews International legal Responsibility", *Columbia Journal of Transnational Law*, vol. 32, p. 545.

60) Japan Federation of Bar Association(JFBA)(1995), "Recommendations on the Issue of "Comport Women"", p. 56.

61) Gay J. McDougall(2013), "Addressing State Responsibility for the Crime of Military Sexual Slavery during the Second World War: Further Attempts for Justice for the "Comport Women"", p. 152.

로운 법을 창설한 것이 아니다. 이러한 근거에서 반인도적 범죄에 관여한 개별 군장교들은 물론 일본군과 정부 관료들도 자신의 지휘 하에 있는 군인들에 의해 강제위안소가 설치되고 유지된 데 대해 책임을 져야 한다. 지휘책임(command responsibility)의 원칙은 상급자들이 자신의 지휘를 받는 하급자들의 불법적 행위에 대해 책임이 있음을 분명히 하고 있기 때문이다.[62] 이 원칙은 일본군 장성 도요토미 야마시타의 필리핀인 및 미국인 전쟁포로 집단학살에 대해 유죄 판결한 미국군사위원회 재판에서 국제적 소추의 기초로서 처음 사용되었다. 이 원칙의 기초 논리는 베르사유에서 독일의 카이저 국왕이 본인 또는 자신이 임명한 지휘 장교가 전쟁 과정에서 하급자들에 의해 자행된 만행을 억제할 수 있었음에도 그렇게 하지 않았기 때문에 전쟁범죄자로 심판받아야 한다고 권고했던 제1차 세계대전 당시에 등장한 것이다.[63]

강제위안소의 설치 및 관리에 있어 광범위하고 체계적인 일본군의 연루는 일본군의 상급자들이 강제위안소의 존재에 대해 실제적으로 인지하고 있었음을 확인하는 것이다. 강제위안소 설치 및 관리에 책임이 있는 일본군의 중견 간부들이 상급자의 명령을 이유로 형사책임을 회피하는 것이 인정되어서는 안 된다. 상급자의 명령에 의한 행위는 형사책임을 감경할 수 있는 사유는 되

62) Christopher N. Crowe(1994), "Command Responsibility in the Former Yugoslavia: The Chances for Successful Prosecution", *University of Richmond Law Review*, vol. 29, pp. 191~192.

63) Christopher N. Crowe(1994), "Command Responsibility in the Former Yugoslavia: The Chances for Successful Prosecution". 이러한 지휘책임의 기원이 15세기 프랑스나 기원전의 로마제국으로까지 거슬러 올라간다는 주장도 있다. Gay J. McDougall(2013), "Addressing State Responsibility for the Crime of Military Sexual Slavery during the Second World War: Further Attempts for Justice for the "Comport Women"", p. 153.

지만 면책의 사유는 되지 못하기 때문이다.[64)]

1994년 한국의 정신대문제대책협의회는 27명의 생존 피해자를 대신하여 일본의 검찰총장에게 강제위안소의 운영에 관계한 일본군인과 관계자들의 형사소추를 요구하는 소송을 제기했다. 일본 검찰총장은 첫째, 소멸시효의 경과, 둘째, 가해자의 명단이 명시되지 않았다는 점, 셋째, 피해 사실이 명시되지 않았다는 점, 넷째, 처벌조항이 정확하지 않다는 점을 근거로 이를 거부했다.[65)] 그러나 국제법상 인도에 반하는 범죄를 범한 개별 군인과 지휘관에 대한 형사소송 제기에 시간적 제한은 없다. 인도에 반하는 범죄와 전쟁범죄는 법정의 소멸시효에 종속되지 않는다. 이들 범죄에 대한 국제관할권에 관한 1953년 UN보고서에 따르면 법정시효의 개념은 현대 국제법에 존재하지 않는다.[66)]

더욱이 일본 정부가 강제위안소의 설치와 관리에 대한 일본군의 역할을 인정한 1992년까지 강제위안소에 관한 공식적인 조사나 청문회가 열린 적이 없기 때문에 강제위안부 피해자들이 자신들의 주장을 적절히 호소할 수 있는 정상적인 상황이 아니었고 일본 정부의 적절한 해결 노력 또한 없었다는 측면에서 적용 가능한 소멸시효가 있다고 하더라도 1992년 일본 정부의 인정이 있기까지 시효의 개시가 있었다고 할 수 없다.

64) Anthony D'Amato(1986), "Superior Orders vs. Command Responsibility", *The American Journal of International Law*, vol. 80, p. 604.

65) Gay J. McDougall(2013), "Addressing State Responsibility for the Crime of Military Sexual Slavery during the Second World War: Further Attempts for Justice for the "Comport Women"", p. 154.

66) Friedl Weiss(1985), "Time Limits for the Prosecution of Crimes against International Law", *The British Yearbook of International Law*, vol. 53, p. 185.

3. 피해자에 대한 배상

일본 정부는 당시 전통적인 국제법이 개인과 국가 간의 관계가 아니라 국가와 국가 간의 관계를 규율했기 때문에 생존 피해자 개인이 일본을 상대로 청구를 제기할 수 없다고 한다. 하지만 1920년대 말의 국제법은 이미 한 국가에 의한 타국 국민 가해행위는 타국에 대한 침해이며 피해를 입은 개인 전체에 대한 피해배상책임을 인정하고 있다. 더욱이 국제법은 개인들이 국제법에 의해 부여된 권리와 부과된 의무의 주체임을 인정하고 국제법 위반 행위에 대한 배상의무를 상세히 규정하고 있다.[67] 예컨대 베르사유평화조약은 개인들이 자신이 입은 손해에 대해 독일을 상대로 소송을 제기할 수 있도록 규정하고 있었다. 특히 헤이그협약의 제3조를 둔 가장 우선적인 목적은 협약에 위반된 행위의 결과로 피해를 입은 개인들이 자신들의 피해에 대해 배상을 청구할 권리를 제공하는 데 있다.[68]

일본은 국제법 위반에 대한 개별적 배상의 가능성을 인정해왔다. 일본과 일부 연합국들 간에 체결된 협정은[69] 오로지 국가만이 구제를 청구할 수 있다고 언급하고 있는 일본과 한국, 필리핀 간에 체결된 조약과 다르게 구체적

67) 1907년 헤이그 제4협약; 1919년 베르사유평화조약, 극동국제군사재판소 헌장; 국제관습법 등.

68) Frits Kalshoven(1997), "Article 3 of the Convention(IV) concerning the Laws and Custom of War on Land", signed at the Hague, p. 11.

69) 일본과 그리스, 영국, 스위스, 스웨덴, 캐나다 그리고 덴마크 간에 체결된 조약은 모두 국제법에 따라 일본에게 책임이 있는 전쟁상태가 존재하기 이전에 발생한 개인적 피해나 사망에 대한 배상규정을 포함하고 있다. 하지만 일본이 과거 점령하고 있었던 영역과의 조약에는 이와 유사한 언급을 하지 않고 있다. Yvonne P. Hsu(1993), "'Comport Woman' from Korea : Japan's Sex Slaves and the Legitimacy of Their Claim for Reparation", pp. 103~104.

으로 개별적 구제를 언급하고 있다. 이처럼 일본 정부는 이미 개별적 배상을 인정한 바 있기 때문에 정부의 국제법 위반행위에 대한 구제수단으로서 개별적 배상은 허용될 수 없다는 일본 정부의 주장은 책임의 회피이다.

이러한 현재의 규범적 틀은 2005년 UN 총회가 채택한 '중대한 국제인권위반과 국제인도법 위반의 희생자에 대한 구제와 배상의 권리에 관한 기본원칙과 지침'에 명시되어 있다.[70] 이 원칙과 지침은 중대한 국제인권법 및 국제인도법 위반에 대한 구제는 평등하고 효과적인 사법적 구제절차의 접근, 발생한 피해에 대한 적절하고 실효적이며 신속한 배상, 위반과 배상의 체계에 관련된 정보에의 접근 등 국제법이 규정하고 있는 피해자의 권리를 포함한다. 중대한 국제인권법 및 국제인도법의 피해자는 국제법이 보장하고 있는 실효적 사법적 구제에 평등하게 접근할 수 있어야 한다. 배상은 중대한 국제인권법 및 국제인도법 위반의 심각성과 사안의 상황에 적절히 비례하여 모든 경제적으로 측정될 수 있는 피해에 대해 제공되어야 한다.[71]

한국인 생존 강제위안부 피해자에게는 일본 정부와 일본군에 의해 자신들이 입은 피해에 대해 적절한 배상을 받을 권리가 명백히 존재한다. 생존 피해여성들은 일본 정부가 진정성 있는 개별적 사과를 하고, 일본 정부와 군지휘관의 강제위안소 설치 및 관리 참여 및 국제법 위반 사실에 대해 인정할 것을 요구하고 있다.[72]

---

70) "Basic Principles and Guidelines on the Right to a Remedy and Reparation for Victims of Gross Violations of International Human Rights Law and Serious Violations of International Humanitarian Law", A/RES/69/147, 16 Dec. 2005.

71) Gay J. McDougall(2013), "Addressing State Responsibility for the Crime of Military Sexual Slavery during the Second World War: Further Attempts for Justice for the "Comport Women"", p. 156.

72) U.N. ECOSOC, Commission on Human Rights(1996), "Report of the Special

4. 한일청구권협정과 일본의 입장

일본 정부는 배상책임에 대해 부정하면서 배상청구권은 전쟁 종료 후 체결된 평화조약에 의해 해결되거나 포기되었다고 주장하고 있다.[73] 한국 정부의 청구권과 관련해서 일본 정부는 한일 양국 및 양국 국민의 재산 및 권리와 이익과 관련된 문제들이 완전하고 최종적으로 해결되었다고 규정한 1965년 한일청구권협정의 제2조 제1항에 근거하여 책임을 회피하고 있다. 일본 정부는 동 조항이 제2차 세계대전 당시 강제위안부 피해자들의 권리를 소멸시키고 있다고 주장한다. 하지만 동 협정의 체결 협상 당시 식민지지배 그 자체의 불법성에 대한 인정이 언급되지 않았고, 강제징용자 및 강제위안부 등 조선인의 피해가 불법적 식민지지배에 기인하는 전쟁범죄라는 인식은 논의의 전제가 되지 않았기 때문에[74] 일본은 국가적 책임의 회피를 위해 당해 협정에 의존하려고 시도해서는 안된다. 그리고 양자조약으로서 한일청구권협정은 성노예제와 같은 국제법상 강행규범의 중대한 위반으로부터 발생하는 권리와 의무를 소멸시킬 수 없다.[75]

Rapporteur on Violence Against Women, its Causes and Consequences: A Framework for Model Legislation on Domestic Violence", U.N. Doc. E/CN.4/1996/53/Add.2(Feb. 2, 1996).

73) 일본 정부는 1951년 연합국과 체결한 샌프란시스코평화조약을 통해 모든 청구권 문제가 해결되었다고 주장한다. 연합국에 대한 일본이 배상책임은 샌프란시스코평화조약 제14조에 규정되어 있다. 동 조항은 당해 조약에 규정되지 않은 모든 청구권의 포기에 관한 규정을 포함하고 있다. 일본은 이 포기조항을 근거로 강제위안부 피해자들의 청구가 허용되지 않는다고 주장한다.

74) 요시자와 후미토시[吉澤文壽](2013), 「한일기본조약 체결 과정에서의 '식민지 책임'론」, 『식민지책임 판결과 한일협정체제의 재조명』(동북아역사재단 한일협정 50년사의 재조명 국제학술회의 자료집), 138쪽.

75) Gay J. McDougall(2013), "Addressing State Responsibility for the Crime of

1) 일본 정부의 사실 은폐

1951년 샌프란시스코평화조약과 1965년 한일청구권협정이 체결될 당시에 일본 정부는 강제위안부에 대한 일본군의 관여를 은폐하고 있었다.[76] 한국, 필리핀, 중국 그리고 인도네시아 여성들이 전쟁 중에 노예화되고 강간을 당했다는 충분한 인식이 있었지만 일본군의 체계적 관여는 일본에 의해 은폐되었다. 일본 정부가 강제위안부 피해자들에 대한 법적 책임을 부정하기 위해 그렇게 오랫동안 자신들의 범죄행위 관여를 숨겨왔다면 청구권협정이나 다른 전후 평화조약들이 제2차 세계대전 당시 성노예제를 포함하는 모든 피해에 대한 청구권을 해결하기 위한 것이었다는 일본 정부의 주장은 국가적 기만행위에 불과하다.

2) 한일청구권협정의 명시적 문구

한일청구권협정의 문구를 살펴보면 동 협정은 양국 간의 인권침해 문제에 대한 청구권이 아닌 재산적 청구권을 해결하기 위한 경제적 측면의 조약이라는 것이 분명하다.[77] 1951년 샌프란시스코평화조약과 1965년 한일청구권협정의 문구를 검토해보면 이들 협정의 범위가 분쟁이 있는 영토에 대한 주권문제, 유체 및 무체 재산권 문제, 재정적 및 상업적 문제들에 제한되어 있음을

Military Sexual Slavery during the Second World War: Further Attempts for Justice for the "Comport Women"", pp. 158~159.

76) Karen Parker and Jennifer F. Chew(1994), "Compensation for Japan's World War II War-Rape Victims", p. 502.

77) Tong Yu(1995), "Reparation for Former Comport Women of World War II", *Harvard International Law*, vol. 36, pp. 535~536. 1965년 한일청구권협정의 전문은 다음과 같다. "대한민국과 일본국은, 양국 및 양국 국민의 재산과 양국 및 양국 국민 간의 청구권에 관한 문제를 해결할 것을 희망하고, 양국 간의 경제협력을 증진할 것을 희망하여, 다음과 같이 합의했다."

알 수 있다. 이러한 결론은 한일청구권협정의 협정 명칭과[78] 합의의사록으로부터[79] 추론될 수 있다.

한일청구권협정 제2조의 청구권이라는 일반적 용어에 관한 한일청구권협정의 양 당사자들의 의도는 전체적인 사실관계의 기초에서 해석되어야 한다. 한일청구권협정 제2조는 "양 체약국은 양 체약국 및 그 국민(법인을 포함함)의 재산, 권리 및 이익과 양 체약국 및 그 국민 간의 청구권에 관한 문제"로 규정하고 있으므로, 한일청구권협정에 따라 일본 측이 제공한 자금은 일본의 인권위반행위로 인한 피해자들의 개별적 청구권을 배제하고 오로지 재산적 문제와 관련된 범죄에 대해서만 이루어진 것이다.

그러나 만약 협약 당사자들의 의도가 강제위안부들의 청구권을 소멸시키고자 하는 것이었다면 이는 어떠한 효력도 갖지 못한다는 것은 분명하다. 국제법상 강제위안부 피해자들의 청구권은 협정국 당사자들의 시혜적 의도에 의해 부여된 청구권이 아니기 때문이다.

3) 한일청구권협정의 규정과 강행규범

강행규범이 원용되는 경우 국제인권과 국제인도법의 위반으로 기소된 국가에게 법기술적 수단에 의존하여 책임을 회피하는 것이 허용되어서는 안 된다. 일제의 강제위안부에 대한 불법행위는 노예상태 또는 예속상태에 놓이지 않을 자유를 보장한 1926년 노예조약, 강제노동에 관한 ILO조약, 인도에 반

78) 「대한민국과 일본국 간의 재산 및 청구권에 관한 문제의 해결과 경제협력에 관한 협정(Agreement on the Settlement of Problem concerning Property and Claims and the Economic Cooperation between the Republic of Korea and Japan)」.

79) 청구권협정에 대한 합의의사록 (I)은 위 제2조에 관해 다음과 같이 정하고 있다. (a) "재산, 권리 및 이익"이라 함은 법률상의 근거에 의거하여 재산적 가치가 인정되는 모든 종류의 실체적 권리를 말하는 것으로 양해되었다.

한 범죄 및 전쟁금지의 국제관습법, 추업을 행하기 위한 부녀매매를 금지하는 국제조약, 헤이그육전조약을 비롯한 국제인도법을 위반한 범죄행위로서 노예제도금지 및 강제노동금지는 국제법상 강행규범이다.[80]

강행규범에 상충하는 조약은 무효라는 국제법의 원칙은 1969년 조약법에 관한 비엔나협약에 법원칙으로 성문화되기[81] 이전부터 존재했으며 1965년 한일청구권협정 이전에도 국제법의 법원칙이었다. 조약법에 관한 비엔나협약 제53조와 제64조는 일반적 원칙으로서 조약이나 조약의 규정이 현재의 강행규범 또는 향후 형성될 강행규범에 위반되는 경우에 무효이거나 무효가 된다고 규정하고 있다. 이는 조약 또는 조약규정의 이행에도 적용된다. 강행규범에 위반되는 조약과 조약의 규정이 무효가 되면 당해 조약의 당사국들은 당해 규정에 따라 이행된 모든 행위의 결과를 가능한 한 배제해야 한다.[82]

이러한 측면에서 유엔국제법위원회는 국가책임초안의 규정으로 일반국제법의 강행규범에 대한 중대한 위반이 있는 경우 모든 국가는 그러한 위반으로부터 발생한 어떠한 상황도 불법으로 간주할 의무가 있다고 했다. 따라서 강제위안부 문제와 같이 강행규범에 대한 위반이 게재된 행위의 경우 이에 대한 구제의 문제가 국가나 정부 간의 합의 만에 의해 처분의 대상이 될 수 없다.[83]

---

80) 안토니오 카시지 저(2014), 『국제법』, 257쪽; 최철영(2008), 「강제동원 관련 한인(조선인) 소송에 있어 개인배상청구권 연구」, 259쪽.

81) 조약법에 관한 비엔나협약 제53조. 일본은 동 조항의 채택에 기권한 12개국 중의 하나이다. 동 조항에 대해 87개국이 찬성했으며 8개국은 반대했다. U.N. Doc. A/CONF.39/ 11/Add.1, p. 107.

82) 조약법에 관한 비엔나협약 제71조 1항 (a).

83) 유엔국제법위원회의 외교적 보호권 특별보고자였던 더가드(Dugard)의 견해로서 이근관(2011), 「1910년 '한일병합조약'의 무효, 불법성과 일본의 국가책임」, 『1910년 '한일병합조약'의 역사적·국제법적 재조명』(동북아역사재단 한일협정 50년사의 재조명 국제학술회의 자료집), 253쪽.

개인의 재산권으로서 배상청구권은 인권의 본질적 부분으로서 국제조약에 의해 보호되는 것이 아니다. 강행규범위반행위를 한 개인에 대한 조사, 소추 그리고 처벌이 이루지지 않았고 생존 피해자들에 대한 구제와 배상을 제공할 의무는 이행되지 않았다. 한일청구권협정의 규정으로 강제위안부 피해자들이 구제와 배상을 받을 권리가 소멸되었다면 동 협정이 강행규범 위반으로 무효인 것이다.[84)]

4) 한일청구권협정과 식민지배 불법행위 국가책임

한일청구권협정 체결 당시 양 당사국이 상정하고 있는 청구권은 "양국 및 양국민의 재산, 권리 및 이익"으로서 법률상의 근거에 의거하여 '재산적 가치가 인정되는' 모든 실체적 권리를 말하는 것이다.[85)] 이에 근거하여 제정된 일본의 국내법인 「재산 및 청구권에 관한 문제의 해결 및 경제협력에 관한 일본국과 대한민국 간의 협정 제2조의 실시에 수반되는 대한민국 등의 재산권에 관한 조치에 관한 법률」은 일본에 있는 한국인 개인의 채권, 담보권, 소유권, 유가증권상의 권리 등을 박탈하는 것을 내용으로 하고 있다.

일본에 의해 성적 노예제의 피해자가 된 한국인 여성들에 대한 일본의 중대한 인권침해행위 관련 일본의 법적 책임과 배상은 한일청구권협정 체결을 위한 협상 당시 사안의 중대성에도 불구하고 논의의 대상으로 인지되지 못한 상황이었고, 내용 또한 재산적 청구권과는 완전히 다른 차원의 문제이므로 한일청구권협정에 의해 포괄되었다고 볼 수 없는 것이다.

84) 최철영(2008), 「강제동원 관련 한인(조선인) 소송에 있어 개인배상청구권 연구」, 260쪽.
85) 『대한민국과 일본국 간의 재산 및 청구권에 관한 문제의 해결과 경제협력에 관한 협정에 대한 합의의사록(1)』 2항.

일본의 야마구치지방법원도 강제위안부 피해 관련 판결문에서[86] "종군위안부 문제가 철저한 여성차별, 민족차별 사상의 표현이며, 여성의 인격의 존엄을 근저로부터 침해하고 민족의 긍지를 유린하는 것이며, 결코 과거의 문제가 아니라 지금도 극복되어야 할 근원적인 인권 문제라는 사실 또한 명백하다"고 인정한 바 있다. 따라서 이 문제에 대한 일본의 책임 추궁은 민사적·재산적 청구권이 아니라 일본의 범죄행위에 대한 형사징벌적 배상 청구이며 한일청구권협정과는 근본적으로 다른 원칙에 입각하여 협의되어야 하므로 기본의 한일청구권협정과는 전혀 다른 차원의 사안이다.

VI. 일제 식민지배 국가책임의 해제 방안

최근 한일 간에 역사적이며 국제법적 문제의 해결, 특히 일본군의 강제위안소와 위안부 강제동원을 통한 성적 노예제의 불법성을 확인하고 피해배상 문제를 논의하기 위한 협상이 시작되었다.[87]

86) 1992. 12. 25. 야마구치 지방재판소 시모노세키지부 제소, 1998.4.27. 제1심 선고.

87) 일본 아베 신조[安倍晋三] 정부는 2014년 안에 일본군'위안부' 문제를 한일 간에 타결짓자는 입장을 한국 정부에 통보했다. 일본 정부 당국자는 2014년 2월 중순, 한국 외교 당국자와 도쿄 도내에서 회담했을 때 '한일 국교정상화 50주년인 2015년을 맞이하기 전에 군 위안부 문제에 대해 결론을 냄으로써 한일관계를 제 궤도에 다시 올리고 싶다'며 협력을 요청했고, 한국 측도 이해를 표했다["일본, '軍위안부 연내 해결하자' 한국에 통보", 『연합뉴스』(2014. 04. 16)]. 20년 넘게 한일관계의 장벽이 되어온 일본군'위안부' 문제를 논의하기 위한 한국과 일본 외교 당국 국장급 협의가 2014년 4월 16일 이뤄졌다. 양측은 이날 협의에서 위안부 문제와 관련한 양측 간 기본입장을 재확인하고, 일단 위안부 문제 협의를 위한 국장급 협상을 한 달에 한 번 정례화하는 데 합의했다[뉴스 1(2014. 4. 16)]. 한일 국장급회의는 5월 15일 재개됐지만 뚜렷한 성과를 내지 못하고 마무리됐다. 이상덕 한국 외교부 동북아시아국장과 이하라 준이

한일 간의 협상에서는 일본 정부에게 위안부 강제동원과 강제위안소 설치 및 관리라는 국제인권법과 국제인도법의 중대한 위반행위에 대한 책임이 여전히 남아 있음이 전제되어야 한다. 샌프란시스코평화조약과 한일청구권협정을 통해 제2차 세계대전으로 인해 발생한 모든 청구권 문제를 해결했다는 일본의 주장은 지금까지 알려진 국제법의 법리를 고려할 때 설득력이 없다. 더욱이 일본 정부가 한일청구권협정 체결 이후 25년이 지날 때까지 강제위안소의 설치와 관리에 일본군이 직접 관여했음을 인정하지 않은 것은 일본 정부의 논리적 모순이다. 왜냐하면 한일기본조약과 한일청구권협정 체결 과정에서 이 문제에 대해 침묵한 일본 정부가 이제 와서 동 양자조약을 기초로 국제사회의 모든 국가를 구속하는 강행규범에 위반한 국제범죄행위에 대한 책임이 소멸되었다고 주장하는 것이기 때문이다.

한국 정부와 일본 정부 사이에 존재하는 한일청구권협정의 적용범위와 해석에 다툼에 대해서는 동 협정 제3조에 따라 해결되어야 한다. 동 조항은 동 협정의 규율사항과 용어와 관련한 분쟁의 해결을 위한 제도를 두고 있다. 동 조항은 우선 양 당사국 사이에 협정의 해석 또는 이행에 관해 분쟁이 있는 경우 이는 외교적 채널을 통해 해결하도록 규정하고,[88] 이러한 방법으로 해결

치[伊原純一] 일본 외무성 아시아대양주국장 등 양측 외교 실무자는 이날 일본 도쿄도[東京都] 외무성에서 만나 일본군 위안부 문제에 관해 의견을 교환했다. 4월 16일 첫 협의에서 양측이 서로 기본 입장을 확인한 만큼 이날 협의에선 본격적인 해결 방안이 모색될 것으로 예상됐지만 견해차는 여전했다. 이날 한국 정부는 위안부 피해자가 이해할 수 있는 해결책을 요구한 것으로 전해졌다. 이에 대해 일본은 일제 강점기에 동원돼 강제 노동을 한 피해자들이 일본 기업을 상대로 제기한 손해배상 청구소송에 대해 한일 청구권 협정으로 모든 문제가 해결됐다는 입장을 밝혔다고 교도통신이 전했다["한일 군위안부 2차 협의 도쿄서 개최", 『연합뉴스』(2014. 05. 15)].

88) 제3조 1. 본 협정의 해석 및 실시에 관한 양 체약국 간의 분쟁은 우선 외교상의 경로를 통하여 해결한다.

되지 않는 분쟁의 경우 중재위원회(Arbitral Committee)를 통해 해결하며,[89] 양 당사국은 중재위원회의 결정에 복종해야 한다고[90] 규정하고 있다. 국제법적 차원에서 양국 간의 합의에 의한 중재위원회가 설립되지 않거나 중재위원회의 중재가 받아들여지지 않는 경우 국제사법재판소에 제소 또한 고려할 수 있을 것이다.

1. 한일청구권협정에 따른 외교적 채널의 활용 방안

한국 정부는 한일청구권협정의 제3조에 근거하여 생존 강제위안부 피해자들이 배상을 받을 수 있도록 외교적 채널을 통해 필요한 조치를 취해야 한다는 것이 2011년 우리 헌법재판소의 판결취지이다. 한국 정부는 이에 따라 일본 측과 협상에 나서고 있다. 20년 넘게 한일관계의 장벽이 되어온 강제위안부 문제 해결을 위한 한일 양국 간 첫 협의가 2014년 4월 16일 이뤄졌다. 양측은 이날 협의에서 위안부 문제와 관련한 양측 간 기본 입장을 재확인했다. 일본군 강제위안부 피해자들이 원하는 일본 정부의 조치는 크게 피해자들에 대한 일본 정부 차원의 '사과'와 '보상'으로 압축된다. 이와 관련해선 노다 총리 시절 제시된 것으로 알려진 이른바 '사사에[佐佐江]안'이 일종의 '가이드라인'이 될

89) 제3조 2. 1의 규정에 의하여 해결할 수 없었던 분쟁은 어느 일방 체약국의 정부가 타방 체약국의 정부로부터 분쟁의 중재를 요청하는 공한을 접수한 날로부터 30일의 기간 내에 각 체약국 정부가 임명하는 1인의 중재위원과 이와 같이 선정된 2인의 중재위원이 당해 기간 후의 30일의 기간 내에 합의하는 제3의 중재위원 또는 당해 기간 내에 이들 2인의 중재위원이 합의하는 제3국의 정부가 지명하는 제3의 중재위원과의 3인의 중재위원으로 구성되는 중재위원회에 결정을 위하여 회부한다.

90) 제3조 4.

수 있다.[91] 하지만 최소한 일본 정부 차원의 진정성 있는 사과와 보상이 있어야 한다는 기존의 입장을 감안했을 때 사사에안은 양측이 합의할 수 있는 수준의 내용에는 미치지 못한다. 한 달에 한 번으로 정례화된 강제위안부 문제 협의를 위한 국장급 협상에서 한국 정부는 생존 피해자들의 연령을 고려하여 엄격한 시간적 기한을 설정하고 일본 정부의 적극적 협력을 압박해야 한다.

2. 중재위원회로서 '한일 간 진실과 화해위원회' 구성 방안

통상 상호 갈등관계에 있거나 긴장상태에 있는 사회의 경우 이행기 정의의 실현이 평화 형성의 기초를 파괴할 것이라는 점에 대해 논란이 있다. 이는 다른 측면에서 법적인 책임과 정치적 해결 사이의 문제와 깊이 관련되어 있다. 하지만 본질에 있어 정의의 실현과 평화의 회복 사이의 문제는 상호대립적인 문제가 아니라 서로 연결되어 있는 문제이다. 왜냐하면 정의가 평화를 가져오기 때문이다. 이행기 정의(transitional justice)의 실현과 평화 사이의 관계에 관한 연구 결과는 이행기 정의의 실현을 위한 진실위원회의 설치가 얼마나 평화 조성에 기여하는가를 보여준다. 즉 심각한 인권침해가 발생했던 라틴아메리카의 국가들에 대한 조사결과를 보면 사법적 재판을 통해 인권침해의 가해자들을 처벌한 국가들 14개국 중 11개 국가에서 정치적 테러등급(Political Terror Scale)의 개선이 이루어졌다. 하지만 이들 14개 국가 중에 이행기 정의 개념에

91) 일본 정부가 출자한 피해자 지원금 제공, 한일 정상 간의 해결 노력 확인, 피해자에 대한 주한 일본대사의 직접 사과, 피해자에 대한 총리 명의 편지 송부 등을 골자로 한다. 물론 우파 정권인 아베 신조 총리가 민주당 시절의 사사에안을 그대로 들고 나온다는 보장도 없는 상태다. 이와 관련, 일본 정부는 민주당 노다 정권(2011~2012) 시절 한일 간 논의가 오갔던 방안을 참고해 인도적 조치를 취하는 방안을 검토하고 있다[뉴스 1(2014. 4. 16)].

근거하여 진실위원회를 같이 설치한 국가의 경우 사법적 재판만을 통해 정의를 실현한 국가보다 더 높은 정치적 테러등급 개선 효과를 보였다는 사실은 진실위원회를 통한 평화 조성의 효과성을 입증한다.[92)]

이러한 효과성을 얻기 위해 한일 양국 간에 식민지배 불법행위 진실과 화해위원회가 설치되는 경우 다음의 사항이 고려되어야 한다.[93)]

첫째, 한일 간 식민지배 불법행위 진실과 화해위원회는 한국 정부와 일본 정부의 정부 간 합의에 의해 설치되고 권한이 부여되어야 한다.

둘째, 동 위원회는 일본의 식민지배 당시 자행된 불법행위와 인도에 반하는 범죄행위 중에 인권의 중대한 위반에 대한 조사를 그 임무의 범위로 제한해야 한다.

셋째, 아직 생존해 있는 식민지배 불법행위 가해자들의 자발적 진술을 장려하기 위해 민사 및 형사면책권이 동 위원회에 부여되어야 한다.

넷째, 동 위원회는 일본군에 의한 성노예제 피해자, 강제징용 피해자, 원폭 피해자, 사할린강제이주 피해자, 3·1독립운동 관련 피해자 그리고 관동대지진 관련 피해자 중심적 시각을 가지고 있어야 한다. 진실위원회의 절차 과정은 공개적인 청문회로서 이는 심각하게 분열되어 있고 상처를 입은 사람들 사이에 진실을 약속하고 치유하며 화해를 이끌어내는 과정으로서 의미를 갖는다.

---

92) 최철영(2011), 「한일 과거사 청산과 이행기 정의(transitional justice) 개념의 적용」, 『성균관법학』, 제23권 제2호, 237쪽 이하 참조.

93) 한 국가 내의 분쟁 이후 이행기 정의회복 차원이 아닌 국가 간 분쟁 이후 이행기 정의회복을 위한 진실과 화해위원회 설치 사례에 관한 연구로는 최철영(2011), 「식민지 청산과 이행기의 정의: 동티모르의 사례」, 『민주법학』, 제45호, 47~79쪽 참조.

3. 국제사법재판소에 소송을 제기하는 방안

일본 정부가 청구권협정 제3조에 의한 중재 방안으로서 '한일 식민지배 책임에 대한 진실과 화해위원회의 설치'에 응하지 않는 경우 한국 정부는 일본을 상대로 국제사법재판소에 소송을 제기하는 방안을 고려할 필요가 있다.[94] 그러나 이 문제를 국제사법재판소에 부탁함에 있어서 2012년 2월 3일 국제사법재판소가 내린 독일과 이탈리아 간의 국가관할권 면제 사건[95] 판결을 유의해야 한다.

동 사건은 독일이 독일제국에 의해 자행된 범죄의 이탈리아 피해자에 대해 현재 배상의무가 있는지 여부에 대한 분쟁에서 출발했다. 독일의 배상 거부는 이탈리아 법원이 독일이 향유하는 국제법상 관할권면제에 반하여 독일 정부를 대상으로 제기한 민사청구권을 받아들이는 계기가 되었다.

국제사법재판소는 애써 이 판결의 기초를 주권면제와 관습국제법의 강행규범 원칙과의 관계 문제로 축소하고, 문제된 위법행위가 행해진 국가에서 재판이 행해질 경우에도 군대의 행위에 대해서는 국가면제가 적용되며, 중대한 국제인권법·인도법 위반의 경우에도 국가면제가 적용된다고 했다. 그리고 전후처리의 실태를 볼 때 피해자 개인에 대한 완전한 배상 지불을 요구하는 강행규범이 성립되어 있다고 할 수 없다는, 국제법 발전에 찬물을 끼얹는 판결을 했다.[96] 이탈리아 측에 불리하게 결정이 이루어진 이 판결은 향후 관련 문제를 국제사법재판소에 제기할 것인지 고려함에 있어 중요한 지침이 될 것이다.

---

94) 아베 고키[阿部浩己](2013), 「식민지책임 판결과 한일협정 체제의 재조명」, 『식민지책임 판결과 한일협정체제의 재조명』(동북아역사재단 한일협정 50년사의 재조명 국제학술회의 자료집), 157~162쪽.

95) "Jurisdictional Immunities of the State(Germany v. Italy: Greece Intervening) Judgement I.C.J. Report 2012", p. 99.

96) 아베 고키[阿部浩己](2013), 「식민지책임 판결과 한일협정 체제의 재조명」, 161쪽.

한일 간의 역사적이며 법적인 문제의 해결을 위한 여러 방법 중에 당사국 간 외교채널로서 한일 국장급회의는 한일청구권 협정 제3조에 따른 절차라고 해석될 수 있다. 하지만 한일 국장급회의라는 외교채널은 국제법적 범죄행위인 일제 식민지배 불법행위 문제를 근본적으로 해결하는 데 한계가 있을 수밖에 없다. 따라서 양국은 당사국 간의 외교채널을 통해 모든 문제를 해결하려고 시도하기보다는 과거에서 미래로 전환되는 한일관계의 이행기적 성격을 반영하여 역사·정치·법의 문제를 모두 다루는 "한일 간 진실과 화해위원회"(Korea-Japan Commission for Truth and Reconciliation)의 설치를 당사국 간 협의의 목적으로 해야 한다. 이행기 정의의 법리에 기초한 한일 간 진실과 화해위원회는 일본의 과거 역사에 대한 반성, 일제의 식민지배 당시 불법행위에 대한 인정, 일제 불법행위 피해자에 대한 사죄와 배상, 미래지향의 한일관계 구축을 위한 제도적 기반을 마련할 수 있는 기구로서의 역할을 수행할 수 있을 것이다. 양국 간의 자발적 합의에 의한 진실과 화해위원회의 설치 및 운영은 국제사법재판소에 의한 문제의 해결보다 양국 간의 미래를 더욱 적극적이며 긍정적으로 이끌어나갈 수 있을 것이다.

일본 정부는 진실과 정의에 기초한 화해와 평화라는 글로벌한 법의 조류를 받아들여 부조리하기 짝이 없는 중대한 부정의를 바로잡는 협의·중재에 진지하게 응해야만 한다. 협의·중재에 따르는 것은 재량이 아니며, 한일청구권협정을 통해 스스로 받아들인 국제법상의 의무라는 것을 잊어서는 곤란하다. 그리고 1990년대에 시작된 전후 보상 재판이 한결같이 그랬던 것처럼 일본군 성노예제 문제도 불법적 식민지지배 문제를 그 배후에 가지고 있다는 사실을 명확하게 마음에 새겨두어야 한다.[97)]

97) 아베 고키[阿部浩己](2013), 「식민지책임 판결과 한일협정 체제의 재조명」, 164쪽.

김명기(1993), 『정신대와 국제법』, 법지사.

김창록(2012), 「'식민지 책임'의 청산과 일본군'위안부' 문제」, 『한일협정체제와 「식민지」책임의 재조명』(동북아역사재단 한일협정 50년사의 재조명 국제학술회의 자료집).

도시환(2012), 「한일조약체제와 '식민지'책임의 국제법적 재조명」, 『국제법학회논총』, 제57권 제3호.

아베 고키[阿部浩己](2013), 「식민지책임 판결과 한일협정 체제의 재조명」, 『식민지책임 판결과 한일협정체제의 재조명』(동북아역사재단 한일협정 50년사의 재조명 국제학술회의 자료집).

요시자와 후미토시[吉澤文壽](2013), 「한일기본조약 체결 과정에서의 '식민지 책임'론」, 『식민지책임 판결과 한일협정체제의 재조명』(동북아역사재단 한일협정 50년사의 재조명 국제학술회의 자료집).

이근관(2011), 「1910년 '한일병합조약'의 무효, 불법성과 일본의 국가책임」, 『1910년 '한일병합조약'의 역사적·국제법적 재조명』(동북아역사재단 한일협정 50년사의 재조명 국제학술회의 자료집).

이장희 외(2011), 『1910년 '한일병합조약'의 역사적·국제법적 재조명』, 아시아사회과학연구원.

정남용(2004), 『20세기특대형범죄-일본군성노예제도』, 평양 : 과학백과사전출판사.

최철영(2008), 「강제동원 관련 한인(조선인) 소송에 있어 개인배상청구권 연구」, 『동북아역사논총』, 19호.

최철영(2011), 「식민지 청산과 이행기의 정의: 동티모르의 사례」, 『민주법학』, 제45호.

최철영(2011), 「일본의 전후책임에 대한 외교적, 정치적, 그리고 법적 접근」, 『대구법학』, 제8권 2호.

최철영(2011), 「한일 과거사 청산과 이행기 정의(transitional justice) 개념의 적용」, 『성균관법학』, 제23권 제2호.

최철영(2013), 「일제강제징용피해 배상판결의 법정책적 과제」 토론문, 『일제 강제징용피해 배상판결과 법정책적 과제』(2013. 12. 3), 한국외국어대 법학연구소.

최봉태(2013), 「헌법재판소와 대법원의 개인청구권 인정 이후의 과제」, 『한일협정 47년 특별기자회견 국민보고 자료집』(2013. 6. 21).

카시지, 안토니오 저, 강병근·이재완 역(2014), 『국제법』, 삼우사.

뉴스 1(2014. 4. 16).

"아베, '군위안부 강제연행 증거없다' 재확인", 『연합뉴스』(2014. 04. 18).

"오바마 "위안부문제 끔찍 · 지독 · 쇼킹한 인권침해"", 『연합뉴스』(2014. 04. 25).

"일본, '軍위안부 연내 해결하자' 한국에 통보", 『연합뉴스』(2014. 04. 16).

"한일 군위안부 2차 협의 도쿄서 개최", 『연합뉴스』(2014. 05. 15).

「대한민국과 일본국 간의 재산 및 청구권에 관한 문제의 해결과 경제협력에 관한 협정 제3조 부작위 위헌확인 결정」(헌재 2011.08.30, 2006헌마788, 공보 제179호,1285).

「대한민국과 일본국 간의 재산 및 청구권에 관한 문제의 해결과 경제협력에 관한 협정(Agreement on the Settlement of Problem concerning Property and Claims and the Economic Cooperation between the Republic of Korea and Japan)」.

『대한민국과 일본국 간의 재산 및 청구권에 관한 문제의 해결과 경제협력에 관한 협정에 대한 합의의사록(1)』.

"Affirmation of the Principles of International Law Recognized by the Charter of the Nurnberg Tribunal", G.A. res. 95(1) U.N. GAOR, 1st Sess. U.N. Doc. A/236(Dec. 11, 1946).

"Basic Principles and Guidelines on the Right to a Remedy and Reparation for Victims of Gross Violations of International Human Rights Law and Serious Violations of International Humanitarian Law", A/RES/69/147, 16 Dec. 2005.

"Jurisdictional Immunities of the State(Germany v. Italy: Greece Intervening) Judgement I.C.J. Report 2012".

Bassiouni, M. Cherif(1991), "Enslavement as an International Crime", *New York University Journal of International Law and Politics*, vol. 23

Boling, David(1995), "Mass Rape, Enforced Prostitution, and the Japanese Imperial Army: Japan Eschews International legal Responsibility", *Columbia Journal of Transnational Law*, vol. 32.

Crowe, Christopher N.(1994), "Command Responsibility in the Former Yugoslavia: The Chances for Successful Prosecution", *University of Richmond Law Review*, vol. 29.

D'Amato, Anthony(1986), "Superior Orders vs. Command Responsibility", *The American Journal of International Law*, vol. 80.

Hsu, Yvonne P.(1993), "'Comport Woman' from Korea : Japan's Sex Slaves and the Legitimacy of Their Claim for Reparation", *Pacific Rim Law and Policy Journal*, vol. 2.

International Law Commission(ILC)(2001), "Draft Articles on the Responsibility of States for Internationally Wrongful Acts", art. 4-8, U.N. GAOR, 56th Sess., Supp. No. 10, U.N. Doc. A/56/10(Nov. 2001).

International Military Tribunal sitting at Nurenberg(1946), *The Trial of German Major War Criminals*.

Jackson, R.(1971), "The Nurnberg Case xiv-xv, The Final Report to the President on the Nuremberg Trials"(Oct. 7, 1946).

Japan Federation of Bar Association(JFBA)(1995), "Recommendations on the Issue of "Comport Women"", Jan. 1995.

Kalshoven, Frits(1997), "Article 3 of the Convention(IV) concerning the Laws and Custom of War on Land, signed at The Hague, 18 October 1907, in Remembering What We Have Tried to Forget", *ASCENT*.

McDougall, Gay J.(2013), "Addressing State Responsibility for the Crime of Military Sexual Slavery during the Second World War: Further Attempts for Justice for the "Comport Women"", *Korean Journal of International and Comparative Law*, vol. 1, no. 2.

Meron, Theodor(1993), "Rape as a Crime under International Humanitarian

Law", *The American Journal of International Law*, vol. 87.
Moore, B.(1995), "History and Digest of the International Arbitration to which the United States has been a Party"(U.S. Government Printing Office, Washington D.C., 1898(reprinted in 1995).
Parker, Karen and Jennifer F. Chew(1994), "Compensation for Japan's World War II War-rape Victims", *Hastings International and Comparative Law Review*, vol. 17.
Redman, Renee Colette(1994), "The League of Nations and the Right to Be Free from Enslavement: The First Human Right to Be Recognized as Customary International Law", *Chicago-Kent Law Review*, vol. 70, p. 759.
Seyersted, Finn(1966), *United Nations Forces in the Law of Peace and War*, A. W. Sijthoff.
U.N. ECOSOC, 48th Sess, Commission on Human Rights(1996), "Revised Set of Basic Principle and Guidelines on the Right to Reparation for Victims of Gross Violation of Human Rights and Humanitarian Law", U.N. Doc. E/CN.4/Sub.2/1996/17(May 24, 1996).
U.N. ECOSOC, Commission on Human rights(1996), "Note Verbale from the Permanent Mission of Japan", U.N. Doc. E/CN.4/1996/137(Mar. 27, 1996) Annex 1.
U.N. ECOSOC, Commission on Human Rights(1996), "Report of the Special Rapporteur on Violence Against Woman, its Causes and Consequences: Mission to the Democratic People's Republic of Korea, the Republic of Korea and Japan on the Issue of Military Sexual Slavery in Wartime", U.N. Doc. E/CN.4/1996/53/Add.1(Jan. 4, 1996).
U.N. ECOSOC, Commission on Human Rights(1996), "Report of the Special Rapporteur on Violence Against Women, its Causes and Consequences: A Framework for Model Legislation on Domestic Violence", U.N. Doc. E/CN.4/1996/53/Add.2(Feb. 2, 1996).
U.N. ECOSOC, Sub-Commission on Prevention of Discrimination & Protection of Minorities(1998), "Report of the Special Rapporteur on Systematic

Rape, Sexual Slavery and Slavery and Slavery-like Practices During Armed Conflict", para. 46, n. 33, UN Doc. E/CN.4/Sub.2/1998/13(June 22, 1998).

U.N. Security Council(1994), "Final Report of the United Nations Commission of Experts Established Pursuant to Security Council Resolution 780, 1992, Annex II(Rape and Sexual Assault: A Legal Study)", para. 2. U.N. Doc. S/1994/674/Add.2(vol. 1), (Dec. 28, 1994).

Weiss, Friedl(1985), "Time Limits for the Prosecution of Crimes against International Law", *The British Yearbook of International Law*, vol. 53.

Yoshimi, Yoshiaki(1994), "The First Report on the Issue of Japan's Military", International Labour Conference, 83rd sess., Report of the Committee of Experts on the Application of Conventions and Recommendations, Report III(Part 4A).

Yu, Tong(1995), "Reparation for Former Comport Women of World War II", *Harvard International Law*, vol. 36.

〈ㄴ〉

〈ㄷ〉

〈ㄹ〉

〈ㅁ〉

〈ㅂ〉

〈ㅅ〉

〈ㅈ〉

〈ㅎ〉

한일협정 50년사의 재조명 IV

– 일제식민지배 피해자의 구제를 위한 법정책적 과제 –

초판 1쇄 인쇄 2015년 11월 10일
초판 1쇄 발행 2015년 11월 15일

펴낸이 도시환·장박진·장세윤 외
펴낸곳 동북아역사재단

등록 제312-2004-050호(2004년 10월 18일)
주소 서울시 서대문구 통일로 81 임광빌딩
전화 02-2012-6065
팩스 02-2012-6189
e-mail book@nahf.or.kr

ISBN 978-89-6187-369-7 94910
978-89-6187-279-9 (세트)

* 이 도서의 국립중앙도서관 출판예정도서목록(CIP)은 서지정보유통지원시스템 홈페이지(http://seoji.nl.go.kr)와 국가자료공동목록시스템(http://www.nl.go.kr/kolisnet)에서 이용하실 수 있습니다. (CIP제어번호 : CIP2015029615)
* 책값은 뒤표지에 있습니다. 잘못된 책은 바꾸어 드립니다.